Sob o Império do Arbítrio

Sob o Império do Arbítrio

Prêmio Esso, imprensa e ditadura

Marcio de Souza Castilho

alameda

Grafia atualizada segundo o Acordo Ortográfico da Língua Portuguesa de 1990, que entrou em vigor no Brasil em 2009.

Edição: Haroldo Ceravolo Sereza e Joana Monteleone
Editora assistente: Danielly de Jesus Teles
Projeto gráfico e diagramação: Laura Klein
Capa: Airton Felix Silva Souza
Assistente acadêmica: Tamara Santos
Revisão: Alexandra Colontini
Imagem de capa: Arte feita com base no editorial do *Jornal do Brasil* sobre o AI-5, que não chegou a ser publicado por força da censura.
Fonte: acervo pessoal do jornalista Carlos Lemos

CIP-BRASIL. CATALOGAÇÃO NA PUBLICAÇÃO
SINDICATO NACIONAL DOS EDITORES DE LIVROS, RJ

C349s

Castilho, Marcio de Souza
Sob o império do arbítrio : Prêmio Esso, imprensa e ditadura / Marcio de Souza Castilho. - 1. ed. - São Paulo : Alameda, 2019.
302 p. ; 21 cm.

Inclui bibliografia
ISBN 978-85-7939-641-0

1. Imprensa e política - Brasil - História - Séc. XX. 2. Jornalismo - Prêmios - Brasil. 3. Jornalistas - Prêmios - Brasil. I. Título.

19-61134 CDD: 079.81
CDU: 070 (81)

ALAMEDA CASA EDITORIAL
Rua Treze de Maio, 353 – Bela Vista
CEP 01327-000 – São Paulo – SP
Tel. (11) 3012-2403
www.alamedaeditorial.com.br

Em memória do meu pai
À Onette, Tatiane e Maya,
com quem estou em permanente aprendizado

Dedico esse trabalho a todos os perseguidos ou que
perderam suas vidas em nome da liberdade.

A partir do Prêmio Esso me senti mais profissional; me senti mais seguro. O meu orgulho profissional mesmo começou depois que eu ganhei o Esso.

Depoimento do ganhador do primeiro Esso em 1956,
o repórter de *O Cruzeiro* Mário de Moraes
apud BELOCH e FAGUNDES, 2006, p. 13.

A sensibilidade daqueles meus antecessores indicou que o jornalismo começava a se profissionalizar e a crescer junto com o país; e, nesse sentido, necessitava de apoio, o que uma empresa como a Esso, então já há mais de 40 anos no Brasil, podia perfeitamente fornecer como uma de suas contribuições à sociedade.

Depoimento do presidente da Esso nas comemorações
dos 40 anos do prêmio William Jackson apud
MIRANDA e PORTILHO, 1995, p. 4.

Desde os primeiros anos, o Prêmio Esso caracterizou-se pelo rigoroso critério na escolha da qualidade jornalística das reportagens e pela isenção de preconceitos políticos e econômicos [...] Uma premiação aceita e respeitada pelas mais diversas correntes de opinião, sem objeções de caráter fundamental.

Nasceu com a marca irreprovável da seriedade, para transformar-se num patrimônio dos próprios jornalistas.

Depoimento dos organizadores da edição comemorativa dos
25 anos do prêmio LUZ e BORGES, 1980, p.21.

Prêmios e galardões são legítimos quando: a instituição patrocinadora não tem interesses comerciais ou promocionais; os juízes foram escolhidos de forma legítima e não representam veículos, corporações e grupos de interesse; não há candidatos, isto é, todos são candidatos. No Brasil, nenhuma premiação conhecida preenche tais exigências.

DINES, Alberto. Prêmios & Galardões:
Terceiro Setor tropeça nos vícios dos demais.
Observatório da Imprensa (13/02/2002).

Venho aqui, com humildade profissional, receber o Prêmio Esso, mas, se me permitirem uma confidência, eu digo a vocês francamente: o prêmio a que poderia aspirar um repórter brasileiro, neste ano de 1969, seria algo de mais elementar: a liberdade de imprensa.

Discurso de Luís Edgar de Andrade, jornalista da *Última Hora*, na cerimônia de entrega do Prêmio Esso, no Hotel Glória, em dezembro de 1969.

Assistimos, hoje, senão à morte, ao menos à enfermidade da notícia, por inanição. Nós, que somos cultores da notícia, que dela vivemos e para ela vivemos. Quando a notícia é reprimida, é a nós que estão reprimindo. Quando a notícia é sufocada, é a nós que estão sufocando. E não creio que nos caiba, como classe ou indivíduos, apenas o papel de sufocados e oprimidos.

Discurso de Carlos Chagas, jornalista de *O Globo*, na cerimônia de entrega do Prêmio Esso, no Hotel Glória, em dezembro de 1970.

O melhor jornal brasileiro, hoje, seria feito não com o que se publica, mas com o que se deixa de publicar.

Zuenir Ventura, 1967

Sumário

Prefácio: **15**
Prêmio Esso, o combustível que impulsionou a reportagem

Introdução **19**

1. A Esso e a Imprensa **29**
O processo de modernização da imprensa 38
A Questão do Petróleo 45

2. O Prêmio Esso **55**
O prêmio e a "nova era" da imprensa brasileira 60
"Um patrimônio dos próprios jornalistas" 68

3. A imprensa e a ditadura **85**
O esvaziamento do debate político (1964–1978) 102
O "déficit" de autonomia interpretativa 112

4. Temas e subtemas **125**
Unidades temáticas 126
Subtemas (1964–1978) 127
Múltiplas identidades 132

5. As matérias premiadas **145**
Unidade temática: politica nacional 146
Unidade temática: questões sociais 175
Unidade temática: politica internacional 221
Unidade temática: esportes 235
Análise sintética dos aspectos editoriais e gráficos 242

6. Os julgadores **257**
A composição do júri 258
Os critérios de julgamento 261
As cerimônias de premiação 271

Conclusão **281**

Fontes e bibliografia **291**

Lista de Tabelas

Tabela 1 126
Total de matérias premiadas por unidades temáticas (1964-1978)

Tabela 2 127
Detalhamento das unidades temáticas, jornais, matérias e repórteres premiados (1964-1978)

Tabela 3 129
Subtemas da unidade "Política nacional" (1964-1978)

Tabela 4 130
Subtemas da unidade "Questões sociais" (1964-1978)

Tabela 5 131
Subtemas da unidade "Política internacional" (1964-1978)

Tabela 6 132
Subtemas da unidade "Esportes" (1964-1978)

Tabela 7 145
Total de matérias premiadas por unidades temáticas (1964-1978)

Prefácio: Prêmio Esso, o combustível que impulsionou a reportagem

Vinte e um de setembro de 1973. Dia da Árvore. O general Ernesto Geisel, recém-saído da presidência da Petrobrás, protagoniza a solenidade de plantio de um arbusto no Jardim Botânico do Rio de Janeiro. Cerimônia simples, aparentemente sem questionamento. A cerca de 20 metros, um grupo de repórteres se posiciona na distância determinada pelos agentes de segurança à paisana. O risco era de que alguém viesse intempestivamente a perguntar algo sobre o processo de sucessão em tempos de ditadura.

Todos respeitaram a distância. Entre os obedientes, um jovem de 19 anos, estudante de Comunicação Social da Universidade Federal Fluminense, aprovado no processo de seleção para estagiário do *Jornal do Brasil*. A missão era apenas acompanhar o repórter do jornal e escrever um texto para avaliação do coordenador do curso.

Quase 50 anos depois, a cena nunca me saiu da cabeça. O que leva um jornalista a respeitar normas banais de segurança numa solenidade igualmente banal? O plantio de árvores em local apropriado seguia um ritual politicamente correto praticado por alguém que, já se sabia, seria o general ungido à presidência da República por articulações de caserna. Afinal o irmão dele, general Orlando Geisel, estava à frente do Ministério do Exército. O Brasil da ditadura não recomendava dirigir perguntas, mesmo que banais, a autoridades, que poderiam interpretá-las como provocadoras.

O episódio serve como uma espécie de metonímia da relação entre imprensa e fontes oficiais, num quadro político de pleno desprestígio e submissão da imprensa, fosse ela hegemônica ou alternativa. Eram os tempos do medo, no plano do repórter, e da mordaça, no plano da edição.

***

O livro do professor e jornalista Márcio de Souza Castilho traça um painel detalhado nessa luta de esgrima entre jornalismo e autoritarismo, repleta de estocadas profundas que ajudaram a sentenciar a lenta falência do arbítrio, às custas de muitas vítimas, fosse entre profissionais proibidos de trabalhar, fosse entre veículos de comunicação condenados ao fechamento pela pressão sobre os anunciantes ou a censura prévia.

Confesso meu orgulho de haver sido professor de Márcio Castilho no curso de Comunicação Social da UFF e também de sua orientadora no doutorado, Ana Paula Goulart Ribeiro, professora na ECO/UFRJ. Aprendi com o tempo acadêmico que todo mestre se realiza na produção editorial de seus alunos. Trata-se de um processo de multiplicação e difusão de conhecimentos e dúvidas, no melhor estilo do educador Paulo Freire. A produção de conhecimento é algo tão dialético quanto a luta política. Há mais suspeitas do que convicções.

O Prêmio Esso estimulou o jornalismo brasileiro, projetou repórteres de texto e repórteres fotográficos numa época de predomínio do anonimato profissional, apesar dos esforços da Última Hora, de Samuel Wainer. O Prêmio contribuiu para reconhecer os esforços e o talento de gente que ajudou a desvendar o Brasil. Um olhar incomum sobre a realidade social num país de dimensões continentais e ainda hoje desconhecido por boa parte da população. E também das autoridades.

O Brasil social abria e fechava as cortinas num piscar de olhos, retratando avanços e recuos de uma sociedade que investia em projetos de infraestrutura, emprego para jovens das camadas médias e financiamento para aquisição de imóveis e bens de consumo duráveis, mas que assistia quase inerte a um processo de fechamento político e cassação dos direitos civis. Havia quem tentasse resistir, como disse o poeta João Apolinário, pai do músico João Ricardo, do grupo Secos e Molhados. "Quem tem consciência para ter coragem/ Quem tem a força de saber que existe/ E no centro da própria engrenagem/ Inventa a contra-mola que resiste".

Vale lembrar a postura corajosa do repórter Luiz Edgar de Andrade, ganhador do Prêmio Esso de Jornalismo em 1969 com a reportagem "Psicanálise, remédio ou vício". Em seu discurso durante a premiação denunciou publicamente a censura e o desrespeito ao estado de direito.

O livro é fruto da tese de doutorado "Um patrimônio dos próprios jornalistas: o Prêmio Esso, a identidade profissional e as relações entre imprensa e Estado (1964-1978)", defendida em 2010 no programa de pós-graduação em Comunicação e Cultura da Universidade Federal do Rio de Janeiro, sob a orientação de Ana Paula Goulart. Em seis capítulos, *Sob o império do arbítrio: Prêmio Esso, imprensa e ditadura* tem seu nome inspirado no editorial censurado na edição do *Jornal do Brasil* de 14 de dezembro de 1968, o *day after* da decretação do Ato Institucional nº 5.

O autor mergulhou no tempo para analisar os critérios de escolha das matérias, os temas abordados e a indicação das comissões julgadoras do prêmio de jornalismo mais importante do país ao longo de três décadas. Consultou documentos, pesquisou revistas e jornais da época e colheu depoimentos para fundamentar a pesquisa. Durante o período investigado, predominaram as reportagens agraciadas de cunho social, seguidas pelas de cunho político. O repórter Mário de Morais, da revista *O Cruzeiro*, foi o primeiro a conquistar o prêmio, em 1956, e fez questão de reconhecer sua importância: "Senti-me mais profissional, mais seguro. O meu orgulho profissional mesmo começou depois que eu ganhei o Esso"

O viés político perpassa toda a história do Prêmio Esso desde sua criação, em 1956. O livro confirma a versão de que a Standard Oil Trust – conglomerado de origem norte-americana presente no Brasil desde 1912 – decidiu promover a premiação como forma de tentar contornar o mal-estar gerado pelo silêncio do Repórter Esso – a principal síntese noticiosa na história do radiojornalismo brasileiro – durante toda a campanha "O petróleo é nosso", que redundou na fundação da Petrobras, em 1953, pelo presidente Getúlio Vargas. Como reação ao silêncio da multinacional, a jovem companhia estatal começou a financiar programas noticiosos em emissoras de rádio por todo o país. A primeira foi a Rádio Sociedade da Bahia, estado berço da exploração de petróleo. Dizia o *slogan* do noticioso: "Povo sem petróleo é povo sem liberdade". Parodiando o *slogan* do Repórter Petrobras, podemos dizer hoje que "povo sem pesquisa e sem História é povo sem futuro e sem liberdade".

João Batista de Abreu
Jornalista, sociólogo e professor titular do Departamento de Comunicação Social da Universidade Federal Fluminense

Introdução

Em 13 de dezembro de 1968, o locutor da Agência Nacional Alberto Curi, tendo ao seu lado o então ministro da Justiça, Luís Antônio da Gama e Silva, faz a leitura, em rede nacional de televisão, do AI-5, o mais violento de todos os atos institucionais editados durante a ditadura militar no país. O gesto que representou o recrudescimento da repressão política e restringiu as liberdades individuais no Brasil dava poderes extraordinários ao presidente da República. Permitia ao Executivo fechar o Congresso Nacional, cassar mandatos e tirar os direitos políticos de qualquer cidadão, confiscar bens, suspender o direito ao habeas corpus e proibir manifestações públicas. As medidas adotadas pelo governo Costa e Silva fortaleciam ainda os órgãos de polícia política que compunham a chamada comunidade de informações.

O conturbado contexto político-social de 1968 também causou forte impacto no campo jornalístico. Profissionais de imprensa foram presos ou intimados a depor e as redações de alguns jornais, invadidas por forças militares. Jornais tiveram edições inteiras apreendidas. Algumas publicações passaram a ser alvo de censura prévia, enquanto outras aderiram a uma prática de autocensura, optando naquele momento por permanecerem próximas às cercanias do poder.

O "império do arbítrio" que dá título a esta obra foi a expressão usada em editorial redigido pelo *Jornal do Brasil* na noite daquele 13 de dezembro. O texto, proibido de circular na edição do dia seguinte, servia como tipo de prenúncio do recrudescimento do projeto totalitário dos militares no poder.

> Uma nação inteiramente aturdida recebeu ontem à noite a comunicação de que deixaram de vigir todos os direitos individuais, substituídos pelo império do arbítrio. De agora em diante, subverte-se um princípio jurídico universal, que é a presunção de que todos são inocentes até prova em contrário. Desde ontem, no reinado das trevas, a presunção é outra: somos todos previamente culpados e nos cabe como castigo provar inocência, porque entrou em vigor, antes mesmo da publicação, um novo Ato Institucional, com margem ilimitada de arbítrio político (s/título, *Jornal do Brasil*, 13/12/1964).[1]

Alguns autores abordaram em suas pesquisas a atuação multifacetada da imprensa no período da ditadura civil-militar no Brasil, instaurada em 1964. Compartilhamos a ideia de que o golpe de Estado partiu de uma articulação entre a burguesia nacional, da qual faziam parte os proprietários dos meios de comunicação, e segmentos das Forças Armadas. Ao lado de outras instituições da sociedade civil, órgãos da chamada grande imprensa defenderam entusiasticamente a "Revolução de 1964". Por isso preferimos adotar ao longo do trabalho a nomenclatura civil-militar na articulação do movimento que forneceu as condições para a derrubada do presidente João Goulart.

---

1 As laudas originais do editorial censurado estavam guardadas no arquivo pessoal do jornalista Carlos Lemos (1929-2015), que atuou como repórter, editor de esportes, chefe de reportagem e chefe de redação no *Jornal do Brasil*, nos anos 1960 e 1970. As cópias desse material foram gentilmente cedidas por Lemos ao autor.

Ao longo dos 21 anos de vigência do regime civil-militar no Brasil (1964-1985),[2] a relação entre o campo jornalístico e o campo político foi marcada por aproximações e distanciamentos. Este trabalho tem o objetivo de complementar os estudos sobre a atividade jornalística neste momento que marcou a história republicana recente do país, delimitando a análise ao mais tradicional programa de reconhecimento do trabalho dos profissionais de imprensa, o Prêmio Esso de Jornalismo.[3]

Percebido como instância de consagração de um certo padrão de jornalismo praticado no Brasil, orientando modos de atuação do repórter, o concurso teve a sua última edição realizada em 2015, quando comemorou a sua 60ª edição. A ExxonMobil, que patrocinava a iniciativa, estima que, neste período, mais de 33 mil trabalhos foram submetidos à avaliação de comissões julgadoras e mais de mil prêmios foram distribuídos aos jornalistas.[4]

---

2 Estamos considerando como marco final do regime a vitória de Tancredo Neves (PMDB) nas eleições indiretas para sucessão do general João Batista Figueiredo, o último do ciclo militar, embora outros autores (LEMOS, 2010) ampliem a periodização até 1988 com a instauração de um novo regime constitucional. Tancredo foi eleito em 15 de janeiro de 1985, tornando-se o primeiro presidente civil desde 1964, porém não chegou a governar. Morreu em 21 de abril naquele ano por complicações intestinais, assumindo o vice José Sarney.

3 A obra é um desdobramento da tese de doutorado por mim defendida em 2010, junto ao Programa de Pós-Graduação da Escola de Comunicação da Universidade Federal do Rio de Janeiro (ECO/UFRJ). CASTILHO, Marcio de Souza. *'Um patrimônio dos próprios jornalistas': o Prêmio Esso, a identidade profissional e as relações entre imprensa e Estado (1964-1978)*. Tese (Doutorado em Comunicação) – ECO/UFRJ, Rio de Janeiro, 2010.

4 Em comunicado à imprensa, a companhia multinacional de petróleo e gás informou que a decisão de suspender o Prêmio ExxonMobil de Jornalismo, o antigo Prêmio Esso, foi tomada "para reavaliar o formato da premiação de modo a contemplar tanto as tradicionais quanto as novas formas em que o jornalismo vem sendo exercido no Brasil". Disponível em <https://www1.folha.uol.com.br/poder/2016/05/1772578-apos-60-anos-premio-esso-suspende-edicao-de-2016.shtml>. Acessado em 18/10/2018.

Compartilhamos a visão de autores (ORLANDI, 1988; BRANDÃO, 1994) que percebem, na perspectiva da Análise do Discurso francesa (AD), o texto inserido em práticas contextualizadas histórica e socialmente. Mais importante do que interpretá-lo numa tentativa de mostrar o que ele diz, interessa-nos verificar o processo discursivo que faz o texto significar. Assim, buscaremos fazer a passagem do texto para seu contexto (cultural, histórico, ideológico e social), visando identificar as relações de força neste espaço estabelecidas. Não é nosso objetivo empreender uma análise detalhada e exaustiva das marcas linguísticas e das operações enunciativas na leitura das reportagens premiadas. Ainda que não adotemos a AD como uma metodologia *stricto senso*, a ideia de que "não há compreensão sem historicidade", conforme assinala Orlandi (1988, p. 74), perpassa o trabalho para tentarmos entender a dinâmica do funcionamento do discurso.

Visando explicitar os mecanismos de produção de sentido, dois conceitos são centrais: ideologia e discurso. Vale destacar a citação de Pêcheux utilizada por Orlandi para resumir o quadro teórico que alia o sócio-histórico ao linguístico: "As palavras [...] mudam de sentido segundo as posições mantidas pelo que as empregam, o que significa que elas tomam seu sentido em referência a essas posições, isto é, em referência às formações ideológicas nas quais essas posições se inscrevem" (PÊCHEUX, apud ORLANDI, 1988, p. 66).

Nesta perspectiva, as formações discursivas não são unidades fechadas, imóveis, mas variam segundo as lutas ideológicas, os embates no nível político e social numa dada conjuntura. Esses fatores que colocam a exterioridade como valor fundamental determinam o que o sujeito pode e deve falar. "Por isso é que, em análise do discurso, se considera que o que define o sujeito é o lugar do qual ele fala, em relação aos diferentes lugares de uma formação social" (ORLANDI, 1988, p. 66). As formações discursivas definem-se, portanto, sempre em sua articulação com as formações ideológicas.

Tais considerações sobre a análise do discurso afastam-se da perspectiva estruturalista de uma análise meramente descritiva do texto. Buscar apenas na estrutura interna dos enunciados toda a diversidade do fenômeno linguístico constitui, para Brandão (1994), uma forma redutora de perceber o texto. Não leva em conta os enquadramentos sociais e culturais aos quais os discursos estão vinculados. Na mesma linha de raciocínio de Orlandi, a autora dá ênfase a uma perspectiva teórica de AD da escola francesa, que vai incorporar "conceitos exteriores ao domínio de uma linguística imanente para dar conta da análise de unidades mais complexas da linguagem" (1994, p. 17). Brandão aponta assim para a necessidade de combinar o exame dos elementos internos com a análise do texto enquanto formação ideológica.

Todas essas reflexões contribuem para o desenvolvimento de um método que situa o discurso em sua historicidade. No nosso específico, ajuda-nos a visualizar o Prêmio Esso dentro de um conjunto de práticas sociais e políticas mais amplas. Seguindo esta linha, fizemos a seleção do corpus levando em consideração o contexto sócio-histórico, ou seja, as diferentes condições de produção em que as matérias vencedoras foram produzidas da instauração da ditadura, em 1964, passando pelo recrudescimento da repressão aos conteúdos jornalísticos (1968-1975), até o corte temporal em 1978, que marca o início do processo de liberalização política, culminando com a retirada da censura nos jornais da chamada grande imprensa e a extinção do Ato Institucional nº 5.

O trabalho foi estruturado em seis capítulos. O primeiro aborda a criação da *Standard Oil Trust* pelo empresário John Rockfeller no final do século XIX nos Estados Unidos e a expansão das atividades da multinacional petrolífera no Brasil a partir de 1912. Procuramos também identificar as motivações que levaram o grupo Rockfeller no país a investir em campanhas de aproximação com o campo jornalístico nos anos 1940 e 1950. Destacamos neste capítulo estratégias que incluem a criação do Repórter Esso e o grande investimento em publicidade em jornais e revistas. Duas dimensões de análise foram fundamentais para entender a penetração de recursos publicitários no mercado jornalístico pela empresa nos anos 1950: o processo de modernização da imprensa e a questão do petróleo.

O segundo capítulo remonta a criação do concurso em 1956 e a sua contribuição na constituição de uma certa identidade jornalística. Na esteira da modernização do jornalismo, com a valorização da atuação do repórter nas redações, o que o prêmio representou para os produtores de notícias? Se o ideário de uma imprensa moderna e autônoma serviu para construção de um discurso valorativo da profissão nos anos 1950, até que ponto a criação do concurso contribuiu para reforçá-lo? O exame dessas questões perpassa a análise do próprio papel do jornalismo no conjunto da vida social.

As edições comemorativas lançadas pela empresa por ocasião do aniversário de 25, 40 e 50 anos do Prêmio Esso servem como importante fonte de pesquisa.[5] As publicações reúnem depoimentos de organizadores, jornalistas premiados e julgadores dentro de um processo aqui denominado de autorreferenciação em que as estratégias memoráveis utilizadas nas publicações institucionais tendem a fornecer um lugar simbólico para os próprios jornalistas. Nestes testemunhos, percebe-se como estratégia discursiva a ênfase na ideia do prêmio como (1) resultado da evolução da imprensa e (2) "patrimônio dos próprios jornalistas", conduzido por e destinado para jornalistas. Tal associação ajuda a fornecer, como veremos, as condições de aceitabilidade da própria premiação.

---

5 As edições comemorativas são, respectivamente: LUZ, Olavo e BORGES, Manuel (org.). *25 anos de imprensa no Brasil – Prêmio Esso de Jornalismo*, 1980; MIRANDA, Guilherme J. Duncan e PORTILHO, Ruy (org.). *Prêmio Esso: 40 anos do melhor em jornalismo*. Rio de Jawneiro: Relume Dumará, 1995; e BELOCH, Israel e FAGUNDES, Laura Reis (org.). *Uma história escrita por vencedores: 50 anos do Prêmio Esso de Jornalismo*. Rio de Janeiro: Memória Brasil, 2006.

Não obstante, vamos verificar o papel da premiação como instância de consagração. Compartilhamos a ideia de que distinções especiais, como o Prêmio Esso, proporcionam aos jornalistas vencedores um direito de atuar com mais legitimidade no campo. É através desse reconhecimento que adquirem prestígio e notoriedade. Pierre Bourdieu serve como referencial teórico fundamental, posto que um dos aspectos centrais do seu pensamento é refletir sobre a noção de campo. As premissas que orientam seu trabalho permitem identificar os tipos de capital distribuídos, que ajudam a definir a posição dos agentes no campo. Esse conceito abre possibilidades para analisarmos as matérias premiadas como sinônimo de "verdadeiro" jornalismo, tendo em vista o poder conferido ao concurso de agendar determinados temas em detrimento de outros numa dado momento histórico e orientar modos de atuação do repórter.

A relação entre a imprensa e o Estado durante a ditadura civil-militar no período 1964-1978 fornece um vasto repertório de questões. No terceiro capítulo, optamos por examinar duas dimensões desse debate: (1) o esvaziamento do debate político no noticiário e (2) em que medida esse momento histórico representou um "déficit" de autoridade jornalística no plano político.

A partir dessa contextualização histórica, o quarto capítulo apresenta uma análise quantitativa dos trabalhos jornalísticos consagrados na categoria principal dentro do recorte definido para o estudo. Estabelecemos uma divisão das reportagens em quatro grandes unidades temáticas: questões sociais, política nacional, política internacional e esportes. Trabalhamos aqui com a metodologia utilizada por Aquino (1999).[6] Todas as reportagens se enquadram nessa distribuição mais ampla que adotamos como

6 AQUINO, Maria Aparecida de. *Censura, imprensa, Estado autoritário (1968-1978): o exercício cotidiano da dominação e da resistência O Estado de São Paulo e Movimento.* Bauru: Edusc, 1999.

critério metodológico. Após a leitura, análise e classificação de cada matéria, essas unidades foram subdivididas em subtemas para atingir um nível de detalhamento maior.

Um dos aspectos levantados na pesquisa dos temas e subtemas entre os trabalhos vencedores foi a baixa representatividade de matérias políticas premiadas na categoria principal entre 1964 e 1978, conjuntura em que a atuação da imprensa passou a ser mediada pelo controle do Estado. Num cenário de múltiplas identidades, procuramos examinar quais foram as outras representações em torno das quais os profissionais negociaram sentidos sobre a sua profissão.

Simbolizando uma espécie de sumário dos assuntos de maior interesse da comunidade jornalística, o resultado da premiação revela ao pesquisador as escolhas do campo profissional na conjuntura dos anos 1960-1970. A partir dos dados quantitativos obtidos no capítulo 4, partimos para uma análise pormenorizada dos trabalhos vencedores. Assim, no quinto capítulo, examinamos um universo de 14 reportagens premiadas na categoria principal e, excepcionalmente, um trabalho reconhecido na categoria Reportagem em 1966, quando não houve a concessão da láurea máxima, de forma inédita na história do programa da Esso. Os motivos que levaram os jurados a tomar essa decisão também foram objeto de análise. A pesquisa qualitativa nos permite verificar como as matérias e séries jornalísticas entre 1964 e 1978 valorizavam uma determinada leitura sobre o Brasil.

A composição do júri, algumas observações sobre o conjunto de valores que guiavam o julgamento e as cerimônias de premiação como espaços possíveis de contestação ao regime ditatorial estão presentes no capítulo 6. Quem eram os julgadores, que veículos jornalísticos eles representavam e quais os principais atributos que serviram como critério de avaliação das comissões são algumas das questões tratadas neste último capítulo. Através do exame detalhado dessas diferentes dimensões de análise é possível perceber a importância da premiação como instrumento constitutivo de identidade(s) jornalística(s).

Uma das dificuldades encontradas em relação aos critérios de julgamento foi a ausência de documentos sobre os trabalhos das bancas examinadoras. A decisão de consignar em ata as razões da escolha das matérias premiadas só foi tomada a partir de 1977, no final do período definido para a pesquisa.

Na pesquisa bibliográfica para a produção deste trabalho, priorizamos autores que combinam a análise do campo jornalístico com as transformações históricas e sociais onde este estava situado e estabeleceu relações de força com o Estado autoritário brasileiro,[7] sem nos determos exaustivamente ao resgate do ambiente político, econômico e social do golpe de 1964 e do regime ditatorial. Diversos autores já trataram com profundidade dessa temática.[8]

Na pesquisa empírica, o enfoque recaiu em categorias de análise que pudessem conferir uma abordagem ainda não explorada sobre o tema. Por esse motivo, descartamos a proposta de um capítulo sobre os jornais e revistas contemplados pelo Prêmio Esso neste período por entendermos que tal mapeamento morfológico, incluindo o processo de concentração da imprensa, a força econômica dos maiores grupos e sua relação histórica com o poder, pouco contribuiria para as análises já contempladas em outros estudos e com os quais concordamos.[9]

---

7 Serviram como referência os trabalhos de Ana Paula Goulart Ribeiro, Maria Aparecida de Aquino, Beatriz Kushnir, Paolo Marconi, Bernardo Kucinski, Juarez Bahia e Nelson Werneck Sodré, dentre outros.

8 Dentre os trabalhos, podemos citar DREIFUSS, René Armand. *1964: A conquista do Estado - ação política, poder e golpe de classe.* Petrópolis: Vozes, 1981; FICO, Carlos, CASTRO, Celso, QUADRAT, Samantha, et all (orgs.). *1964-2004: 40 anos do golpe: ditadura militar e resistência no Brasil.* Rio de Janeiro: 7Letras, 2004.

9 ABREU, Alzira Alves de. *A modernização da imprensa (1970-2000).* Rio de Janeiro: Jorge Zahar Ed., 2002; BARBOSA, Marialva. *História cultural da imprensa: Brasil, 1900-2000.* Rio de Janeiro: Mauad X, 2007; HOINE-

Importa afirmar que os relatos contidos nas edições comemorativas do Prêmio Esso foram examinados aqui como reconstruções de sentido feitas a posteriori e não como testemunho do que efetivamente se passou. Ao reinterpretarem o passado, os autores produzem sempre uma versão provisória sobre determinado acontecimento, o que não compromete a pesquisa. Para termos um quadro o mais próximo possível do processo de premiação, a análise dos depoimentos de jornalistas não está dissociada da leitura do conjunto de outras fontes, tais como documentos obtidos em acervos pessoais e informações extraídas de material não acadêmico (artigos e notas de jornalistas, livros de memória, biografias e campanhas publicitárias ou notícias publicadas nos jornais vencedores nos períodos de divulgação do resultado do concurso).

Diante da pluralidade e diversidade de versões, não temos a pretensão de esgotar todas as possibilidades de interpretação sobre o papel assumido pelos produtores de notícias durante o regime militar. O que propomos é complementar, através da análise do Prêmio Esso, outros estudos sobre a relação entre imprensa e Estado autoritário brasileiro. Trata-se de um debate atual, diante das tentativas de revisionismo sobre a ditadura e do mais recente resultado das eleições presidenciais, que recolocou em 2018 o militarismo no centro da cena política nacional, dessa vez chancelado pelo voto popular. Trinta anos após a promulgação da Constituição de 1988, o país ainda trava uma luta intensa para preservar conquistas sociais, garantir os direitos de minorias e consolidar o seu próprio processo democrático, atravessado, desde o início da República, por golpes de estado, suicídio, renúncias e processos parlamentares de impeachment.

FF, Nelson. *Uma investigação sobre a crise mundial de papel de imprensa e alguns de seus reflexos na linguagem do jornalismo impresso brasileiro*. Dissertação (mestrado) – UFRJ, Rio de Janeiro, 1976/1977; HONS, André Séguin des. *Os diários do Rio de Janeiro: 1945-82*. Dissertação (mestrado) – IFCS/UFRJ, Rio de Janeiro, 1982.

1. A Esso e a imprensa

Uma pequena empresa petrolífera fundada em 1862 em Cleveland, no Estado de Ohio (EUA), pelo empresário americano John Davidson Rockefeller constitui a base do que viria a se transformar décadas depois a *Standard Oil Trust*. Então denominado *Rockefeller, Andrews e Flager*, o grupo, que tinha como sócios Maurice Clark, Samuel Andrews e Henry Flager, surgia num período de grande desenvolvimento industrial com a descoberta dos primeiros poços de petróleo nos Estados Unidos. O jovem Rockefeller, que trabalhara antes numa pequena firma de contabilidade, descobriu cedo que poderia prosperar neste ramo de negócio investindo menos na pesquisa e extração do produto e mais no processo de refinamento e distribuição. Tinha então 23 anos.

Após comprar a participação de Clark, fundou em 1870 com Andrews e Flager a *Standard Oil of Ohio*, que tornou-se o mais importante grupo de refinarias de Cleveland. A sociedade era formada também por Stephen Harüness e o irmão de Rockefeller, William (VICTOR, 1993). A *Standard Oil of Ohio* já era uma associação com 45 empresas em 1882, quando foi criada a *Standard Oil of New Jersey*, com uma estrutura gerencialmente financeira organizada sob a forma de truste. Detinha o controle do setor petrolífero dos Estados Unidos, mantendo a tática de não orientar seus negócios diretamente na descoberta de jazidas de petróleo. John Rockefeller dedicava-se a comprar refinarias independentes e fechar acordos com ferrovias com o objetivo de pagar menos pelo transporte do produto.

"As empresas ferroviárias cobravam aos concorrentes da *Standard Oil* a importância de US$ 2,56 por barril de petróleo transportado enquanto o truste pagava apenas US$ 1,06" (Bey, apud VICTOR, 1993, p. 42). O grupo não apenas controlava os preços dos fretes como também recebia, segundo o autor, dados sigilosos sobre a quantidade de óleo transportado pelos competidores e os nomes dos clientes. Com essa estratégia, enfraqueceu os concorrentes, oferecendo a venda do produto por preço inferior nos mercados consumidores.

Aprovada no Congresso em 1890, a lei antitruste, também denominada *Sherman Act*, procurou reduzir a prática monopolista de grandes conglomerados econômicos e industriais, como a *Standard Oil*. De acordo com a legislação, aprovada no governo do presidente Benjamin Harrison (1889-1893):

> Declara-se ilegal todo contrato, combinação em forma de truste ou em outra forma, ou conspiração que limite a livre atividade ou o livre comércio entre os diversos estados ou com nações estrangeiras. Toda pessoa que monopolize, ou intente monopolizar, ou se associe ou conspire com qualquer outra pessoa ou pessoas para monopolizar qualquer parte de atividade ou o comércio entre os diversos estados, ou com nações estrangeiras, será considerada culpada de um delito.

A partir do início do século XX, o grupo expandiu sua atuação para outros países. A *Standard Oil* foi um dos primeiros exemplos de empresa multinacional, ao buscar outros mercados após assumir o controle da atividade em seu país. Mantinha uma estrutura organizacional baseada numa "direção central para fins de planejamento estratégico (e evasão fiscal), deixando a cada empresa componente ampla liberdade de ação tática – traço essencial da multinacional de hoje" (KUCINSKI, 1985, p. 28). Compartilhando a visão crítica, com viés nacionalista, Osny Pereira Duarte (1974) considera que a multinacional tem como marca distintiva "a constituição de departamentos ou procuradores especializados em remover, no país onde atua, os obstáculos legislativos e burocráticos, de costumes e mil outras modalidades, à consecução de seu objetivo de obter lucros máximos [...]" (1974, p. 16). Algumas tentativas do grupo Rockefeller no campo político visando obstruir juridicamente a legislação que dispunha sobre o monopólio estatal do petróleo no Brasil serão observadas mais adiante.

A atuação da empresa petrolífera permanecia sendo contestada por campanhas da imprensa e manifestações da sociedade civil no governo do presidente William Howard (1909-1913). Em 1911, a Suprema Corte dos Estados Unidos determinou a dissolução do truste mantido por John Rockefeller. Integravam a organização 115 empresas, sendo que 62 mantinham o controle de outras 53 não apenas nos EUA, mas em outros países. Naquele ano, a indústria petrolífera estadunidense registrou exportações no valor de US$ 150, 4 milhões contra US$ 76,6 milhões em 1903 (VICTOR, 1993). Com a decisão da Suprema Corte, a *Standard Oil of New Jersey* devolveu as ações das pequenas empresas. O truste se dividiu em 33 corporações, mas o poder de Rockefeller permaneceu inalterado "em face dos acordos secretos que mantinha com os acionistas" (VICTOR, 1993, p. 46).

Ao manter participação acionária na *Standard Oil*, o empresário, então considerado o homem mais rico do mundo com negócios também em empresas industriais e de mineração, formou um novo tipo de truste com outras companhias estrangeiras no ramo petrolífero. A *Standard Oil of New Jersey*, a *Standard Oil of New York* e a *Standard Oil of Califórnia*, denominada *Socal*, integravam "as sete irmãs do petróleo" ao lado da *British Petroleum, Royal Dutch-Shell, Texaco* e *Gulf*.

> São chamadas de 'irmãs' devido às relações 'incestuosas' que mantêm entre si, pois cada uma delas participa em graus variáveis, nos empreendimentos controlados pelas demais. Através desse emaranhado de participações acionárias, [...] formam um quase-truste mundial de petróleo, conciliando interesses estratégicos comuns, sem eliminar rivalidades regionais. Nesse quase-truste, o capital norte-americano é hegemônico (KUCINSKI, 1985, p. 30).

Com o nome original de *Standard Oil Company of Brazil*, filiada à *Standard Oil Company of New Jersey*, a multinacional foi autorizada a se instalar no Brasil por decreto do presidente Hermes da Fonseca, assinado no dia 17 de janeiro de 1912. O nome Esso era uma adaptação fonética proveniente das iniciais de *Standard Oil*. O grupo foi precursor no Brasil na distribuição de produtos de petróleo, como a gasolina e o querosene. No início do século XX, os produtos do setor eram importados. Chegavam em navios e depois distribuídos em armazéns de secos e molhados. As primeiras bombas de combustíveis no Rio de Janeiro foram instaladas pela empresa e ficavam situadas em áreas próximas aos locais de venda destes produtos. Ainda como *Standard Oil Company of Brazil*, abasteceu as primeiras aeronaves da aviação comercial brasileira. Em 1º de janeiro de 1953, a empresa passou a se chamar Esso Standard do Brazil. A alteração do nome foi autorizada pelo Decreto n° 31.811, de 20 de outubro de 1952.

A partir dos anos 1940, a Esso dirige seus esforços para o campo da comunicação com o intuito de reforçar a divulgação dos seus produtos. Três ações podem ser destacadas na aproximação da multinacional com a comunidade jornalística: a criação do programa radiofônico *Repórter Esso*, posteriormente transmitido na televisão, o investimento publicitário em jornais e revistas e a implantação em 1956 do Prêmio Esso de Jornalismo, um dos mais importantes programas institucionais da companhia no Brasil.

Uma das estratégias que as grandes empresas estrangeiras no país utilizavam para manter uma imagem institucional positiva junto ao público era vincular sua marca a um determinado programa radiofônico. Este tipo de ação de marketing foi proposto por algumas das agências de publicidade americanas presentes no Brasil, dentre elas a *McCan Erickson* e a *J. Walter Thompson*. Iniciativa pioneira neste sentido foi desencadeada pela *Colgate-Palmolive Pest Co*, uma das maiores anunciantes no país. Um dos programas, veiculados pela *Rádio Record*, de São Paulo, chamava-se "Palmolive no palco", apresentado por Otávio Gabus Mendes e que tinha no elenco músicos e artistas conhecidos do público, como a cantora Izaurinha Garcia e o sambista Vassourinha. A *Colgate-Palmolive* também patrocinou a montagem de radionovelas.

Caminho semelhante seguiu o grupo Esso, comandado pela família Rockfeller. A Esso não atuou diretamente em programas de entretenimento, como a *Colgate-Palmolive*, optando por dirigir seus investimentos no campo do jornalismo. A sugestão de criar um noticiário radiofônico partiu da agência de publicidade *McCann Erickson*, responsável pela conta da empresa no Brasil. Assim, às 12h55 do dia 28 de agosto de 1941, entrava no ar pela *Rádio Nacional*, do Rio de Janeiro, a primeira edição do "Repórter Esso". Em suas primeiras transmissões, o programa também era veiculado pela *Rádio Record*, de São Paulo. Ambas tinham forte aceitação popular no início dos anos 1940.[1] A Esso também viria a patrocinar nos anos 1950 o programa "Honra ao mérito", veiculado na Rádio Nacional.[2]

Com alto índice de audiência, o "Repórter Esso" logo seria retransmitido por emissoras em todo o país, como a *Rádio Inconfidência* (MG), *Rádio Farroupilha* (RS) e *Rádio Clube* (PE). As edições diárias de cinco minutos entravam no ar pontualmente às 8h, 12h55, 19h55 e 22h55, mas o programa poderia interromper a programação normal em casos extraordinários. Principal noticiário radiofônico brasileiro, o programa teve Heron Domingues como apresentador a partir de 1944. Vencedor de um concurso nacional, o locutor era famoso por incorporar uma certa dramaticidade na leitura das notícias. Tinha também o hábito de calcular o tempo de leitura. De fato, o programa que fixava como marca "o primeiro a dar as últimas" privilegiava a síntese no noticiário. As notícias eram redigidas em períodos curtos e de forma direta. A regra básica era evitar, por exemplo, adjetivações no texto e o uso de orações intercaladas. O noticiário seguia um tipo de manual de redação, contendo três princípios fundamentais. Um dos produtores do programa, Merival Júlio Lopes enumera essas regras: "O Repórter Esso é um programa informativo; o Repórter Esso não

1 A *Rádio Record*, de São Paulo, foi criada em 1931 num cenário de institucionalização da publicidade comercial. Pelo decreto do governo provisório de Getúlio Vargas, apenas 10% da programação podiam ser ocupados por anúncios. A *Rádio Nacional*, com sede na Capital da República, possuía uma das maiores estruturas radiofônicas do país. Em 1940, um ano antes da estreia do "Repórter Esso", foi encampada pelo governo Vargas, no período do Estado Novo (JUNG, 2005, p. 31).

2 O programa, comandado por Heron Domingues, prestava uma homenagem, com entrega de medalhas, a brasileiros que se destacavam em diversas atividades, dentre eles Vital Brazil. A abertura anunciava: *A Standart Oil Company of Brazil, pelas ondas da Rádio Nacional do Rio de Janeiro, apresenta: Honra ao Mérito. Esse programa, ouvintes, tem duas finalidades principais: revelar um herói brasileiro vivo e marcar com esse herói a grandeza de um exemplo.* Disponível em: <*www.museuvitalbrazil.org.br/exposicoes_vb8.asp*>. Acesso em: 19 set 2015.

comenta as notícias; o Repórter Esso sempre fornece as fontes de notícias" (Lopes, apud MOREIRA, 1991, p. 26).

Tais diretrizes apontam para uma forte influência do jornalismo americano. Não apenas na forma. O conteúdo também tinha nítida carga ideológica. O bordão, consagrado por Heron Domingues, mostrava como o noticiário dependia dos boletins da *United Press International* (UPI): "Prezado ouvinte, bom dia. Aqui fala o 'Repórter Esso', testemunha ocular da história, apresentando as últimas notícias da UPI". Um prefixo musical de fanfarras e clarins, composto pelo maestro Carioca, anunciava o início do programa.

Era através deste noticiário que os ouvintes recebiam as informações sobre a Segunda Guerra Mundial. Como principal fonte de informação sobre o conflito, o "Repórter Esso" consolidou, de 1941 a 1945, a sua audiência. Mais do que isso, serviu como importante instrumento na chamada "política de boa vizinhança" implantada pelos Estados Unidos para estreitar suas relações políticas, econômicas e culturais com os países da América Latina. Importa lembrar que o "Repórter Esso", seguindo o mesmo formato da edição brasileira, era retransmitido em 14 países da América do Sul e Central por 59 estações de rádio. Como meio de comunicação de massa, o rádio foi um dos veículos mais utilizados durante a guerra para neutralizar a influência do nazismo na América Latina e no Brasil, onde se registrava forte presença de imigrantes alemães, italianos e japoneses.

Se nos primeiros anos de sua transmissão no Brasil, o programa se colocava a serviço da propaganda de guerra, o noticiário radiofônico aproveitou também a sua popularidade para divulgar para os brasileiros o estilo de vida americano da época. Integrava-se assim a outros veículos de comunicação, como as revistas *Seleções* do *Reader´s Digest* e *Visão*. Dirigidas por grupos estrangeiros, estas publicações circulavam no Brasil e estimulavam o *American Way of Life* no contexto de expansão do mercado internacional.

Empresas como *RCA Victor* e *General Eletric* lançaram seus produtos no mercado brasileiro. O cinema também participou ativamente desta política, sobretudo através dos filmes de Walt Disney, difundindo o modo de vida americano.

Ainda sobre a forte carga ideológica do programa radiofônico, reproduzindo conteúdo da agência americana *UPI*, é importante registrar que o noticiário não foi ao ar em 1º de abril de 1964, quando o movimento militar, com apoio de importantes segmentos da sociedade civil, derrubou o governo João Goulart. Sobre este episódio, comenta Fabbio Perez, então locutor da *Rádio Tupi* de São Paulo: "[...] sem explicações, como se nada estivesse acontecendo no país, o noticiário que se auto-intitulava 'testemunha ocular da história' nos grandes acontecimentos, não foi ao ar".[3]

Com o advento da televisão no Brasil, em 1950, por iniciativa do proprietário dos *Diários Associados*, Assis Chateaubriand,[4] o programa que teve origem no rádio também ganha sua versão para a TV. O "Repórter Esso" estreou na *TV Tupi* de São Paulo, em 17 de junho de 1953, com apresentação de Kalil Filho. Um ano depois, o telejornal foi lançado na *TV Tupi* do Rio de Janeiro, tendo como apresentador Gontijo Teodoro. Os dois profissionais, conhecidos locutores de rádio, já começavam a adaptar o programa para uma linguagem mais televisiva. O texto era objetivo, refletindo a estrutura narrativa do telejornalismo produzido nos

3 PEREZ, Fabbio. In: "O dia em que a testemunha calou". *Revista Imprensa*, São Paulo, ano 1, volume 5, jan 1988, p. 12

4 Para implantar a televisão no Brasil, Chateaubriand importou os equipamentos e decidiu trazer técnicos americanos da RCA. A *PRF-3 TV Difusora*, depois *TV Tupi* de São Paulo, entrou no ar em 18 de setembro de 1950, sendo a primeira emissora de TV da América Latina. O dono dos *Diários Associados* mandou instalar 200 aparelhos em pontos movimentados da capital paulista para o público comprovar a existência da televisão.

EUA, e o apresentador, enquadrado no plano americano.[5] No seu formato original, o programa tinha duração de cinco minutos e era exibido várias vezes ao dia com as notícias mais recentes.

Repetindo a fórmula bem-sucedida do noticiário radiofônico, o programa televisivo se expandiu pelo país, sendo retransmitido por outras emissoras, como a *TV Difusora*, de São Paulo, *TV Itacolomi*, de Belo Horizonte, *TV Piratini*, de Porto Alegre, e *TV Itapoã*, de Salvador, dentre outras. No rádio, o "Repórter Esso" se manteve no ar até 31 de dezembro de 1968. Dois anos depois, o famoso noticiário também deixava de ser transmitido na TV.

Outras ações de relações públicas empreendidas pela multinacional foram o Seminário Esso de Jornalismo, objetivando o aperfeiçoamento profissional dos produtores de notícias, o Programa de estágio para jornalistas, que buscava trazer jornalistas do interior para conhecer o processo de produção jornalística nos veículos mais importantes do Rio e de São Paulo, e o Prêmio de Literatura Esso, em parceria com o *Jornal de Letras*. Voltado para universitários, o concurso literário apresentava as categorias de conto e ensaio, além da distribuição de menções honrosas. O prêmio incluía uma quantia em dinheiro e um curso de férias de língua e literatura portuguesa na Universidade de Lisboa.

Os anos 1950 são vistos como momento fundador para a imprensa, com a incorporação de um conjunto de técnicas tanto administrativas como editoriais. O período também registra o início de um processo de retração no mercado jornalístico, sobretudo no Rio de Janeiro, que se acentuaria na década seguinte. Ao mesmo tempo, o país vivia um clima de intenso debate político sobre

---

5 O plano americano ou médio é um enquadramento padrão para filmar a participação de repórteres nas matérias. A tomada é feita da cintura para cima (CURADO, 2002, p. 108).

a questão do petróleo. A campanha em defesa da solução estatal do petróleo resultou, em 1953, na criação da Petrobras.

Levar em conta esses dois fatores históricos – o processo de modernização da imprensa e a questão do petróleo na década de 1950 – é fundamental para compreender a forte penetração de recursos publicitários de empresas públicas e privadas em jornais e revistas. Nessa perspectiva, não há como dissociar a atuação da multinacional Esso dentro de uma dinâmica social e política mais ampla.

O processo de modernização da imprensa

Uma revisão bibliográfica aponta a década de 50 como um momento de grandes transformações na imprensa. As mudanças gráficas e editoriais dos jornais assinalam a passagem do jornalismo que era centrado no discurso político e literário para o modelo informativo, incorporando o ideal de objetividade do jornalismo americano na forma de transmitir a notícia. Ao analisar a imprensa do Rio de Janeiro nos anos 1950, Ribeiro (2000) observa que as mudanças ocorridas a partir das reformas gráficas e editoriais dos principais jornais não representaram uma ruptura, mas um momento de consolidação das transformações que vinham ocorrendo desde o início do século.

As empresas se modernizam e os repórteres seguem técnicas especializadas para apuração e redação de matérias. Os principais diários do Rio de Janeiro incorporam a pirâmide invertida, concentrando as informações mais "importantes" (quem, o que, onde, quando, como e por que) na abertura da matéria. É quando surge na redação a função do copidesque, responsável pela padronização dos textos. Os jornais privilegiam ainda um texto em terceira pessoa, sem fazer uso de adjetivações ou recursos estilísticos rebuscados. Os limites entre o que é informação e o que é opinião no noticiário passam a ser mais claramente demarcados. O espaço da opinião se restringe aos editoriais, crônicas, artigos e cartas dos leitores. As mudanças não eram apenas editoriais. Os jornais também promovem uma ampla reforma gráfica, valorizando as imagens, títulos e manchetes. A primeira página contém os fatos mais interessantes do ponto de vista jornalístico, funcionando como um resumo do material a ser apresentado ao leitor dentro do noticiário.

As transformações ocorridas nos anos 1950, incluindo a questão salarial, a criação de novas escolas de jornalismo e a regulamentação da profissão, contribuíram para moldar a imagem desses profissionais até os dias atuais.

> A criação da identidade desse grupo profissional nos parece ter girado em torno de algumas questões fundamentais, todas associadas a um processo de valorização da profissão: a salarial (aumento dos rendimentos), educacional (criação de escolas de jornalismo), a jurídica (regulamentação da profissão), a sindical e associativa (construção de espaços de resistência, negociação e sociabilidade), a ética (criação de uma nova deontologia baseada no compromisso com a objetividade e a responsabilidade social) e a liberdade de imprensa (RIBEIRO, 2000, p. 308).

O processo de concentração da imprensa acompanhou o mesmo ritmo do desenvolvimento dos jornais em empresas modernas. Vários fatores podem ser apontados como determinantes para a retração do mercado jornalístico, especialmente no Rio de Janeiro nos anos 1950: as limitações técnicas decorrentes da necessidade da implantação de equipamentos caros e modernos para sustentar grandes tiragens em curto prazo de tempo e os custos adicionais para a qualificação da mão-de-obra num momento de profissionalização da imprensa. Podemos apontar também o equilíbrio econômico precário da maior parte das publicações. Muitas apresentavam gestão ineficiente ou sofriam corte de verbas oficiais ou publicidade comercial por motivos políticos. Outras razões, externas ao campo, agravavam a saúde financeira das empresas, dentre elas as dificuldades de importação do papel de imprensa[6] e a própria vulnerabilidade da economia brasileira, ainda em vias de modernização nos anos 1950.

A complexidade das operações e a transformação dos jornais em grandes empresas demandavam grandes recursos. No Brasil, esse volume de capital ainda era escasso. Tal defasagem entre o tamanho que assumiam as empresas de comunicação e a fragilidade da economia local para sustentar o peso da modernização provocou uma significativa redução do número de jornais e revistas em circulação. Esse processo foi acentuado com o golpe militar de 1964. É importante afirmar que a sobrevivência das empresas jornalísticas que atingiram certa estabilidade financeira não significou, em nenhum momento, uma autonomização destas em relação ao campo político e ao poder de grupos econômicos. Ao contrário, os proprietários de veículos de comunicação conseguiram montar uma estrutura industrial, mas extremamente dependente de verbas públicas obtidas em estabelecimentos oficiais de crédito e recursos provenientes da publicidade comercial de empresas nacionais e estrangeiras.

O mercado jornalístico nos anos 1950 se restringia basicamente aos principais centros econômicos do país. Além do Rio de Janeiro, então capital da República, a maior parte de jornais e revistas se concentrava nos estados de São Paulo, Minas Gerais e Rio Grande do Sul. Neste período, por limitações técnicas de distribuição, dentre outros fatores, os diários não circulavam em todo o território

6 No período de 1958 a 1963, a alta do preço do papel importado para a imprensa foi superior a 3294%. O período também apresentava sucessivos aumentos do preço do dólar para a importação. A ascensão do preço do papel nacional acompanhava a do papel estrangeiro. O dólar para importação de papel passou de Cr$ 18,82 em 1958 para Cr$ 620 em 1963. No mesmo período, o quilo de papel nacional passava de Cr$ 4,63 para Cr$ 112 (SODRÉ, 1999).

nacional. Apenas as revistas, como *Manchete* e *Cruzeiro*, tinham circulação nacional. Três jornais cariocas tiveram atuação importante no processo de modernização da imprensa, com a incorporação de técnicas redacionais baseadas no jornalismo americano e renovação dos seus projetos gráficos: *Diário Carioca*,[7] *Jornal do Brasil*[8] e *Última Hora*.[9]

A importância do jornal Última Hora não se restringiu às mudanças editoriais e gráficas implantadas no contexto de mo-

---

7 Um dos pioneiros na utilização do *lead* - convenção jornalística em que o repórter procura responder na abertura da matéria as seis perguntas básicas (o que, quem, quando, onde, como e porque) sobre um acontecimento - o *Diário Carioca* iniciou as mudanças em 1951. Atuavam no Diário Carioca no período o chefe de redação Pompeu de Souza, o diretor de redação Danton Jobim e o chefe de reportagem Luís Paulistano (SILVA, 1991). Foi o primeiro órgão noticioso do país a lançar um manual de redação para seus profissionais. O jornal inovou ainda ao acrescentar ao *lead* americano o chamado *sublead*.

8 O periódico também contribuiu para a passagem de um texto opinativo para um modelo mais informativo foi o *Jornal do Brasil*. Com uma estrutura empresarial mais sólida do que o *Diário Carioca*, o matutino estabeleceu, a partir de 1956, uma nova estrutura organizacional, servindo de modelo de eficiência empresarial. As reportagens, praticamente inexistentes no jornal até então, passaram a ser valorizadas e os assuntos, divididos por editorias, com a valorização do fotojornalismo. Os encartes, com destaque para o Suplemento Dominical, tornaram-se diferencial e aprofundaram as reformas do *Diário Carioca*. O *Jornal do Brasil* promoveu ainda uma renovação visual. A reforma se consolidaria no início dos anos 1960.As reformas no *Jornal do Brasil* foram conduzidas numa primeira fase por Odylo Costa Filho, Aníbal Freire e Amílcar de Castro (BAHIA, 1989). Posteriormente, Jânio de Freitas assume a chefia de redação. No início dos anos 1960, o jornalista Alberto Dines consolidaria as mudanças, dentre elas a implantação de um departamento de pesquisa e o incentivo à especialização jornalística.

9 Com aspecto gráfico inovador, estabelecendo um novo padrão visual para a imprensa, o vespertino introduziu mudanças significativas no aspecto redacional. As estratégias empresariais do periódico de Samuel Wainer também foram incorporadas pela maioria dos jornais do país.O jornal, que tinha como redator-chefe João Etcheverry e diretor de redação Otávio Malta, foi responsável pela valorização da fotografia e deu novo impulso ao colunismo. Como redatores principais, contava com Otto Lara Resende e Francisco de Assis Barbosa, além do colunista Nelson Rodrigues (RIBEIRO, 2000).

dernização da imprensa. Na verdade, o *UH* esteve no centro do debate político nacional no episódio que culminou no suicídio do presidente Getúlio Vargas em 1954. A grave crise institucional que precedeu o último ato de Vargas expôs, no campo jornalístico, o vínculo político de órgãos de imprensa, como a *Tribuna da Imprensa*, *O Globo*, os veículos dos *Diários Associados*, de Assis Chateaubriand, e o próprio Última Hora, que tinham como uma das principais fontes de renda, na capital da República, empréstimos oficiais e verbas públicas.[10]

No ambiente das instituições privadas, uma outra fonte de financiamento crucial para a sobrevivência das empresas jornalísticas nos anos 1950 era a publicidade. À medida que as operações jornalísticas adquiriam complexidade, com a especialização da mão-de-obra e o incremento da produção de jornais em prazos cada vez menores, maior volume de recursos era necessário para cobrir os custos de produção. Vendas avulsas ou por assinatura não garantiam a sustentabilidade financeira da maior parte dos jornais.

Com o desenvolvimento industrial do pós-guerra e maior oferta de bens de consumo, a presença dos anunciantes se torna mais frequente nas páginas dos periódicos. A publicidade comercial exerceu papel importante no processo de modernização dos veículos de comunicação, mas também não significou para a imprensa a conquista de sua autonomia. Na verdade, favoreceu o processo de concentração dos jornais no mercado e criou uma dependência de outra ordem. Se os créditos oficiais deixavam órgãos noticiosos em situação de vulnerabilidade em relação aos grupos

---

10 Mais sobre as desavenças públicas e as trocas de acusações entre proprietários de jornais no Rio de Janeiro no início dos anos 1950, com as suas implicações no campo político, ler MORAIS, Fernando. *Chato, o rei do Brasil.* São Paulo: Companhia das Letras, 1994; SODRÉ, Nelson Werneck. *A História da Imprensa no Brasil. RJ*, Civilização Brasileira, 1999; WAINER, Samuel. *Minha razão de viver: memórias de um repórter.* Rio de Janeiro: Record, 1987.

políticos, os jornais passavam a manter também vínculos estreitos com as empresas anunciantes. Para alguns autores, a presença das agências de publicidade, como intermediárias de grupos econômicos estrangeiros, representou uma ameaça à liberdade de expressão e uma tentativa de desnacionalização da imprensa.

Neste período, registra-se um número crescente de agências de publicidade. Enquanto na década de 40 havia pouco mais de 50 agências no mercado, o número subiu para aproximadamente 300 no final dos anos 1950, dentre as quais podemos destacar a *J. Walter Thompson*, sediada em São Paulo, e a *McCan Erickson*, no Rio de Janeiro (RIBEIRO, 2000). O impulso das agências, sobretudo estrangeiras, representou consequentemente uma significativa expansão dos investimentos publicitários no mercado jornalístico. O volume investido em jornais e revistas, através das agências de publicidade, passou de 750 milhões em 1947 para 3500 milhões de cruzeiros em 1953. Desse total, cerca de 1200 milhões eram destinados aos jornais e 480 milhões, às revistas (SODRÉ, 1999).

No início dos anos 1950, quando a televisão ainda começava a operar no Brasil, as empresas utilizavam como principal critério para direcionar seus investimentos o fator venda (circulação), no caso dos jornais e revistas, ou audiência, no caso do rádio. As revistas ilustradas, como *O Cruzeiro*, pertencente ao grupo dos *Diários Associados*, captavam os principais anúncios. Tal procedimento agravava o processo de concentração da imprensa, pois os grandes veículos ficavam com a maior parte da divisão do bolo publicitário.

Além da atuação das agências estrangeiras de publicidade no mercado, os grandes anunciantes também eram, em sua maioria, grupos multinacionais. Dados do Anuário de Publicidade mostram as firmas que mais despendiam recursos no mercado jornalístico em 1953: Cia. Antarctica Paulista (70 milhões), Esso Standard do Brazil (28 milhões), Cia. Industrial Gessy (27 milhões), *The Sidney Ross Company* (25 milhões), S.A. Ind. Irmãos Lever (20 milhões),

The Shell Brazil Limited (18 milhões), *The Coca-Cola Export* (15 milhões), Cia. Cerveja Brahma (14 milhões), *The Johnson & Johnson* (13,5 milhões), *Atlantic Refining Company* (13 milhões), *Gillette Safety Razor Co.* (12,5 milhões), *The Colgate-Palmolive Pest Co.* (12 milhões), *The Eno Scott Browne & Cia.* (12 milhões), Cia. de Cigarros Souza Cruz (12 milhões) e Companhia Nestlé (10 milhões).

A presença do capital estrangeiro na imprensa por meio da publicidade provocou intenso debate no campo jornalístico e nos meios políticos. A divisão de opiniões refletia a própria conjuntura do pós-guerra, com o acirramento da disputa entre pólos distintos. De um lado, os grupos mais liberais, que defendiam a abertura de mercado e viam na publicidade uma possibilidade de autonomia dos jornais em relação ao poder político. Do outro, os que assumiam um discurso nacionalista, com orientação mais próxima do pensamento da esquerda. Para estes opositores, a publicidade servia como instrumento de controle dos jornais, pois interferia diretamente no noticiário, representando uma ameaça à liberdade de imprensa no país. Sustentavam que a participação das empresas e agências estrangeiras no mercado jornalístico era uma tentativa de desnacionalização da imprensa.

O jurista e escritor Osny Duarte Pereira afirmava que a influência exercida pela publicidade de firmas estrangeiras nos jornais feria o Artigo 160 da Constituição de 1946. O dispositivo constitucional, resguardando o caráter nacional das empresas jornalísticas, estabelecia: "É vedada a propriedade de empresas jornalísticas, sejam políticas ou simplesmente noticiosas, assim como a de rádio-difusão, às sociedades anônimas ao portador ou a estrangeiros". A esse respeito, comenta Pereira: "As administrações dos jornais estão entregues a brasileiros natos, mas esses não poderiam sobreviver sem as substanciais contribuições proporcionadas pela propaganda comercial fornecida pelas grandes empresas estrangeiras" (Pereira, apud SODRÉ, 1999, p. 396)

Na mesma linha, o deputado Euzébio Rocha denunciava o "vergonhoso espetáculo" patrocinado pelos trustes internacionais:

> Pois bem: esse poder econômico, interligado e estruturado no país, criou uma cadeia de interesses de tal ordem que ameaça a segurança nacional, porque o jornal que contrariar, em qualquer sentido, os interesses da *Light* passará a não ter anúncios. Qualquer empresa que atacar a *Standard Oil* não contará com a sua grande publicidade. Em suma, qualquer empresa que combater os interesses desses grupos sofrerá o boicote (Rocha, apud SODRÉ, 1999, p. 433).

O Congresso instalou, em 1957, uma primeira Comissão Parlamentar de Inquérito (CPI) para discutir o suposto "controle estrangeiro" exercido sobre a imprensa brasileira. A comissão, no entanto, não teve o resultado esperado por seus maiores incentivadores.

Concordamos com a ideia da concentração de mercado a partir da expansão da publicidade e dos vínculos criados entre jornais e grupos econômicos. Neste cenário, o argumento liberal segundo o qual a publicidade conferia uma possibilidade de autonomia e independência dos jornais nos parece bastante precário.

Um dos principais fatores que redimensiona o volume gasto em publicidade nos jornais pelas firmas multinacionais - principalmente as americanas Esso Standard do Brazil e *Atlantic Refining Company* e a inglesa *Shell Brazil Limited* - envolve a questão do monopólio estatal do petróleo no país. As diferenças ideológicas em torno de debate sobre o "controle estrangeiro" da imprensa ficam ainda mais expostas.

A questão do petróleo

A situação das multinacionais petrolíferas no Brasil começou a se modificar no final dos anos 1930, com a expansão do consumo de derivados do petróleo. Em 1938, o aumento da demanda exigia a importação de 38 mil barris/ dia, segundo dados extraídos do Dicionário Histórico-Biográfico Brasileiro da Fundação Getúlio Vargas (DHBB/CPDOC/FGV). Em 1939, os jornais publicaram a descoberta de petróleo nos poços de Lobato, na Bahia, região que se tornaria a primeira grande reserva nacional do produto. Mesmo com aproveitamento comercial baixo do óleo, a extração incentivou novas pesquisas do recém-criado Conselho Nacional de Petróleo (CNP) na região do Recôncavo Baiano.

Neste período, a exploração de minas e jazidas minerais estava regulada pela Constituição de 1937, que proibia a participação de acionistas estrangeiros na questão do petróleo. O artigo 143 da Carta dispunha que: "A autorização só poderá ser concedida a brasileiros ou empresas constituídas por acionistas brasileiros". O artigo 144 previa ainda a "nacionalização progressiva das minas, jazidas minerais, quedas d'água e outras fontes de energia, assim como das indústrias consideradas básicas ou essenciais à defesa econômica ou militar da Nação".

Em dezembro de 1943, 13 novos poços foram perfurados ampliando a produção nacional para 48.153 barris de petróleo (VICTOR, 1993). Além de Lobato, a exploração se concentrava nos poços de Candeias, Aratu e Itaparica. Paralelamente, as dificuldades financeiras dos Estados Unidos decorrentes da 2ª Guerra Mundial atraíam o interesse de grupos estrangeiros, como a Esso Standard, no petróleo brasileiro. Para aproximar os EUA e a América Latina no contexto do conflito internacional, Nelson Rockefeller,[11] neto do fundador da *Standard Oil*, chegou a visitar o Brasil em 1942 em missão do governo estadunidense como coordenador de Negócios Interamericanos. Foi homenageado pela Associação

11 Nelson Rockefeller foi governador de Nova Iorque entre 1959 e 1973, e vice-presidente dos EUA, entre 1974 e 1977, na gestão do republicano Gerald Ford.

Comercial, no Rio de Janeiro, e em seu discurso exaltou a importância estratégica da aliança entre Brasil e EUA:

> Os Estados Unidos possuem capital, perícia técnica, a maior capacidade do mundo para fabricar ferramentas e máquinas, seja para a paz ou para a guerra. O Brasil possui os gigantescos recursos da mão de obra, os metais estratégicos, produtos tropicais como o café ou a borracha. Menos familiar ao público é o significado da colaboração econômica entre os dois maiores países deste Hemisfério. Esta colaboração se impõe, certamente, como uma das mais importantes afinidades internacionais da guerra (ROCKEFELLER, apud VICTOR, 1993, p. 140).

Na gestão do presidente Eurico Gaspar Dutra (1946-1950), que assumiu o poder após o fim da ditadura do Estado Novo de Getúlio Vargas, o país discutia a elaboração de uma nova Constituição. Um dos pontos mais controversos era definir a participação do capital estrangeiro na exploração de recursos petrolíferos. Um dos traços que caracterizavam a atuação das multinacionais era formar departamentos ou procuradores especializados em remover obstáculos legislativos nos mercados internacionais e defender assim os interesses corporativos das organizações para as quais trabalhavam. Coube a Paul Howard Schoppel a tarefa de atuar como interlocutor da *Standard Oil* junto aos parlamentares brasileiros, conforme denúncias de políticos nacionalistas. Diretamente ligado ao novo embaixador norte-americano William Pawley, o lobista "vivia no Rio de Janeiro vida faustosa, residindo no Hotel Glória, e convivia com altas autoridades federais brasileiras" (PEREIRA, 1974, p. 34). O objetivo de Schoppel seria exercer influência na redação da nova Carta especialmente no item sobre as concessões para uso do solo brasileiro.

A Constituição de 1946 derrubou os dispositivos notadamente mais nacionalistas contidos na Carta de 37. O artigo 153 dispunha em seu parágrafo primeiro: "As autorizações ou concessões serão conferidas exclusivamente a brasileiros ou a *sociedades organizadas no país*, assegurando ao proprietário preferência para exploração" (*grifo nosso*). A Constituição de 1946 foi promulgada em 18 de setembro, abrindo, portanto, uma brecha legal para que as multinacionais interessadas pudessem explorar jazidas de petróleo no Brasil.

Outro mecanismo que flexibilizava a legislação, permitindo a participação do capital estrangeiro, surgiu em 1948 em torno do debate sobre a implantação do Estatuto do Petróleo. Em mensagem enviada ao Congresso Nacional em 31 de janeiro daquele ano, o presidente Dutra pedia votação urgente para a matéria:

> É fora de dúvida que a legislação ainda em vigor, resultante dos princípios exageradamente contrários ao capital estrangeiro contido na Lei Magna de 1937, tem sido o grande obstáculo a antepor-se ao desenvolvimento da indústria de refinados no Brasil, por isso que não permite a colaboração desse capital em atividades dessa natureza. Indispensável se torna a remoção dos embaraços legais que até aqui têm impossibilitado a conjunção de capitais e de esforços de brasileiros e estrangeiros. O projeto ora enviado não se limita a dispensar a qualidade de brasileiro nato; vai além, para permitir que não só os brasileiros naturalizados mas até os estrangeiros, residentes ou não no país, participem das sociedades por ações que entre nós se organizem visando a exploração da indústria de refinados e do transporte de petróleo (DUTRA, apud FONSECA, 1957, p. 213-214).

As medidas logo geraram reação de setores organizados da sociedade que se identificavam com o ideário nacionalista. Ao mesmo tempo, crescia o apoio popular em prol da criação de uma empresa brasileira de produção e distribuição de petróleo. Os primeiros debates sobre o tema ocorreram a partir de 1947 no Clube Militar do Rio de Janeiro, onde pontificavam nomes como os do ex-presidente e então deputado Arthur Bernardes e do general Horta Barbosa, encampando a tese do monopólio do petróleo. Em seus discursos, Bernardes e Barbosa associavam o petróleo à questão da soberania nacional, bem de uso coletivo e criador de riquezas nacionais: "Consentir que o nosso petróleo caia em mãos estrangeiras ou de estrangeiros 'camuflados' em nacionais é o mesmo que entregar a inimigos potenciais a melhor arma da nossa defesa militar e econômica", afirmava o ex-presidente, compartilhando a visão de Barbosa, para quem "só o Estado tem qualidade para explorá-lo, em nome e no interesse dos mais altos ideais de um povo". O clima dos debates no Clube Militar está registrado no livro *Petróleo: contratos de risco e dependência*, de Bernardo Kucinski (1977).

As ideias nacionalistas ganharam força com a adesão de estudantes, trabalhadores, intelectuais e militares. Abrigado posteriormente no Centro de Estudos e Defesa do Petróleo,[12] o movimento lançou a campanha "O petróleo é nosso", promovendo comícios, debates e caravanas em todo o país em defesa da solução estatal do petróleo. Sem apoio dos parlamentares, o projeto de lei propondo a criação do Estatuto do Petróleo não foi aprovado no Congresso, mas a campanha ganhou novo fôlego posteriormente em 1950 com o projeto nacionalista que reconduziu Getúlio Vargas à Presidência da República.

Naquele ano, a produção já superava a marca de 338 mil barris de petróleo (VICTOR, 1993). Ao encaminhar o projeto nº 1.516,

---

12 O Centro de Estudos e Defesa do Petróleo foi instalado em 21 de abril de 1947 na sede do Automóvel Clube do Rio de Janeiro, tendo como presidentes de honra, além de Arthur Bernardes e Horta Barbosa, os generais Leitão de Carvalho, Raimundo Sampaio, o coronel Arthur Carnaúba, o almirante Alfredo de Moraes Filho e D. Alice Tibiriçá, que atuava em campanhas de assistência social no Rio e em São Paulo (KUCINSKI, 1977, p. 160).

prevendo a criação da Petrobras, Vargas encaminhou, em 6 de dezembro de 1951, Mensagem ao Congresso Nacional destacando que o controle nacional sobre o petróleo era "indispensável":

> O Governo e o povo brasileiros desejam a cooperação da iniciativa estrangeira no desenvolvimento econômico do país, mas preferem reservar à iniciativa nacional o campo de petróleo, sabido que a tendência monopolística internacional dessa indústria é de molde a criar focos de atrito entre povos e governos. Fiel, pois, ao espírito nacionalista da vigente legislação do petróleo, será essa empresa genuinamente brasileira, com capital e administração nacionais (VARGAS, *apud* VICTOR, 1993, p. 299).

Apesar da Mensagem, o projeto enviado ao Congresso, constituído de 31 de artigos, foi criticado pelo Centro de Estudos e Defesa do Petróleo e parlamentares contrários às multinacionais pois poderia permitir a entrada do capital internacional com a aceitação de acionistas representados por "pessoas jurídicas de direito privado, brasileiras". O projeto original recebeu emendas na Câmara dos Deputados e no Senado. Com as alterações, Vargas sancionou, em 3 de outubro de 1953, a Lei 2.004 criando a Petróleo Brasileiro S.A – Petrobras. Ficava instituído o monopólio estatal da pesquisa e lavra, exploração, refino do petróleo nacional e estrangeiro e transporte do produto e seus derivados. À Petrobras cabia a execução, ficando o CNP como órgão normativo e fiscalizador do monopólio.

A decisão provocou impacto direto nos interesses comerciais da Esso Standard do Brazil e outras distribuidoras. A partir de 1953, as multinacionais teriam que passar a comprar os derivados de petróleo da estatal. Antes do surgimento e consolidação da Petrobras no mercado, Esso, Shell, Atlantic e outras duas multinacionais (Gulf e Texas) detinham a quase totalidade do mercado de distribuição de combustíveis no Brasil.

O aumento do investimento em publicidade no período pode ser interpretado como reação à campanha em defesa da solução estatal do petróleo. Em 1953, ano de criação da Petrobras, a concorrente Esso exerceu papel de liderança em termos de gastos publicitários para promoção da sua imagem institucional no Brasil. Outras companhias de petróleo, como a Shell e Atlantic, também despenderam elevados recursos com veiculação de anúncios na imprensa.

Como observado anteriormente, segundo dados do Anuário de Publicidade, a Esso investiu, via agência de publicidade *Mc-Cann Erickson*, 28 milhões de cruzeiros em 1953, sendo a segunda maior anunciante depois da Cia. Antártica Paulista. No mesmo ano, a Shell aplicou recursos da ordem de 18 milhões e a Atlantic, 13 milhões. Em 1956, o valor gasto em publicidade pela Esso e pela Shell, somente para a venda de combustíveis, somou 31 milhões de cruzeiros. O ritmo dos investimentos da Esso não diminuiu ao longo da década. Em 1959, os gastos da multinacional chegaram a 80 milhões de cruzeiros, aumento de 185% em relação a 1953.

O corte de verbas de uma grande companhia representava uma ameaça para a sobrevivência das empresas jornalísticas. Em discurso pronunciado na Câmara em 1953, o deputado Euzébio Rocha denunciou a Esso por tentar controlar a opinião dos jornais via publicidade. Rocha acusou diretamente a multinacional de retirar anúncios do *Diário de Notícias* por ter defendido, em artigos e editoriais, a nacionalização do petróleo:

> Há pouco mais de um ano, a *Standard Oil Company* do Brasil mobilizou todos os seus recursos de propaganda e desencadeou forte campanha no sentido de obter para si a exploração das nossas reservas de petróleo. O *Diário de Notícias*, porque repudiasse em editoriais e em artigos de colaboradores aquelas pretensões antinacionais, foi sumaria-

> mente suprimido da programação de publicidade daquela importante empresa (ROCHA, apud SODRÉ, 1999, p. 434).

Na CPI instalada em 1957, a questão do petróleo foi apontada como determinante para o aumento da participação do capital estrangeiro na imprensa brasileira. A Esso e a agência de publicidade *McCann Erickson* foram alvo permanente de investigação. Políticos acusaram a agência de pagar publicidade apenas aos jornais contrários ao monopólio da Petrobras. Em 7 de setembro de 1962, o semanário *Novos Rumos*, de orientação comunista, denunciou a distribuição da publicidade da Esso, citando Emil Farhat e Armando de Morais Sarmento, dirigentes da *McCann Erickson* ouvidos pela CPI:

> Naquela época, a empresa de publicidade que mantém sede em Nova Iorque, onde estão 60% de suas ações, distribuía anualmente 300 milhões de cruzeiros na propaganda de diversas firmas norte-americanas aqui instaladas. Sua principal cliente era a *Standard Oil Company*, que passou a chamar-se *Esso Standard do Brasil*. O atual presidente da *McCann Erickson*, Emil Farhat, era então assistente imediato de Armando de Morais Sarmento, que dirigia a empresa. Chamados a depor perante a Comissão Parlamentar de Inquérito, viram-se os dois personagens atrapalhados para explicar a distribuição da publicidade da Esso, dirigida apenas aos órgãos de imprensa contrários ao monopólio estatal do petróleo, suborno e corrupção que, gaguejantes e confusos, acabaram por confessar (SODRÉ, 1999, p. 407).

Segundo o jornalista Genival Rabelo, a multinacional realizou reuniões com autoridades brasileiras em 1953, ano de criação da Petrobras, fazendo advertências ao governo. Rabelo utiliza informações do *Jornal de Debates*, no qual o jornalista Joel Silveira descreve as ameaças da Esso: "1) que não estava de acordo com a política do monopólio estatal do petróleo; 2) que, se as autoridades insistissem na ideia, a companhia faria uma campanha de propaganda no montante de 5 milhões de dólares; 3) que, caso a campanha não surtisse efeito, deporia o governo" (SODRÉ, 1999, p. 434). O *Jornal de Debates* também mantinha uma política editorial fortemente nacionalista.

A conclusão da CPI foi publicada no *Diário do Congresso Nacional*, páginas 793 a 799, em 30 de janeiro de 1959. O documento confirmava o poder de companhias estrangeiras no mercado de petróleo no Brasil. Os deputados observaram que, apesar de o artigo 160 da Constituição Federal proibir participação acionária de grupos estrangeiros em veículos de comunicação no país, o mesmo não ocorria com as agências de publicidade. Estas trabalhavam a serviço das multinacionais, exercendo, segundo a comissão, influência indireta no conteúdo noticioso, conforme exposto em um dos trechos do relatório final:

> Como grandes clientes, as distribuidoras exercem forçosamente notável influência sobre as agências de publicidade, levando-as também a seguir os mesmos critérios na colocação das verbas de outros clientes. Esse efeito de arrastamento canaliza a maior parcela da importância total gasta em publicidade, mais de 9 milhões de cruzeiros em 1957, para órgãos de divulgação dispostos a colaborar na defesa dos interesses dos trustes, e subtraindo a viabilidade econômica aos que persistam em posição de independência (CONGRESSO NACIONAL, 1959, p. 798).

Os posicionamentos refletem a conjuntura daquele período e devem ser analisados dentro do contexto de polarizações políticas. Importa lembrar que a comissão foi presidida pelo deputado Luthero Vargas (PTB), filho do ex-presidente Getúlio Vargas. Ressalvando a carga ideológica dos debates travados por ocasião da CPI, alguns dados são indicativos para compreender parte das estratégias de comunicação da Esso diante das restrições comerciais impostas pelo monopólio do petróleo.

Mas a aproximação da Esso com o campo jornalístico não se restringiu a sua participação como anunciante. Outras estratégias, incluindo a criação daquele que viria a se tornar o mais importante prêmio de estímulo aos profissionais de imprensa, foram utilizadas como forma de estabelecer pontos de contato entre a empresa e os jornalistas. A constituição do Prêmio Esso de Jornalismo é o que examinaremos a seguir. Vamos resgatar a origem do prêmio e examinar o que o concurso jornalístico representou para os produtores de notícias, justamente no momento de modernização da imprensa.

2. O Prêmio Esso

No início da década de 1950, as atividades da Esso no Brasil mantinham estreitas ligações com os departamentos comerciais das empresas jornalísticas. O contexto político, no entanto, era pouco favorável à manutenção de uma imagem institucional positiva. Contra a multinacional pesavam acusações de liderar o movimento contrário ao monopólio estatal em plena campanha do "Petróleo é nosso". O grupo também era alvo de denúncias em comissões parlamentares por tentar influenciar o noticiário por meio de recursos publicitários. Diante deste cenário, a empresa, líder do mercado e foco mais visível da presença do capital estrangeiro no país, buscou alternativas para se aproximar dos formadores de opinião. O objetivo era não restringir suas ações de marketing à publicidade.

Um dos instrumentos usados era a publicação institucional *Revista Esso*. Lançada em 1945, a revista chegou a ter uma tiragem, em 1953, de 60 mil exemplares distribuídos gratuitamente a variados segmentos sociais e aos formadores de opinião. Cada número era dedicado, como informa a edição nº 152 (jan/ fev 1953), a um dos estados brasileiros. Quanto ao aspecto gráfico, a capa de cada edição era ilustrada com o trabalho de um pintor natural do estado homenageado.

Partiu do jornalista Ney Peixoto do Valle a ideia da criação em 1955 de um prêmio voltado para o reconhecimento do trabalho dos profissionais das redações. Repórter político do *Diário Carioca*, ele deixou a redação em 1953 após ser convidado para assumir o Departamento de Relações Públicas da Esso.[1] Algumas medidas de adaptação ao ambiente brasileiro foram adotadas pela multinacional, como, por exemplo, alterar o nome de Esso Standard do Brazil para Esso Brasileira de Petróleo. Outra preocupação era tentar se aproximar dos profissionais que estavam na ponta da produção do conteúdo noticioso, os repórteres, complementando a política de relacionamento com os donos de jornais. Nesta entrevista, Ney Peixoto reconhece que o concurso surgiu como estratégia da empresa diante do contexto político adverso para a atuação da Esso Standard, criticada por interferir em assuntos estratégicos do país:

> O departamento de Relações Públicas da Esso foi criado para cuidar o Marketing Institucional da empresa, que era líder do mercado de petróleo no Brasil. A empresa foi muito hostilizada durante a campanha 'O petróleo é nosso', que culminou com a criação da Petrobras. Além das atribuições normais de um setor de RP, ele agia politicamente para defender as posições da empresa, favoráveis a um sistema de livre iniciativa na exploração e distribuição do petróleo. Era uma ação de legítima defesa do próprio negócio da empresa e de uma ideologia empresarial.[2]

1 Nos anos 1960, Ney Peixoto do Valle, membro da Câmara Americana do Comércio, viria a ter uma atuação destacada como ativista do Instituto de Pesquisas e Estudos Sociais (Ipes), que funcionava como organização de propaganda política e ideológica anticomunista de setores dominantes contra o regime de João Goulart. A atuação do Ipes será analisada no capítulo 3.

2 DUARTE, Jorge. "12.04.12 - A última entrevista do criador do Prêmio Esso". *Portal dos Jornalistas*. Disponível em: <http://www.portaldosjornalistas.com.br/noticias-conteudo.aspx?id=488>. Acesso em: 8 mar 2015.

Para conferir credibilidade ao projeto, outra ação foi buscar uma parceria com a Associação Brasileira de Imprensa (ABI), então presidida por Herbert Moses. Com o apoio da entidade e a participação exclusiva de jornalistas na comissão julgadora, foi lançada em 1956 a primeira edição do Prêmio Esso de Reportagem, rebatizado posteriormente de Prêmio Esso de Jornalismo. A comissão era formada por nomes que participavam naquele momento do processo de renovação dos padrões técnicos do jornalismo brasileiro. Além de Herbert Moses, presidente da ABI que avalizara a criação da premiação, o júri era composto por Alves Pinheiro (*O Globo*), Otto Lara Rezende (*Manchete*), Danton Jobim (*Diário Carioca*) e Antônio Callado (*Correio da Manhã*).

A premiação foi idealizada com o propósito de dar oportunidade aos jornalistas de mostrarem seu trabalho fora do eixo Rio - São Paulo. Inspirava-se no *Pulitzer*,[3] principal prêmio do jornalismo americano, mas adaptado à realidade brasileira. Ney Peixoto do Valle também reconheceu ter certa implicância com o "estrelismo" da revista *O Cruzeiro*.[4] O resultado da primeira edição, no entanto, premiou justamente a publicação semanal do grupo dos *Diários Associados*. A comissão julgadora concedeu um prêmio único em 1956 para a revista *O Cruzeiro* pela reportagem "Uma tragédia brasileira: os paus-de-arara", de Mário de Moraes e Ubiratan de Lemos.

3 O prêmio *Pulitzer* foi criado em homenagem ao jornalista Joseph Pulitzer, fundador da Faculdade de Jornalismo da Universidade de Columbia, em Nova York, e um dos principais nomes que ajudaram a profissionalizar o jornalismo americano no início do século XX. Defendia a formação específica para os jornalistas em detrimento de assuntos técnicos, como administração de jornais.

4 Cf. Site do jornal das Faculdades Integradas Hélio Alonso, novembro de 2005. Disponível em: <www.facha.edu.br/publicacoes/jornallab_meier/2005/novembro/pag6e15.pdf>. Acesso em: 20 out 2009.

A revista, pertencente ao grupo de Assis Chateaubriand, era uma das mais prestigiadas publicações neste período.[5]

À época do Prêmio Esso de Reportagem, em 1956, a publicação tinha em seus quadros o que o jornalista David Nasser chamava de "O esquadrão de ouro" da reportagem. Nesta equipe, estavam os vencedores da primeira edição do concurso, Mário de Moraes e Ubiratan de Lemos.

Carioca de Vila Isabel, Zona Norte do Rio de Janeiro, Mário de Moraes começou a trabalhar na imprensa nos anos 1940 fazendo crônicas e ilustrações em pequenos jornais e revistas, como *O Mundo Português*, *Fon-Fon*, *Jornal das Moças*, *O Radical*, *O Mundo* e *A Cigarra*. Criou ainda sua própria revista *O Coringa*, antes de ingressar em *O Cruzeiro*, onde aprendeu a fotografar. Foi neste veículo dos *Diários Associados* que Moraes viveu sua melhor fase na carreira. Em 1954, durante o velório de Getúlio Vargas, fotografou o rosto de Vargas amarrado por um lenço.

Ubiratan de Lemos nasceu em Porto Velho, hoje capital da Rondônia, tendo iniciado a sua trajetória no jornalismo em Manaus. Deixou a cidade para fazer carreira no Rio de Janeiro, onde trabalhou no *Diário da Noite* e, em seguida, na revista *O Cruzeiro*. Sua história de vida tem pontos de aproximação com a saga

5 A primeira edição foi publicada em 10 de dezembro de 1928, com uma tiragem de 50 mil exemplares. Logo em seu primeiro número, já demonstrava fôlego financeiro: praticamente metade das 64 páginas foi ocupada por anúncios (MORAIS, 1994, p. 188). *O Cruzeiro* introduziu também uma série de inovações: impressão em quatro cores pelo sistema de rotogravura, papel de melhor qualidade, amplo espaço para o aproveitamento de fotografias e distribuição nas capitais e principais cidades. A revista semanal colorida que "tudo sabe, tudo vê" contava ainda com os melhores articulistas e escritores do Brasil e do exterior. Nos anos 1950, principalmente após o suicídio de Getúlio Vargas, a revista obteve a impressionante marca de 720 mil exemplares vendidos em banca. Precursora na realização das grandes reportagens, a revista, que era rodada em Buenos Aires, chegou a ter uma edição internacional para competir com a *Life* latino-americana (MORAIS, 1994).

contada por ele e Mário de Moraes, transformada na reportagem vencedora da primeira edição do Prêmio Esso, em 1956.

Nesta matéria, intitulada "Uma tragédia brasileira: os paus-de--arara", os repórteres percorreram 2,3 mil quilômetros e acompanharam durante 11 dias a viagem de 102 nordestinos em um caminhão "pau-de-arara", do interior de Pernambuco até a Baixada Fluminense, no Rio. Com fotos produzidas por Mário de Moraes e texto "informativo, objetivo e rico em personagens" de Ubiratan de Lemos, a reportagem mostrou as frustrações e os sonhos dos retirantes em busca de uma vida melhor no Sul do país. Sobre a produção e publicação da matéria na revista *O Cruzeiro*, em 22 de outubro de 1955, Carvalho (2001) resgata um dado interessante:

> Naquele mesmo mês, outubro de 55, Amádio (José Amádio, diretor de redação de *O Cruzeiro)* colocou na gaveta uma matéria que Mário de Moraes e Ubiratan de Lemos suaram a camisa para fazer [...]. Mário voltou com tifo e caiu de cama por três meses. Ubiratan ficou na pressão, mas nada de Amádio publicar. 'Ele tinha horror a coisa de pobre', diz Mário. No fechamento da edição de 22 de outubro de 55, faltou uma matéria paga que a sucursal de São Paulo deveria mandar. A reportagem finalmente saiu (2001, p. 326).

A primeira edição do Prêmio Esso recebeu poucas inscrições. A entrega da premiação a Mario e Ubiratan também teria sido acompanhada por pouco mais de 15 pessoas durante um almoço no mezanino da Mesbla, no Rio de Janeiro. Essas informações constam na edição comemorativa dos 50 anos do concurso (2006). O número reduzido de participantes demonstrava o desinteresse inicial e o descrédito de grande parte dos jornalistas em relação ao concurso criado por Ney Peixoto do Valle. Como relata o próprio Valle, da diretoria da empresa só estava presente o gerente geral de Vendas, Walter Hostmann.

Ao enfatizar que a comissão julgadora seria formada exclusivamente por jornalistas, como já mencionado, os idealizadores buscavam quebrar a desconfiança quanto a uma possível interferência da empresa no resultado do concurso. O discurso de isenção e imparcialidade, tão presente no contexto de modernização da imprensa nos anos 1950, era incorporado pela Esso como forma de garantir as condições de aceitabilidade da premiação. Interessa-nos, contudo, abrir a análise para uma dimensão mais ampla sobre o que significou a criação do prêmio na esteira do processo de profissionalização da imprensa. Entendemos que estava em jogo, sobretudo, a constituição de uma certa identidade profissional do jornalista.

O prêmio e a "nova era" da imprensa brasileira

A formação de um ideal do jornalista como observador neutro, que privilegia fatos em detrimento de opiniões, emerge inicialmente em meados do século XIX, quando os proprietários de jornais nos Estados Unidos começam a explorar a informação como fonte geradora de lucro e não apenas como capital político. Nos anos 20, consolida-se naquele país a objetividade como valor importante na construção de notícias. Mais do que reafirmar uma fé nos fatos, ou seja, a notícia como simples espelho da realidade, os jornalistas defendiam a objetividade principalmente como método para se preservar da eficácia da propaganda durante a Primeira Guerra Mundial.

O discurso de isenção e imparcialidade também assume uma dimensão simbólica importante para o campo jornalístico no momento de modernização da imprensa brasileira nos anos 1950. Naturaliza-se a ideia de que os profissionais não ultrapassarão os limites que separam o real do ficcional. É por intermédio desse contrato tácito com os jornalistas que os indivíduos leem a notícia enquanto índice do real. A verdade dos fatos é o que se espera do jornal, lugar da ordem e da credibilidade. A quebra do acordo implica em descrédito do órgão noticioso. A valorização da técnica buscava restringir também a atuação daqueles produtores de notícias que não distinguiam a fronteira entre o público e o privado.

Ribeiro (2000) informa que a implantação do jornalismo "moderno" no Brasil, no entanto, não se deu de uma forma homogênea ou verticalizada. Os órgãos de imprensa em outros países, como os Estados Unidos, apresentam valores que são bastante específicos do campo socialmente estruturado onde estão situados e onde estabelecem suas relações de força. O modelo de objetividade norte-americano, segundo a autora, enfrenta resistências e acaba por ser "ressemantizado" quando implantado no Brasil.

Assim, ao mesmo tempo em que os anos 1950 são vistos como momento fundador para a imprensa brasileira, a vinculação política dos jornais constituía um obstáculo para o processo de autonomização dos produtores de notícias. Ribeiro (2000) observa que os jornais refletiam o grande dilema da sociedade brasileira, "marcada por uma constante tensão entre modernidade e arcaísmo, entre, de um lado, a impessoalidade e a racionalidade das instituições e, de outro, as práticas oligárquicas, clientelísticas, familiares, patriarcais e patrimonialistas" (2000, p. 69). Os veículos de maior circulação eram dirigidos por famílias tradicionais. Os interesses políticos se sobrepunham aos empresariais na escolha das estratégias das empresas. Isso significa que os jornais transformavam-se em negócio, com a racionalização da produção, mas mantinham relações políticas muitas vezes baseadas em laços pessoais e compadrios.

Neste cenário, o princípio da objetividade prevalece apenas retoricamente. Na prática, ele não se configura. Tal ideário, no caso brasileiro, tem nítida coloração ideológica: buscava, sobretudo, fortalecer o discurso de legitimação da imprensa como instituição de poder no campo social. As mudanças reposicionam a função social do jornalista e criam novas representações sobre o que era a profissão: um campo de produção especializado e mais autônomo. Como salienta Ribeiro, no contexto dos anos 1950, isso significava construir o jornalismo como fala autorizada.

Se o ideário de uma imprensa moderna e autônoma construiu um discurso valorativo da profissão, até que ponto a criação do Prêmio Esso inseriu-se neste contexto? Que relação podemos estabelecer entre o ideal de objetividade, a valorização do papel do repórter nas redações e a estratégia institucional da empresa petrolífera no campo jornalístico?

Para proceder a esta análise, tentamos perceber a multiplicidade de representações contidas no discurso dos organizadores, julgadores e jornalistas premiados. Partimos do pressuposto que os enunciados não podem ser analisados sem considerar os processos sociais que condicionaram sua produção. Portanto, a linguagem, longe de ser um mero operador instrumental, está inserida em práticas contextualizadas histórica e socialmente. É preciso, portanto, avaliar o que representou o prêmio no interior do campo jornalístico e o papel específico do jornalismo no conjunto da vida social. Se em seu primeiro ano, o concurso promovido pela empresa petrolífera não tinha prestígio, o seu momento de consolidação nos anos seguintes veio em estreita ligação com as demais transformações na profissão e com a nova posição que ocupava o jornalismo em relação ao contexto social mais amplo.

Até os anos 1950, quando ainda não se forjava o discurso de profissionalização do campo jornalístico, o repórter era pouco valorizado e ocupava posição secundária, sem status (NETTO, 1998): "eram cidadãos de segunda classe, quase marginais, cujo estereótipo era um homem mal barbeado, bebendo no bar embaixo da redação, em plena madrugada" (1998, p. 106). Atuavam como plantonistas da redação, cobrindo o noticiário do dia, como incêndio, crimes e desastres. Recebendo baixos salários, muitos faziam "bicos" trabalhando em outros empregos. Os jornais, por sua vez, eram vistos mais como "folhas de partido" do que veículos de informação seguindo uma lógica empresarial. A síntese e a seleção de notícias não eram atributos valorizados pelos diários impressos, que concorriam entre si basicamente em termos de quantidade de notícias.

O resultado se refletia nas matérias produzidas no período. Guilherme Duncan, coordenador do Prêmio Esso de Jornalismo em 2006, comenta a este respeito: "[...] salvo poucas exceções, as reportagens de maior sucesso na época [...] serviam mais ao sensacionalismo, ao escândalo e à promoção pessoal do que ao interesse público" (BELOCH e FAGUNDES, 2006, p. 8). O depoimento do coordenador funciona como discurso de legitimação do concurso e justifica a importância da criação de um prêmio para valorização da técnica e da objetividade jornalística e consagração do novo momento de "profissionalização" da imprensa brasileira.

Presidente da Esso, Maurice W. Johnson, declarou, durante a entrega da 2ª edição do Prêmio Esso de Jornalismo, que a empresa tinha em mente um "objetivo elevado – incentivar o jornalismo sadio e construtivo, premiando os esforços daqueles que contribuem para elevar o conceito da vibrante e desenvolvida imprensa brasileira."[6]

Em um texto em que discute a questão da objetividade a partir da fala dos principais atores deste processo, Ribeiro (2002) observa como as estratégias memoráveis dos homens de imprensa dos anos 1950 são forjadas para fornecer um lugar simbólico para os próprios jornalistas. Afirma a autora: "É muito comum encontrar nos relatos reclamações em relação ao despreparo cultural e ético dos profissionais da imprensa da primeira metade do século" (2002, p. 8). Nesta construção de sentido, as reformas da imprensa foram parte de uma ação de jovens jornalistas convocados para uma "missão" especial.

O mesmo processo simbólico de idealização da profissão, estabelecendo as matérias premiadas como paradigma de texto

6 *O Globo*, de 21/12/1956.

moderno, objetivo e imparcial, parece se inscrever na memória daqueles que criaram em 1955 o Prêmio Esso. Nos depoimentos dos patrocinadores, organizadores e julgadores, percebe-se como estratégia discursiva a ênfase na ideia do prêmio como (1) resultado da evolução da imprensa e (2) "patrimônio dos próprios jornalistas". Essas estratégias memoráveis estão inseridas num processo de autorreferenciação, no qual os jornalistas elaboram uma imagem idealizada da própria profissão, mas dirigem esse discurso ao outro – neste caso, para a sociedade – com o objetivo de conseguir aceitação e credibilidade.

Bakhtin (1987) concebe o discurso como jogo estratégico de luta, conflito, de ação e reação, de estímulo e resposta, o que pressupõe sempre a presença do outro no processo de comunicação verbal. Informa o autor que a comunicação se constrói na alteridade, salientando que toda palavra comporta duas faces:

> Ela é determinada tanto pelo fato de que procede de alguém, como pelo fato de que se dirige para alguém. Ela constitui justamente o produto da interação do locutor e do ouvinte. Toda palavra serve de expressão a um em relação ao outro. Através da palavra, defino-me em relação ao outro, isto é, em última análise, em relação à coletividade. A palavra é uma espécie de ponte lançada entre mim e os outros (1987, p. 113).

Não há, portanto, como prescindir da análise da figura do outro nos estudos que tratam da temática da identidade, sobretudo quando utilizamos o jornalismo como objeto de estudo. O ato de falar do/ ao outro pauta a atividade cotidiana dos produtores de notícias. As narrativas jornalísticas são essencialmente polifônicas se considerarmos que seus autores (repórteres, editores ou donos da empresa) estão em diálogo permanente com seu(s) público(s) no processo construção das notícias. É nesse espaço de lutas e conflitos que os jornalistas buscam obter legitimação e reconhecimento do outro.

No caso do Prêmio Esso, ainda que as edições comemorativas produzam memórias autorreferenciais sobre a atividade profissional – um discurso de jornalistas para jornalistas, falando sobre si próprios – o que está em jogo é o sentido simbólico dessas narrativas apontando para o que está fora do campo jornalístico. Importante nessa perspectiva é a auto-imagem que a imprensa constrói e apresenta aos outros, pois, como informa Pollak (1992), a identidade depende não só daquilo que somos, mas também daquilo que os outros pensam que somos:

> Se assimilamos aqui a identidade social à imagem de si, para si e para os outros, há um elemento dessas definições que necessariamente escapa ao indivíduo e, por extensão, ao grupo, e este elemento, obviamente é o outro. [...] A construção da identidade é um fenômeno que se traduz em referência aos outros, em referência aos critérios de aceitabilidade, de admissibilidade, de credibilidade, e que se faz por meio da negociação direta com os outros (1992, p. 5).

Através do processo de autorreferenciação, os jornalistas também negociam seus padrões de ação, produzem sentidos sobre a profissão e constroem identidades. Para essa estratégia de negociação de autoridade ser eficaz, é necessário construir uma auto-imagem associada a valores que sejam hegemonicamente aceitos tanto pela comunidade jornalística como pela sociedade.

Um dos principais recursos que servem como ancoragem segura para a imprensa obter a validação do outro parece ser a defesa em torno da liberdade de imprensa. Reivindicando como sua uma bandeira importante não apenas para o campo jornalístico, mas imprescindível para a manutenção de uma sociedade democrática, os jornalistas se fortalecem como comunidade discursiva, legitimando sua função social. Ademais, a liberdade de imprensa sedimenta outras categorias identitárias caras ao jornalismo, como a representação do jornalista como intérprete legítimo da realidade e "soldado da cidadania" em defesa da coletividade e do bem comum.

Identificadas essas relações no nível teórico, voltamos a analisar o discurso de organizadores, julgadores e jornalistas premiados. O então gerente do Departamento de Assuntos Públicos da Esso em 1978, Roberto Petis Fernandes, reforça que a origem do prêmio esteve relacionada ao "salto de qualidade da imprensa" nos anos 1950. Seu depoimento ilustra bem essa imagem do programa institucional como instrumento de valorização da técnica jornalística:

> Nós sentíamos que *a imprensa brasileira começava a avançar. Entrava em uma nova era*, que iria projetá-la e situá-la num plano de igualdade com as mais avançadas de todo o mundo. Tudo não passaria de uma questão de tempo, que era cada vez menor, para que se chegasse a esse ponto ótimo. Era uma forma de a Esso mostrar que estava sensibilizada e motivada diante deste *salto de qualidade da imprensa*. É um caminho para *homenagearmos esse esforço*, que só viria a beneficiar a cultura brasileira (*Correio Braziliense*, 30/11/1978. Grifos nossos).

O enunciado dos promotores do concurso reforça o discurso do campo jornalístico, que reivindicava um novo estatuto para a profissão. Este aspecto está presente nas declarações de William Jackson, presidente da empresa por ocasião das comemorações dos 40 anos de história do concurso:

> A aproximação e a convivência com jornalistas, proporcionadas pelo *Repórter Esso*, levaram os dirigentes da Companhia, em meados da década de 50, a conhecer muito de perto a atividade da Imprensa. A sensibilidade daqueles meus antecessores indicou que *o jornalismo começava a se*

> *profissionalizar e a crescer junto com o país*; e, nesse sentido, necessitava de apoio, o que uma empresa como a Esso, então já há mais de 40 anos no Brasil, podia perfeitamente fornecer como uma de suas *contribuições à sociedade* (JACKSON, apud MIRANDA e PORTILHO, 1995, p. 4. Grifos nossos)

O depoimento do jornalista Otto Lara Resende, integrante da comissão julgadora em 1956 e 1957, também demonstra o diálogo permanente entre a premiação e o discurso de modernização da imprensa nos anos 1950. Tais enunciados contribuem para fortalecer o papel social do repórter e legitimar a atuação do jornalismo na sociedade:

> A técnica de contar hoje está apurada, como tecnicamente a grande imprensa está mais sólida. Creio que *o Prêmio Esso pode ser um aferidor desse caminho de progresso, de evolução e de mudança por que passou a imprensa* e, logicamente, por que também passou a reportagem (Resende, apud LUZ e BORGES, 1980, p. 29. Grifo nosso)

Essa discussão nos leva a refletir também sobre a relação entre memória e identidade. Pollak (1989) observa que em todos os grupos, seja no quadro familiar ou em redes de sociabilidade afetiva ou política, há uma marca comum que caracteriza o fenômeno da memória: a seletividade. A apropriação do passado, construída a partir de demandas do presente, tem caráter seletivo e pressupõe escolhas, esquecimentos e silêncios. Ao se interrogar sobre os motivos que levam grupos sociais do presente a destacar determinados aspectos do passado, negligenciando outros, Pollak percebe neste enquadramento uma forte relação fenomenológica entre memória e identidade.

A lembrança e o esquecimento são utilizados como estratégia para fortalecer sentimentos de pertencimento e fronteiras sócio-

-culturais entre diferentes coletividades, como os partidos, sindicatos, associações profissionais, igrejas, famílias e nações. Decorre dessa análise uma das funções essenciais da memória para Pollak: "a referência ao passado serve para manter a coesão dos grupos e das instituições que compõem uma sociedade, para definir seu lugar respectivo, sua complementaridade, mas também as oposições irredutíveis" (1989, p. 9).

Nas memórias sobre a criação do Prêmio Esso, os patrocinadores fixam como eficiente estratégia discursiva a ideia da premiação como "uma das contribuições" da empresa à sociedade ou uma "homenagem ao esforço" dos jornalistas que colocavam a imprensa brasileira em uma "nova era". O prêmio ajuda simbolicamente a empresa Esso a legitimar sua importância social para o país. Ao mesmo tempo, confere um sentido de unidade ao discurso de profissionalização do campo jornalístico. A análise dos depoimentos também nos leva a perceber o que o discurso esconde, fornecendo elementos tão relevantes quanto à investigação sobre o que ele expõe, explicita. Levando em conta o trabalho de enquadramento da memória, a patrocinadora omite outros aspectos. É preciso levar em consideração que a Esso procurou desfazer a sua imagem institucional negativa no contexto dos anos 1950. A multinacional sofria acusações de grupos nacionalistas, para os quais a empresa tentava controlar o noticiário através da publicidade, suspendendo anúncios em publicações favoráveis à campanha pela criação da Petrobras.

"Um patrimônio dos próprios jornalistas"

A segunda marca que confere credibilidade ao concurso tem sua origem na primeira edição do prêmio. Os patrocinadores se desvinculam de qualquer interferência no julgamento para reafirmar que a premiação se constitui "num patrimônio dos próprios jornalistas". William Jackson enfatiza a presença dos profissionais da imprensa em todas as etapas do processo, ressaltando que o programa era conduzido por jornalistas, as reportagens, escolhidas por uma comissão formada exclusivamente por jornalistas "em atividade e altamente conceituados" e a premiação, destinada aos repórteres.

O valor da pluralidade e isenção, tão comum no discurso jornalístico nos anos 1950, aparece para fornecer as condições de aceitabilidade da premiação. A questão da imparcialidade no julgamento torna-se assim um capital simbólico de grande valor. A fala dos organizadores nas edições comemorativas do concurso confirma isto:

> Desde os primeiros anos, o Prêmio Esso caracterizou-se pelo rigoroso critério na escolha da qualidade jornalística das reportagens e pela isenção de preconceitos políticos e econômicos. [...] Uma premiação aceita e respeitada pelas mais diversas correntes de opinião, sem objeções de caráter fundamental. Nasceu com a marca irreprovável da seriedade, para transformar-se num patrimônio dos próprios jornalistas (LUZ e BORGES, 1980, p. 21).

Do mesmo modo, nas palavras do jornalista e também organizador Ruy Portilho, a credibilidade do concurso está assentada "na composição de comissões julgadoras de qualidade, formadas por profissionais respeitados por seus pares, que pudessem valer-se de vasta experiência acumulada em anos de exercício profissional" (BELOCH e FAGUNDES, 2006, p. 10). "Independente", "transparente" e "democrático" são alguns dos adjetivos usados por ele ao abordar o processo de escolha das matérias vencedoras.

> Nenhuma decisão no Prêmio Esso é tomada sem que correntes opostas de pensamento estejam representadas nas diversas comissões [...]. Nunca integrantes de tantas redações de jornais, revistas e emissoras de televisão de tantas regiões do Brasil foram chamados a se manifestar sobre os trabalhos

> inscritos. A pluralidade, aliada a um sistema de amplo debate e de decisões por consenso ou maioria dos votos, garante ao Prêmio Esso o predicado de o mais democrático entre os concursos do gênero, o que constitui uma garantia a mais ao participante que, há décadas, confia seus trabalhos aos organizadores, em busca de um *veredicto técnico, imparcial e sobretudo justo* (2006, p. 10. Grifo nosso).

O comentário de Ruy Portilho sobre a constituição de "comissões julgadoras de qualidade, formadas por profissionais respeitados por seus pares" remete à ideia formulada por Barbie Zelizer (1992) sobre a formação da autoridade cultural dos jornalistas. A autora define autoridade jornalística "como um caso específico de autoridade cultural através da qual os jornalistas determinam o seu direito de apresentar interpretações legítimas acerca do mundo" (1992, p. 11). Este conceito se relaciona menos com os efeitos que os jornalistas exercem sobre o público e mais com os modos pelos quais os *media* se estruturam como comunidade interpretativa autorizada.

O senso de coletividade é reforçado pelo que Zelizer denomina de "trabalho secreto" da imprensa. A autora chama atenção para as rotinas produtivas que raramente são compartilhadas pelo público: "Os jornalistas apresentam os eventos através de enquadramentos explanatórios que constroem a realidade, mas sem revelar os segredos, as fontes ou os métodos de tal processo" (ZELIZER, 1992, p. 12).

A estratégia que tende a reforçar o senso de coletividade do grupo se aplica às falas dos agentes envolvidos no programa da Esso sobre as comissões de julgamento. Os profissionais formam uma "comunidade interpretativa" não apenas na construção noticiosa, escrevendo para seus pares, mas são eles, os jornalistas, os agentes legitimados para oferecer um "veredicto técnico, imparcial e justo" sobre os melhores trabalhos. Os critérios são orientados por um conjunto de pressupostos compartilhados pela comunidade de jornalistas.

Não apenas os patrocinadores, mas os produtores de notícias reforçam que a Esso não exerce qualquer influência sobre o julgamento (BELOCH e FAGUNDES, 2006): "Participei várias vezes do júri. A Esso jamais fez uma única pressão para a ação do júri. Por isso que o 'Prêmio Esso" tem, dos jornalistas, o respeito" (Carlos Lemos); "Eu não concorro a prêmio que me obrigue a falar bem do produto. A Esso realmente não interfere; ela escolhe uma comissão, dando total liberdade" (João Máximo); "Dou meu testemunho de que nunca houve a menor influência dos diretores da Esso pedindo que esse ou aquele jornalista fosse premiado. Jamais!" (Murilo Melo Filho); "Quem ganha o prêmio, a categoria sabe que não houve nenhuma ingerência" (Zuenir Ventura).

Se a retórica de objetividade contribuiu para a construção de um discurso valorativo da profissão nos anos 1950, não podemos deixar de visualizar a importância da criação do Prêmio Esso para o fortalecimento do papel social do jornalista. Percebemos que o surgimento do concurso está associado à defesa do profissionalismo, discurso predominante no período de modernização da imprensa.

O jornalista Otto Lara Rezende, ao avaliar a reconfiguração do papel do repórter nos anos 1950, reconhece que "o prêmio, se não consagra, consola, sobretudo quando, até há poucos anos, o jornalismo era profissão ingrata, instável, sem status" (LUZ e BORGES, 1980, p. 28). O jornalista Luiz Alberto Bahia, integrante da comissão julgadora em 1961, corrobora essa ideia ao reconhecer que o prêmio servia como "estímulo a uma profissão humilhada e ofendida durante a ditadura do Estado Novo" e instrumento de "aperfeiçoamento da carreira, que sobressaía com dignidade renovada" (1980, p. 53).

Ganhar o prêmio significa ao homenageado se sentir mais profissional. Pela primeira vez, o repórter passa a ter atuação mais ativa nas redações e pode expressar orgulho pela profissão. O prêmio significa a redenção de quem era visto como um sujeito desqualificado nas redações até o início dos anos 1950. Todo este conjunto de opiniões reforça a contribuição do prêmio na formação de uma dada identidade profissional dos jornalistas.

Em *Os usos sociais da ciência - Por uma sociologia clínica do campo científico*, Bourdieu (2003) discute as diferentes formas que pode assumir o capital científico e os poderes que ele proporciona aos seus detentores. A reflexão do autor tem uma dimensão teórica mais ampla do que a análise do campo científico e aplica-se ao jornalismo, que, a despeito de obedecer a leis sociais próprias, reúne agentes e instituições que lutam para preservar ou transformar o campo de forças no qual estão inseridos. As aproximações entre campo científico e campo jornalístico ficam mais evidentes se pensarmos que a base das rotinas ou convenções modernas da imprensa tem suas raízes no pragmatismo anglo-americano e no positivismo francês em que todo o esforço intelectual - na ciência, na filosofia ou na sociologia - era convertido em técnica. A posição de destaque que ocupa o jornalista na sociedade se relaciona exatamente por seu suposto êxito em permanecer neutro. Ele é legitimado por não expressar opiniões no noticiário e utilizar técnicas que garantem credibilidade ao seu discurso.

A partir das considerações de Bourdieu sobre o campo científico, pode-se considerar a hipótese de que também são distribuídas duas espécies de capital que definem a posição do produtor de notícias no campo jornalístico: um ligado à ocupação de postos importantes nos veículos de informação, que corresponde a um poder institucional ou social; e o outro, mais específico, que repousa sobre o reconhecimento dos pares. Os prêmios jornalísticos tendem a distribuir, sobretudo, esse segundo tipo particular de capital, ao proporcionar aos vencedores uma espécie de patrocínio simbólico ou um direito de atuar com mais legitimidade no campo. A partir da chancela da sua comunidade profissional, adquirem prestígio, reputação e fama. É comum associar o Esso ao "Oscar" do jornalismo brasileiro, uma distinção concedida aos melhores. Representa, portanto, a consagração do jornalista. A acumulação de capital específico ou simbólico torna seus nomes conhecidos e reconhecidos.

Os produtores de notícias também percebem o Prêmio Esso como o mais importante reconhecimento ao seu trabalho no Brasil. O repórter de *O Cruzeiro* Mário de Moraes – ganhador do primeiro Esso em 1956 – considera a homenagem um marco em sua carreira profissional. "A partir do Prêmio Esso me senti mais profissional; me senti mais seguro. O meu orgulho profissional mesmo começou depois que eu ganhei o Esso" (BELOCH e FAGUNDES, 2006, p. 13). O fotógrafo Campanella Neto, primeiro profissional a receber menção honrosa em fotojornalismo, em 1960, credita ao prêmio a projeção do seu nome na imprensa. Ele trabalhava na revista *Mundo Ilustrado* e registrou um levante militar contra o governo Juscelino Kubitscheck no povoado de Aragarças, em Goiás. "Com relação ao Prêmio Esso, eu só tenho, primeiro, a agradecer a Deus; em segundo lugar, à Esso, porque ela me proporcionou nome, me proporcionou muita glória. E isso se perpetua. Eu consegui tudo o que queria" (2006, p. 12).

Bastante ilustrativas do poder de consagração do programa promovido em reconhecimento ao trabalho dos profissionais de imprensa também foram as declarações de Eunice Leal, mulher do jornalista José Leal, de *O Globo*, vencedor do Esso nacional em 1957, embora o prêmio tenha sido entregue no ano anterior. Leal, que era alcoólatra, foi o autor da série de reportagens "180 dias na fronteira da loucura", na qual relata seu drama pessoal e profissional e a luta para abandonar o vício no Instituto de Psiquiatria, no Rio de Janeiro. Eunice o representou na entrega do prêmio, pois Leal estava fora do país a serviço de *O Globo*. A mulher exalta sobretudo a importância do prêmio para a reafirmação do jornalista na profissão:

> Meu marido precisa agora, mais do que nunca, de estímulo. [...] Depois do que passamos, chego a pensar que estou sonhando, que não é verdade, que ainda não acordei. [...] Tive de chorar, não aguentei, tive de chorar. Só eu sei o que significa para o José esta sua reabilitação profissional. Além da cura, da sua recuperação física, do conforto moral, *ele precisava reafirmar-se na profissão, no seu meio, na convivência dos colegas*. Mas tudo isso hoje é uma realidade. [...] Eu agora estou lembrando de uma coisa engraçada: é que o José faz anos hoje, exatamente na data da entrega do prêmio. *Ele nunca recebeu um presente tão bom*! ("Sente-se orgulhosa do esposo a sra. José Leal", *O Globo*, 20/12/1956, grifos nossos)

Pompeu de Sousa, jornalista do *Diário Carioca* e integrante da comissão julgadora naquela ocasião, confirma durante a cerimônia de entrega o significado que assume o concurso para José Leal e para a comunidade de jornalistas: a "consagração definitiva".

> Este êxito tem certamente um alto significado, tanto para ele como para seus colegas de profissão. É um jovem repórter, dos mais destacados do jornalismo brasileiro, que recebe a consagração definitiva de uma comissão julgadora, composta de categorizados jornalistas, cuja experiência e capacidade profissional dão autoridade à decisão unanimemente proferida ("Consagração da imprensa à maior reportagem de 1956", *O Globo*, 21/12/1956).

Do ponto de vista coletivo, tais distinções, honrarias e votos de louvor estabelecem um tipo de divisão entre os modelos que devem ser seguidos e valorizados na profissão e os que não merecem reconhecimento. Outros prêmios jornalísticos, distribuídos por empresas públicas e privadas, organizações do terceiro setor e entidades de classe, também atuam como instâncias de consagração.[7]

No Brasil, o Prêmio Esso fornece um importante lugar simbólico para os jornalistas. As matérias vencedoras são percebidas pela comunidade profissional como sinônimo de "verdadeiro" jornalismo. Os critérios de julgamento de concurso são, de certa forma, os mesmos que orientam toda a produção jornalística tanto em sua forma quanto em seus temas. O prêmio consagra modos de atuação do repórter, métodos de apuração e estratégias narrativas. Do mesmo modo, a repercussão em torno do resultado do programa institucional da Esso faz com que prevaleçam determinados temas na agenda pública num dado contexto histórico.

O campo jornalístico cotidianamente amplia sua ação frente a outras esferas do campo social demarcando como signo de distinção o fato de atuar como intérprete da realidade e mediador legítimo entre os acontecimentos e o público. A capacidade de tornar público aquilo que permanecia como experiência individual confere aos profissionais um considerável poder simbólico. Este poder tende a aumentar, segundo Bourdieu (2002), na mesma proporção em que o saber gerador de distinção conquista maior grau de reconhecimento público. Como define o autor, "apropriar-se das palavras em que se acha sedimentado tudo o que o grupo reconhece é ter a garantia de uma vantagem considerável nas lutas pelo poder" (2002, p. 143).

Em depoimentos que constroem a memória da premiação, julgadores tendem a exaltar continuamente o valor das matérias vencedoras no passado. Atuam nesse sentido como profissionais da consagração e também da conservação, pois asseguram aos trabalhos premiados seu mercado extenso e duradouro. Grandes

7 Podemos citar os prêmios Vladimir Herzog, Tim Lopes de Jornalismo Investigativo e Libero Badaró, dentre outros concursos destinados a prestigiar a categoria dos jornalistas.

reportagens vencedoras do concurso deixam as páginas do noticiário e passam a existir no mercado editorial. O produto jornalístico, inicialmente efêmero, assume assim um lugar na longa duração. Dentre as matérias premiadas que se transformaram em livros, podemos citar "113 dias de angústia", de Carlos Chagas, reportagem vencedora do Prêmio Esso em 1970; "O caso Cláudia Lessin", de Valério Meinel e Amicucci Gallo, que conquistou a premiação em 1977; "Operação Condor - o sequestro dos uruguaios", de Luiz Cláudio Cunha, referente ao texto consagrado no concurso em 1979; "Camaradas", de William Waack, sobre a matéria premiada em 1993; e "Chico Mendes – Crime e Castigo", de Zuenir Ventura, obra que leva o mesmo título da reportagem vencedora em 1989.

Retomando a discussão, no nível teórico, sobre as duas espécies de capital – institucional e específico – que correspondem a duas formas de poder, Bourdieu (2004) assinala que elas apresentam leis de acumulação distintas no campo científico. Aplicando essa dimensão de análise ao campo jornalístico, pode-se aventar a possibilidade também que o capital institucional se relaciona com o tempo de profissão, promoções obtidas no decorrer da carreira, atuação em cargos de chefia e propostas de trabalho nos veículos mais prestigiosos. Já o capital específico estaria associado a uma espécie de talento pessoal do repórter, sua capacidade investigativa e uma certa ousadia no exercício da profissão. Este parece, portanto, ligado ao ideário romântico do jornalismo, que projeta a figura do profissional de imprensa como "herói solitário", com autoridade para denunciar a corrupção, relatar os dramas humanos e resolver os problemas da sociedade.

Essa divisão, embora não exclua tensões e embates entre jovens repórteres e experientes editores, não faz do campo jornalístico um espaço apenas de confronto. Muitas vezes, o acúmulo de capital específico confere a seus detentores peso político e institucional nas organizações noticiosas. O repórter que se destaca na cobertura está propenso a receber boas pautas e a partir delas produzir matérias de repercussão que ocupam manchetes ou chamadas de primeira página. Dessa forma, com poucos anos de profissão, produtores de notícias que apresentavam frágil poder institucional são alçados a postos de confiança nas redações ou convidados a trabalhar em outras empresas concorrentes neste mercado. Esse processo cumulativo faz com que os jornalistas tenham um capital simbólico bastante variável e cambiante no interior do campo.

Distinções, como a conquista de um Prêmio Esso, têm o poder de transformar, ainda que temporariamente, a carreira de repórteres com pouco ou nenhum capital simbólico no campo jornalístico. O acúmulo de capital específico poderá ser convertido, no decorrer do tempo, em poder político e institucional. Assim, é possível afirmar também que os prêmios jornalísticos como canais de consagração parecem se situar nesse espaço intermediário entre os dois tipos de capital. Para ilustrar essas possibilidades, podemos analisar a lista de jornalistas premiados e jornalistas integrantes de comissões julgadoras do concurso patrocinado pela empresa petrolífera.

Nos primeiros anos, como vimos, a comissão era formada por profissionais que detinham forte capital específico e institucional na imprensa brasileira nos anos 1950 e início dos anos 1960 – emblemático nesse sentido foi a participação de Herbert Moses, presidente da ABI, na comissão julgadora de 1956 a 1961. Outros nomes importantes do jornalismo, particularmente no Rio de Janeiro, também fizeram parte dessas comissões nos anos 1950: Danton Jobim (1956), Pompeu de Souza (1957) e Luiz Paulistano (1959 e 1960),[8] todos do *Diário Carioca*, Otto Lara Rezende (1956 e 1957) e Carlos Castello Branco (1958), ambos da revista *Manchete*, Antonio Callado (1956 e 1957), do *Correio da Manhã*,

8 Em 1960, Luiz Paulistano, que contribuiu na reformulação do Diário Carioca, já atuava no *Jornal do Commercio* (RJ).

e Odylo Costa Filho (1959, 1960, 1962 e 1963),[9] do *Jornal do Brasil* e da Associação Brasileira de Relações Públicas. A lista prossegue com Alberto Dines (1961, 1962, 1963 e 1965)[10] e Wilson Figueiredo (1962, 1964 e 1977), ambos do *Jornal do Brasil*, Maurício Caminho de Lacerda (1959 e 1960), do *Correio da Manhã* e representante do Sindicato dos Jornalistas Profissionais, e Austregésilo de Athayde (1959 e 1960), do *Diário da Noite* e da Associação Brasileira de Letras (ABL).

A partir dos anos 1960, constam na lista de julgadores alguns jornalistas que começaram a adquirir status na carreira ao conquistar, eles próprios, o Esso, dentre eles João Máximo (premiado na categoria principal em 1967 e jurado em 1971), Perseu Abramo (premiado na categoria regional em 1961 e jurado em 1962), o fotógrafo Alberto Ferreira (premiado em 1963 e jurado em 1964), Tácito Lopes Costa (destaque especial em 1962 e jurado em 1964) e Mino Carta (premiado na categoria regional em 1964 e jurado em 1967).[11] Integrante da equipe de Mino Carta em 1964 e vencedor também em 1967 e 1968 na categoria Informação Científica, José Hamilton Ribeiro atuou como julgador em 1971 e 1972. Posteriormente o jornalista ganhou também o Esso em Informação Científica em 1973 e na categoria regional em 1977. Outro exemplo é Luiz Orlando Carneiro, premiado na categoria Equipe em 1965 e jurado em 1971, 1974 e 1975.

Desde o início dos anos 1960, julgadores também já concediam destaques especiais, votos de louvor, *hors concours* e menções honrosas. Tais distinções representavam novos tipos de pa-

---

9 Em 1963, Odylo Costa Filho era jornalista da *Manchete*.

10 Antes de ingressar no *Jornal do Brasil*, Alberto Dines trabalhou no *Diário da Noite*, em 1961, e na revista *Fatos e Fotos*, em 1962.

11 Mino Carta recebeu o prêmio na categoria Regional – Grupo A em 1964 pela matéria "São Paulo", publicada na revista Quatro Rodas juntamente como Vitor Antônio Gouveia, Paulo Patarra, José Hamilton Ribeiro e José Roberto Pena.

trocínio simbólico que ampliavam o poder de consagração do concurso, conferindo, ao mesmo tempo, prestígio e notoriedade a um número maior de jornalistas.

O número de honrarias superava, em algumas edições do concurso, o número de categorias mais claramente definidas no regulamento. Em 1964, dez das 18 categorias eram prêmios *hors concours* ou menções honrosas. No ano seguinte, a proporção era ainda maior: 13 menções num total de 22 categorias. Podemos citar também as edições de 1969 e 1977, com seis menções, e 1975, com quatro homenagens especiais e cinco menções honrosas.

Não havia premiação em dinheiro nestas categorias. Nos prêmios previamente definidos pelos organizadores, o valor pago em 1964 variava de Cr$ 200 mil para os vencedores nas categorias regionais e de fotografia até Cr$ 500 mil para o ganhador da categoria principal. Além deste prêmio em dinheiro, o detentor do melhor trabalho jornalístico recebia passagens para viajar a Nova Iorque (EUA). Em 1978 o prêmio máximo pagava ao vencedor Cr$ 50 mil além de uma viagem aos Estados Unidos ou à Europa. Nas categorias menores, o valor era de Cr$ 7,5 mil.[12] Em alguns anos, os repórteres laureados receberam diplomas. A Varig, copatrocinadora do prêmio principal, oferecia as passagens e entregava também o troféu Tucano de Ouro aos que mais se destacaram no ano.

Nos anos 1960, edições da cerimônia de premiação eram transmitidas pelo "Repórter Esso", conferindo capital simbólico aos vencedores para além dos ganhos financeiros. O jornalista

12 Em novembro de 1964, o preço do litro de leite era de Cr$ 160,00. A título de comparação, o prêmio pago pelo concurso naquele ano correspondia ao valor de quase dois refrigeradores, cada um custando, em média, pouco mais de Cr$ 250.000,00 (*Jornal do Brasil*, 01/11/1964). Em 1978, o preço de uma dúzia de ovos e do quilo do feijão era, respectivamente, Cr$ 6,90 e Cr$ 7,80. O prêmio máximo pago pelo concurso no mesmo ano já era quase a metade do valor de um carro zero modelo Chevette com o preço de mercado de Cr$ 92.752,00 (*Folha de S. Paulo*, 05/11/1978).

José Itamar de Freitas, premiado na categoria principal em 1965 pela matéria "Os filhos proibidos", publicada na revista *Fatos e Fotos*, reconhece no concurso "o incentivo, o sopro, o empurrão, a pequena glória, a afirmação profissional, o desabafo, o 'oba!' (às vezes, o oba-oba!)" (LUZ e BORGES, 1980, p. 85).

Mas o capital específico, aquele que repousa sobre o reconhecimento dos pares, está permanentemente sujeito a contestações no interior do campo. É comum surgirem críticas e denúncias de "proteção" contra certos grupos e organizações jornalísticas, como informa o próprio José Itamar, que, vitorioso em 1965, atuou como membro do júri em 1968:

> Para nós, jovens jornalistas dos anos sessenta, o Prêmio Esso era o sonho, o mito, à guerra – à parte as acusações de sempre, no dia da revelação dos premiados: - Marmelada! Proteção! *etc. etc.* Até que eu fui premiado. Marmelada? Quem me conhece sabe que não entro nessa; sabe que posso até ter me acomodado, às vezes, nesses anos e anos de carreira, mas sempre do lado oposto ao da corrupção. [...] Não vi nenhuma guerra entre empresas pela vaidade de ganhar o 'Esso'. Não vi nenhum recado – em português ou inglês – no ouvido desse ou daquele jurado [...] (LUZ e BORGES, 1980, p. 85. Grifo nosso)

Uma decisão mais radical contra os critérios utilizados pelos julgadores do Esso foi tomada por *Veja*. Contrariada com o resultado do prêmio nas edições de 2001 e 2002, a publicação decidiu proibir a participação de seus profissionais no concurso. Na ocasião, denunciou que a escolha dos vencedores não se dava pela qualidade dos trabalhos, mas partia de um acordo político entre os integrantes do júri (MAGNO, 2006, p. 114). A *TV Globo* também se retirou do Prêmio Esso de Telejornalismo em 2004 pelos mesmos motivos.

O jornalista Alberto Dines, responsável pelo programa "Observatório da Imprensa", transmitido pela *TV Brasil*, questiona a legitimidade de prêmios jornalísticos que se orientam por interesses mercadológicos. Sem se referir especificamente ao Prêmio Esso, na coluna "Jornal dos Jornais", publicada em 03/07/1977 na *Folha de S. Paulo*, ele criticava a forma de escolha dos juízes: "Jornalistas devem estar muito atentos ao negócio de prêmios. Pode ser uma forma muito sutil de subornar. Especialmente quando se trata de certames que exigem inscrição. [...] Escolher uma comissão julgadora equivale a orientar a premiação". Em outro artigo mais recente publicado em 13/02/2002, no site do "Observatório da Imprensa", Dines critica também a obrigatoriedade do pagamento de inscrição, critério, segundo o autor, restritivo:

> Prêmios e galardões são legítimos quando: a instituição patrocinadora não tem interesses comerciais ou promocionais; os juízes foram escolhidos de forma legítima e não representam veículos, corporações e grupos de interesse; não há candidatos, isto é, todos são candidatos. No Brasil, nenhuma premiação conhecida preenche tais exigências.[13]

Embora se organize como outros campos, Bourdieu (1997) informa que o campo jornalístico se diferencia dos demais (campo jurídico, literário, artístico ou científico) por deter um controle real sobre os instrumentos de produção e difusão da informação. Esse monopólio, porém, não garante autonomia aos seus agentes. O campo jornalístico sofre pressões externas exercidas, por exemplo, pelo campo econômico. Os jornais dependem de anunciantes, públicos ou privados.

---

13 DINES, Alberto. "Prêmios & Galardões: Terceiro Setor tropeça nos vícios dos demais". Disponível em <http://www.observatoriodaimprensa.com.br/news/showNews/jd130220021.htm>. Acesso em 27 jan 2015.

O poder econômico também não deixa de exercer influência no controle das instâncias de consagração. Se há uma dependência mais estritamente financeira dos jornais em relação aos anunciantes para sua sobrevivência, por outro lado parece haver uma dependência de ordem simbólica de jornais e de jornalistas em relação aos grupos econômicos que promovem estes programas de premiação. Os órgãos de imprensa e seus profissionais se submetem a sistemas de julgamento e regras estabelecidas por concursos promovidos por instituições públicas, privadas e de terceiro setor para obter uma reconhecimento que talvez não conseguissem alcançar apenas com a publicação da matéria em seus respectivos veículos ou que somente seria possível em longo prazo, com o acúmulo de capital institucional, que se relaciona, como vimos, com a experiência e o tempo de profissão.

É importante sublinhar que não apenas os profissionais são tributários de todo este trabalho de avaliação de julgadores reunidos em comissões. A conquista do prêmio confere capital simbólico também às empresas para as quais trabalham os jornalistas contemplados por condições de trabalho oferecidas aos seus profissionais. Verifica-se esse aspecto nos períodos de divulgação do resultado, quando jornais e revistas reservam espaço considerável do noticiário para repercutir o resultado do tradicional concurso:

> Duas grandes reportagens publicadas em *O Globo* acabam de conquistar os maiores prêmios anualmente destinados, no país, a trabalhos jornalísticos dessa natureza. Coube às reportagens '180 dias na fronteira da loucura', de José Leal, e 'O Globo devassa o mercado maldito da maconha', de Vinicius Lima, ambas realizadas por iniciativa e sob a orientação deste jornal, as láureas que vêm confirmar o alto padrão profissional dos que aqui trabalham ("O Globo conquista os maiores prêmios de reportagem do ano", *O Globo, 15/12/1956*)

A cobertura especial sobre o resultado do Esso pelos órgãos de imprensa atravessa a história do concurso. Quarenta anos depois da extensa repercussão dada pelo *O Globo*, os jornais mantêm a estratégia de comprovar a sua credibilidade utilizando como critério a quantidade de vitórias no prêmio. É uma prática comum os diários fazerem um balanço da sua participação no programa.

Em 18/12/1996, *O Estado de S. Paulo* publicou uma página inteira na Editoria Geral com o título "'Estado' ganha dois Prêmios Esso". Reproduz a página da reportagem "Operações fantasmas minaram Nacional" e a capa do suplemento Zap! – que ganharam, respectivamente, as categorias Informação Econômica e Prêmio Esso Especial Infância e Adolescência – e apresenta um quadro com todos os prêmios do grupo Estado, informando: "Nos 41 anos de realização do Prêmio Esso, *Estado*, *Jornal da Tarde* e Agência Estado foram premiados 67 vezes".

O *Jornal do Brasil* adotou procedimento semelhante. Em 16/12/1999, dedicou duas páginas à conquista do Prêmio Esso de Fotografia, concedido naquele ano a Marco Terranova. A foto, intitulada "Domingo de pavor", registra uma troca de tiros entre policiais e bandidos na orla de Ipanema e Leblon. O título da cobertura mostra como o jornal busca capitalizar ao máximo o seu desempenho no concurso: "JB é o veículo de imprensa mais premiado do Brasil". O texto da notícia destaca que o jornal conquistara, em 44 edições do programa da Esso, 70 prêmios em diferentes categorias.

Os diários vencedores também investem em publicidade institucional nestas ocasiões. Exemplo disso foi o anúncio de página inteira do *Jornal do Brasil*, publicado em 31/12/1995:

> Observando bem, vê-se que o *Jornal do Brasil* teve mérito em todas as suas áreas editoriais. E se olharmos pelo prisma do calendário, veremos a regularidade dos nossos

prêmios. De uma maneira ou de outra, a presença do *Jornal do Brasil* no Prêmio Esso é uma constante. Estatisticamente inigualável. É o maior Prêmio Esso de todos os tempos (*Jornal do Brasil*, 31/12/1995).

3. A imprensa e a ditadura

O ano de 1964 foi marcado por profundas transformações no cenário político-social, que resultaram na tomada do poder por um movimento militar articulado com forças da sociedade civil. A derrubada do presidente João Goulart em 31 de março/ 1º de abril de 1964 tem suas origens, como demonstra Reis Filho (2004), com a renúncia em agosto de 1961 do presidente Jânio Quadros, que estava havia apenas sete meses na Presidência. Naquela ocasião, setores das Forças Armadas articularam uma tentativa de golpe para impedir a posse do vice-presidente eleito, João Goulart. Identificado como herdeiro político de Getúlio Vargas, Jango era visto como ameaça, por suas convicções reformistas, aos grupos mais conservadores da sociedade. O movimento militar não obteve êxito. Esbarrou na campanha de resistência democrática liderada pelo então governador do Rio Grande do Sul, Leonel Brizola. Na ocasião, Brizola formou uma cadeia nacional de comunicação, a "rede da legalidade". Ainda assim, João Goulart negociou a sua posse, em 7 de setembro de 1961, aceitando assumir a Presidência com poderes limitados por uma emenda parlamentarista.

Fortalecidas com a vitória em defesa da legalidade, as esquerdas radicalizam suas propostas, que assumiam um caráter cada vez mais estatizante e nacionalista. No Rio Grande do Sul, governado por Brizola, Jango concorda com a encampação de empresas estrangeiras detentoras de serviços públicos. Também regulamenta lei que limita a remessa de lucro destas para o exterior. A radicalização representava um risco direto aos interesses do capital estrangeiro no Brasil, o que, no contexto da guerra fria, ganhava uma dimensão ainda maior. A vitória da Revolução Cubana em 1959 e a possibilidade de implantação de um governo revolucionário socialista animavam estas forças populares que ajudaram Jango a assumir o poder.

Estas diretrizes passaram a orientar as chamadas "reformas de base", que apareciam como política de governo de João Goulart. O presidente já reassumira plenos poderes com a realização de um plebiscito, em janeiro de 1963, que devolvia ao país o regime presidencialista. Amplos movimentos populares exigiam uma profunda reforma em todos os setores da vida social: reforma política, agrária, urbana, bancária, financeira e educacional. Como informa Reis Filho (2004), "multiplicavam-se organizações políticas claramente definidas pelo enfrentamento revolucionário", ao mesmo tempo em que "crescia a descrença na possibilidade de que as reformas pudessem ser conquistadas nas margens legais" (REIS FILHO, 2004, p. 124).

No outro lado da disputa, refletindo a polarização ideológica dos anos 1960, as direitas, derrotadas em 1961, começavam a se rearticular, seja através do fortalecimento de partidos conservadores, como a União Democrática Nacional (UDN) e o Partido Social Progressista (PSP),[1] ou da mobilização dos setores empresariais e da oligarquia agrícola.

---

1 A UDN tinha como lideranças os governadores da Guanabara, Carlos Lacerda, e de Minas Gerais, Magalhães Pinto. Já o PSP contava em seus quadros com o governador de São Paulo, Adhemar de Barros.

A intensa participação da sociedade civil no período pré-1964 tinha no complexo formado pelo Instituto de Pesquisas e Estudos Sociais (Ipes) e Instituto Brasileiro de Ação Democrática (Ibad) um canal estratégico para a articulação de uma ampla frente anticomunista e em defesa do capital internacional, como demonstra René Armand Dreifuss (1981) em seu minucioso trabalho "1964: a conquista do Estado".

O Ipes, criado oficialmente em 29 de novembro de 1961, apresentava-se como organização apartidária com objetivos educacionais, cívicos e democráticos e centro de discussão para buscar alternativas aos problemas nacionais. Esta era o caráter público de suas atividades. Ao mesmo tempo, formulava e disseminava propaganda politico-ideológica para a derrubada do governo constitucional. O Ipes atuava como "centro estratégico" enquanto "o Ibad e outras organizações subsidiárias e paralelas tomavam a si a maior parte do insucesso (ou glória) por atividades secretas, expondo-se muito do que o Ipes" (DREIFUSS, 1981, p. 164).

Juntos, buscavam conferir unidade aos diferentes setores da burguesia, descontentes com as reformas de Jango, mas que estavam dispersos na sociedade. As ações do complexo Ipes/Ibad tinham como alvo movimentos estudantis, operários e de camponeses com o propósito de desarticular as forças populares. No Congresso, promoveu-se intensa campanha contra Jango a partir de um discurso unificado dos partidos de centro-direita.

Ao fazerem parte de Grupos de Estudo e Ação do Ipes, especialmente o Grupo de Opinião Pública (GOP) e o Grupo de Publicações/ Editorial (GPE), proprietários de jornais, jornalistas, publicitários, escritores e outros "formuladores" de opinião ipesianos também manifestavam contrariedade às políticas nacionalistas e estatizantes do governo, defendendo o mercado e a livre iniciativa. Do Grupo de Opinião Pública (GOP) com atuação no Rio de Janeiro, Dreifuss cita o jornalista e criador do Prêmio Esso, Ney Peixoto do Valle, e o proprietário da Denisson Propaganda, José Luiz Moreira de Souza.[2] Em São Paulo, Jorge Sampaio e Alves de Castro, do Repórter Esso da *TV Tupi*, também era membro ipesiano ativo (1981, p. 192).[3] O Grupo de Publicações/ Editorial (GEP) complementava as atividades do Grupo de Opinião Pública no trabalho de doutrinação e propaganda anticomunista e contra o trabalhismo. Tinha entre seus integrantes os poetas e romancistas Rubem Fonseca (responsável pela Unidade de Editorial), Augusto Frederico Schmidt e Raquel de Queiroz, além dos jornalistas José Francisco Coelho, Odylo Costa Fillho e Wilson Figueiredo.[4] "No curso de sua oposição às estruturas populistas, ao executivo nacional-reformista e às forças sociais populares, o complexo Ipes/Ibad se tornava o verdadeiro partido da burguesia e seu estado-maior para a ação ideológica, política e militar" (1981, p. 164).

Membro da *American Chambers of Commerce* (Câmara Americana do Comércio), o jornalista Ney Peixoto do Valle, que alguns anos antes lançara o Prêmio Esso de Jornalismo, teve atuação destacada como líder ipesiano (DREIFUSS, 1981). Nos primeiros anos, ajudou a organizar, com o general Heitor Herrera, as reuniões do

2 Deste grupo também faziam parte os escritores Glauco Carneiro e José Rubem Fonseca, além de Hélio Gomide e o próprio general Golbery do Couto e Silva, no Rio de Janeiro (DREIFUSS, 1981, p. 192).

3 Em São Paulo, destacavam-se Paulo Ayres Filho, Geraldo Alonso (proprietário da Norton Propaganda), Flávio Galvão (*O Estado de S. Paulo*), Luiz Cássio dos Santos Werneck, Silveira Lobo (Denisson Propaganda) e Evaldo Pereira Simas (que viria a ser editor da revista da Associação Comercial do Rio de Janeiro). O grupo de ipesianos contava também no rádio e na TV com Arides Visconti e Antônio Peixoto do Valle, além do editor do Jornal do Brasil, Wilson Figueiredo (DREIFUSS, 1981, p. 192).

4 Diversas editoras e gráficas também serviram como canal de distribuição de publicações do Ipes, dentre elas a Editora Agir (por intermédio de Cândido Guinle de Paula Machado), O Cruzeiro (Assis Chateaubriand), a Gráfica Gomes de Souza (Gilbert Huber Jr.), a Cia. Editora Nacional (Octales Marcondes Ferreira), a G.R.D Editora (Gumercindo Rocha Dórea) e a Editora Saraiva (1981, p. 194-196).

Instituto no Rio de Janeiro. Com Dario de Almeida Magalhães, também coordenou um trabalho que consistia na produção de artigos fortalecendo a campanha de "ameaça vermelha" no período que antecedeu o golpe civil-militar. Os autores recebiam 5.000 cruzeiros por artigo com recursos pagos pela Companhia Antártica do ramo de refrigerantes e cervejas. Ney Peixoto incentivou ainda a distribuição de artigos produzidos por revistas americanas que correspondiam aos interesses e diretrizes do Ipes. Algumas ações se davam de forma clandestina por métodos de contrainformação que viriam a se consolidar com a instauração da ditadura:

> O Grupo de Opinião Pública da elite orgânica, através do líder ipesiano Ney Peixoto do Valle, ajudou também a preparar o 'Levantamento da Infiltração Comunista na Imprensa', que circulou amplamente entre empresários, militares e outros 'formuladores' de opinião, como parte de uma campanha que expunha vários intelectuais e jornalistas como culpados por adotarem pontos de vista esquerdistas. Esses jornalistas eram acusados de manipular a opinião pública, exatamente as atividades nas quais o complexo Ipes/Ibad estava, em verdade, envolvido (DREIFUSS, 1981, p. 234).

Outra participação do idealizador do Prêmio Esso no que Dreifuss vai chamar de "guerra psicológica através de cartuns e filmes" (1981, p. 250) envolveu o contato de Ney Peixoto com Harry Stone, representante da Motion Pictures, que colaborou no fornecimento de material básico para produção de filmes, no Brasil, enaltecendo o papel das Forças Armadas.

A elite orgânica, reunida no guarda-chuva do complexo Ipes/Ibad, era formada por industriais e banqueiros que defendiam interesses econômicos multinacionais e associados. A Esso Brasileira de Petróleo consta na lista de contribuintes do Ipes (DREIFUSS, 1981, p. 630). Neste período, a Esso e outras companhias estrangeiras no país já faziam parte da *Atlantic Communitity Development Group for Latin America* (Adela), organização criada em 1962 sob a influência dos grupos Rockfeller (Standard Oil) e Agnelli (Fiat). Além de criar oportunidades de negócios para seus filiados multinacionais, através de parcerias com sócios locais no Brasil, a Adela atuava politicamente na desestabilização do governo Jango.

A multinacional do petróleo continuava como uma das maiores empresas dos Estados Unidos em atuação no Brasil, segundo relatório do Departamento de Estado daquele país. Neste documento, citado na pesquisa de Dreifuss, a Esso ocupava o terceiro lugar entre as firmas americanas com maior volume de capital e reservas no país (entre US$ 10 e US$ 60 milhões), perdendo apenas para a General Motors do Brasil e a Ford Motors do Brasil (1981, p. 59).

A presença do capital estrangeiro e a interferência de grupos industriais multinacionais na política brasileira, tendo a interface do complexo Ipes/Ibad, motivaram a criação de uma nova Comissão Parlamentar de Inquérito (CPI), em 1963. Em artigos publicados em sua revista *Publicidade e Negócios* e no jornal *Tribuna da Imprensa*, o jornalista Genival Rabelo voltou a condenar a "presença estrangeira". O resultado, contudo, não foi capaz de frustrar o plano de integração capitalista e os interesses políticos das companhias multinacionais na derrubada do governo constitucional. A CPI considerou o Ibad culpado por persuadir parlamentares por meios ilegais, apontando sobretudo a sua interferência no pleito de outubro de 1962 para o Congresso. Embora a organização tenha sido fechada, o Ipes continuou em atividade pois as sindicâncias concluíram que o Instituto não atuou em desacordo com as suas diretrizes tornadas públicas à sociedade. Porém, como salienta Dreifuss, o "Ipes, é bem claro, levava uma vida dupla, tanto política quanto financeiramente" (1981, p. 208).

As operações doutrinárias e ideológicas tentavam atingir outras camadas da sociedade, como a Igreja e as Forças Armadas. O descontentamento da Igreja Católica quanto aos rumos do país fez com que a sua cúpula institucional, a Conferência Nacional dos Bispos do Brasil (CNBB), fizesse parte dessa ampla frente civil que ajudaria a legitimar a intervenção dos militares. No interior das Forças Armadas, os mesmos grupos que haviam participado da aventura golpista de 1961 ganhavam força à medida que os fundamentos da disciplina e hierarquia dentro da instituição eram ameaçados. Um episódio determinante foi a insubordinação da Associação dos Marinheiros no Rio de Janeiro. O movimento foi liderado pelo cabo Anselmo, que mais tarde viria a colaborar com agentes da repressão na guerra de contrainformações para a captura de militantes que aderiram à luta armada.

> Embora o bloco modernizante-conservador fosse incapaz de se impor por consenso na sociedade brasileira, ele, no entanto, era capaz, através de sua campanha ideológica, de esvaziar uma boa parte do apoio ao Executivo existente e reunir as classes médias contra o governo. [...] Porém, a contenção ideológica das classes populares e a mobilização ideológica das classes médias por si próprias não eram suficientes para levar a uma troca de regime. A contenção ideológica era suplementada e coordenada com outras atividades nos campos políticos e militares. A ação político-militar do bloco multinacional e associado seria vital para o desenrolar da crise do bloco histórico populista e fundamental para levar à instituição de um novo bloco de poder no Estado (DREIFUSS, 1981, p. 259).

Jango realizou uma série de comícios, sendo o mais importante o ato público realizado na Central do Brasil, no Rio de Janeiro, em 13 de março de 1964, numa última tentativa de conquistar apoio popular para implantação das suas reformas e legitimação do seu governo. Ao buscar respaldo nas esquerdas, percebeu, no entanto, que elas não tinham unidade. A este respeito, é esclarecedora a análise de Reis Filho (2004):

> O interessante a notar, no entanto, é que as direitas, ao contrário do que ocorrera em agosto de 1961, apareciam agora em posições defensivas, de defesa da legalidade e da democracia, justificando o golpe como um último recurso para salvar a democracia. De sorte que as direitas terão passado por uma mutação oposta à das esquerdas. Enquanto estas, inebriadas pela vitória de agosto de 1961, passavam à ofensiva política, e desafiavam abertamente a legalidade existente, aquelas situavam-se em defesa da legalidade e da ordem democrática, articulando o movimento ofensivo a partir de posições defensivas, embora seja certo dizer que muitas das suas forças organizadas manifestassem um superior desprezo pelos valores democráticos e conspirassem cada vez mais abertamente no sentido do golpe (2004, p. 126).

O desfecho desses embates é conhecido, tendo como vitoriosos os derrotados de 1961. A partir de 1º de abril de 1964, instaura-se a ditadura militar no Brasil sob o comando do marechal Humberto Castelo Branco, interrompendo o curto ciclo democrático iniciado após o fim do Estado Novo, em 1945.

Ao contrário do que previam os políticos da UDN, que apoiaram o golpe e desejavam formar um novo governo civil após a intervenção em 31 de março/ 1º de abril, os militares davam demonstrações que permaneceriam no poder por tempo indeterminado. Não bastava "frustrar o plano comunista de conquista do poder e defender as instituições militares", como estava descrito no manifesto expedido em 30 de março de 1964 por Castelo Branco, então chefe do Estado-Maior do Exército. O segundo objetivo, segundo o documento, era "restabelecer a ordem de modo que se pudessem executar as reformas legais" (SKIDMORE, 1988, p. 45). O discurso remetia à grave crise econômica no país em 1964 e buscava dar também legitimidade à ação conspiratória contra Jango. Neste período, a dívida chegava a US$ 3 bilhões, a taxa de inflação era de 100% ao ano e o país não obtinha crédito no exterior (1988, p. 68).

No campo político, os sucessivos atos institucionais apontavam para o fechamento do regime. O Ato Institucional nº 1, de 9 de abril de 1964, dava a Castelo Branco a prerrogativa de cassar mandatos parlamentares e suspender direitos políticos de qualquer cidadão nos órgãos públicos, empresas estatais, universidades.[5] Em 27 de outubro de 1965, foi promulgado o AI-2, ampliando os poderes do Executivo e instituindo eleições indiretas para presidente, vice-presidente e governadores. Também instituiu o bipartidarismo,[6] extinguindo todos os partidos existentes, e transferiu para a Justiça Militar os processos por crime político.

Se o regime caminhava no sentido do fechamento político, o controle dos conteúdos informativos ainda não era ostensivo. Em 1965, não havia censura oficial por parte do Estado, quadro que viria a se alterar no período de vigência do AI-5. A maioria dos jornais não se opunha à política de expurgos promovida pelo governo Castelo Branco. Líderes de esquerda, considerados "subversivos" pelos militares, foram presos em todo o país, sobretudo no Nordeste, na ação conhecida como "Operação limpeza".[7]

5 Na primeira lista de lideranças atingidas pelo AI-1, foram suspensos os direitos políticos dos ex-presidentes Jânio Quadros e João Goulart, do governador de Pernambuco Miguel Arraes e do deputado federal e ex-governador do Rio Grande do Sul, Leonel Brizola. O instrumento permitiu ao Estado a cassação do mandato de 378 políticos e a exoneração de cerca de 10 mil funcionários públicos. Mais de 120 oficiais foram reformados e aproximadamente 40 mil pessoas, interrogadas (KUSHNIR, 2004, p. 81).

6 Dois partidos foram criados: o Movimento Democrático Brasileiro (MDB), que fazia uma oposição consentida contra a ditadura, e a Aliança Renovadora Nacional (ARENA), partido do governo.

7 Pernambuco era o principal alvo da operação, pois concentrava importantes lideranças, como o governador do Estado, Miguel Arraes, o superin-

A perseguição atingiu organizações católicas, como o Movimento de Educação de Base (MEB) e a Juventude Universitária Católica (JUC), além do Partido Comunista Brasileiro (PCB) e Partido Comunista do Brasil (PCdoB).

Em 5 de fevereiro de 1966, o governo edita o Ato Institucional nº 3, conferindo aos governadores eleitos indiretamente pelas assembleias legislativas o poder de nomear prefeitos. Através deste instrumento também ficou estabelecido que o Exército controlaria as polícias estaduais, centralizando as ações de repressão. Além de dirigentes partidários e parlamentares, jornalistas e escritores também constavam na lista de pessoas com direitos políticos suspensos.

Na sequência das novas diretrizes autoritárias do regime, o Ato Institucional nº 4, de 7 de dezembro de 1966, reabre o Congresso Nacional para votação do projeto da Constituição de 1967, que revogava definitivamente a Constituição de 1946, já descaracterizada por tantas emendas. A nova Carta, promulgada no dia 24 de janeiro de 1967, ampliava os poderes do presidente da República, mas principalmente, como salienta Kushnir (2004), "teve como meta incorporar os atos de exceção e, no palco das encenações que também é a arena política, apresentar as diretrizes pós-1964 devidamente ordenadas, fazendo da restrição a regra" (2004, p. 82).

Em 9 de fevereiro de 1967, Castelo Branco sancionou, com a aprovação do Congresso, a Lei de Imprensa (Lei nº 5.250). A lei garantia, em seu artigo 1º, a livre manifestação do pensamento, mas no parágrafo 2º abria uma brecha para medidas arbitrárias: "[...] o dispositivo nesse artigo não se aplica a espetáculos e diversões públicas, que ficarão sujeitos à censura, na forma da lei, nem na vigência do

---

tendente da Sudene, Celso Furtado, o educador Paulo Freire, o advogado Francisco Julião, das ligas camponesas, e Gregório Bezerra, do Partido Comunista (SKIDMORE, 1988, p. 56/57).

estado de sítio, quando o Governo poderá exercer a censura sobre os jornais ou periódicos e empresas de radiodifusão e agências noticiosas em relação aos executores daquela medida". Outro decreto – o de nº 314, de 13 de março de 1967 –, impôs ao país a Lei de Segurança Nacional (LSN). O argumento era a crença na existência de um "inimigo interno". Assim, delegava a qualquer cidadão a responsabilidade pela defesa da segurança nacional do país.

O marechal Arthur da Costa e Silva assume o cargo de presidente em março de 1967, substituindo Castelo Branco, de quem fora ministro da Guerra. Candidato único na sucessão presidencial pela Arena – o MDB boicotou o pleito como protesto contra a manipulação eleitoral do governo – Costa e Silva teve uma gestão marcada por um período de forte agitação política na sociedade.

Líderes oposicionistas, dentre eles o ex-governador Carlos Lacerda, fortaleciam a chamada "Frente Ampla", bloco nacional de oposição civil ao governo do marechal Costa e Silva. Carlos Lacerda, que renunciara à sua candidatura presidencial pela UDN em 1965, buscou o apoio dos ex-presidentes Juscelino e Jango para lançar a "Frente Ampla". O movimento tinha como objetivo redemocratizar o país e promover o desenvolvimento econômico segundo diretrizes nacionalistas.

Em 3 de setembro de 1968, o discurso de Moreira Alves (MDB), criticando a invasão da Universidade de Brasília pela Polícia Militar, ocorrida no mês anterior, foi o argumento usado para estender as restrições às liberdades no país. Seu pronunciamento, conclamando o povo a boicotar as comemorações pelo 7 de setembro e sugerindo que as mulheres não se relacionassem com militares envolvidos na repressão, foi considerado ofensivo "aos brios e a dignidade das Forças Armadas" pelos ministros militares (CPDOC/FGV). O Congresso impediu o executivo de processar o parlamentar por seu discurso ao recusar o pedido de licença contra o deputado. A resposta do presidente veio com a edição do Ato Institucional nº 5, em 13 de dezembro de 1968.

Logo após a publicação do AI-5, diversas lideranças políticas, dentre elas o ex-presidente Juscelino Kubitschek, foram presas. O ex-governador da Guanabara Carlos Lacerda teve seus direitos políticos suspensos e 11 deputados federais, incluindo Moreira Alves, tiveram seus mandatos cassados.[8] Por estes motivos, muitos autores consideram o AI-5 o "golpe" dentro do golpe de 1964 (REIS FILHO, 2004, p. 128) ou o primeiro golpe puramente militar no país "sem o apoio ou estímulo de qualquer setor político civil" (PEDREIRA, apud SKIDMORE, 1988, p. 171).

A partir da edição do Ato, os militares se valeram de uma extensa rede de informações para controlar, dentre vários segmentos da sociedade, os meios de comunicação.[9] Um arsenal de leis, projetos e decretos buscavam manter os órgãos informativos sob estreita vigilância, restringindo liberdades e determinando o que podia ou não ser publicado para preservar os interesses do regime político em vigor. A montagem de tal aparato repressivo, incluindo invasão policial nas redações, apreensão de exemplares e expurgos, marcou o início de um processo gradual de esvaziamento do debate político no noticiário.

O processo de cerceamento de informações não era exatamente novidade na política brasileira. A existência de uma estrutura

8 O deputado foi exilado, só retornando ao país no processo de anistia, em 1979. Alves, como jornalista do *Correio da Manhã*, havia conquistado em 1958 o Prêmio Esso com a matéria "Morte em Alagoas".

9 Dentre os órgãos do aparato repressivo destacavam-se o Serviço Nacional de Informações (SNI) e suas ramificações regionais, o Centro de Informações do Exército (CIEX), o Centro de Informações da Aeronáutica (CISA), o Centro de Informações da Marinha (CENIMAR), o Departamento de Operações de Informações/ Centro de Operações de Defesa Interna (DOI/Codi), o Departamento de Ordem Política e Social (Dops), a Divisão de Censura de Diversão Pública (DCDP) e a Divisão de Segurança e Informação (DSI).

mais institucionalizada de censura por parte de um Estado autoritário ocorreu em outro momento na história do Brasil: durante a ditadura do Estado Novo (1937-1945) do governo Getúlio Vargas. A repressão tornou-se mais acentuada a partir da criação do Departamento de Imprensa e Propaganda (DIP), através do Decreto Lei nº 1915, de 27 de dezembro de 1939. O alvo dos censores, como demonstra o artigo 2 do decreto, era a divulgação de informações que prejudicassem o "crédito do país e suas instituições ou a moral". Publicações apreendidas, jornais fechados e perseguições a jornalistas inviabilizavam qualquer tentativa de contestação a Vargas. Diante do controle rigoroso da censura, 61 publicações deixaram de circular. Outros jornais, como o vespertino *A Noite*, assemelhavam-se mais a um diário oficial, divulgando informações positivas sobre o governo (BARBOSA, 2007, p. 121). Algumas edições eram praticamente uma reprodução das matérias da Agência Nacional, com ordem do DIP determinando em que página deveria ser publicada determinada informação, conforme depoimento do jornalista Joel Silveira (SILVEIRA, apud BARBOSA, 2007:112).

No entanto, a aproximação entre proprietários de jornais e autoridades políticas não deve ser entendida apenas sob a ótica do aparato burocrático-repressor do Estado. Permanecer ao lado do poder significava também prestígio aos homens de imprensa, publicidade para os jornais e concessão de generosos empréstimos públicos. Enquanto a lei mantinha, por um lado, os órgãos de comunicação sob estreita vigilância, por outro, controlava a importação do papel para a imprensa. Dessa forma, jornais alinhados com o projeto político de Vargas eram favorecidos economicamente no processo de aquisição da matéria-prima para sua produção. O mesmo artigo 2 do Decreto nº 1915 estabelecia que o DIP tinha por finalidade: "autorizar mensalmente a devolução dos depósitos efetuados pelas empresas jornalísticas para a importação de papel para a imprensa, uma vez demonstrada, a seu juízo, a eficiência e a utilidade pública dos jornais ou periódicos por elas administrados ou dirigidos". Portanto, parte dos profissionais e dirigentes de jornais também se beneficiou simbólica e materialmente dessa proximidade com o poder.

O DIP funcionava também como instrumento de institucionalização de uma poderosa campanha de propaganda política. Além da censura, era responsável pela distribuição de material de divulgação do regime. Tinha como eixo difundir a figura mítica de Vargas como líder das massas trabalhadoras, condutor dos destinos da nação. A atuação da imprensa, incluindo o rádio, era estratégica para construção de um projeto de identidade nacional e legitimação da ideologia estadonovista: centralizadora e com aspirações modernizantes, buscando fortalecer a industrialização para romper com a dependência do capitalismo internacional. Importa afirmar que o contexto político nos anos 1930 apontava para a formação de um Estado forte, tutelando todas as esferas da sociedade. Como contraponto ao declínio das ideias liberais, crescia o fenômeno dos regimes totalitários na Europa, que culminaria com a eclosão da 2ª Guerra Mundial.[10]

Durante a ditadura civil-militar, principalmente a partir do fechamento político em 1968, a finalidade da atividade censória do governo se aproximava em vários aspectos dos objetivos do DIP de Vargas. Ao mesmo tempo em que reprimia violentamente os órgãos informativos que se opunham à ordem política, o governo beneficiava, com concessão de créditos e publicidade, os jornais que optaram por suprimir o ponto de vista crítico de suas páginas. Há pontos de aproximação entre os dois modelos, mas

10 A censura aos meios de comunicação permaneceu em vigor até fevereiro de 1945 com Vargas ainda no poder. A Constituição de 1946, promulgada após o fim do Estado Novo, restabeleceu a liberdade de imprensa e a livre manifestação do pensamento no país.

também algumas particularidades. Ao contrário do DIP, a censura política aos veículos de imprensa, nos anos 1960 e 1970, não era expressamente assumida pelo governo. A censura formal existia mais para os espetáculos e diversões públicas. Muitos agentes responsáveis pelo controle do conteúdo noticioso atuavam num órgão que sequer constava oficialmente no organograma do Estado: o Serviço de Informação do Gabinete (Sigab). A vigilância do Estado sobre os veículos de imprensa era exercida de duas formas durante a ditadura civil-militar: autocensura e censura prévia.

A autocensura implicava na aceitação por parte dos jornais de comunicados escritos ou telefonemas dos órgãos de segurança sobre os assuntos que não deveriam ser publicados. As ordens impressas, conhecidas como "bilhetinhos", geralmente eram anônimas, de autenticidade duvidosa, e começavam com a inscrição "De ordem superior, fica proibido...". "Nesse momento, a responsabilidade pela censura no interior do jornal passava a ser assumida por sua direção e não mais pelos órgãos do governo" (AQUINO, apud CARNEIRO, 2002, p. 518). A autocensura representava, portanto, um acordo tácito entre Estado, dirigentes de jornais e produtores de notícias. Parte da imprensa seguia assim sua tradição histórica de compactuar com o poder vigente.

Para Kucinski (2002), o próprio governo incentivava essa prática, pois isentava o Estado de responsabilidade sobre interferência na seleção dos assuntos a serem noticiados. "[...] a autocensura determinou o padrão de controle de informação durante os 17 anos de regime autoritário, sendo os demais métodos, inclusive a censura prévia e os sucessivos expurgos de jornalistas, acessórios e instrumentais à implantação da autocensura" (KUCINSKI, apud CARNEIRO, 2002, p. 536). As proibições, muitas vezes vagas, envolviam matérias políticas, mas também atingiam notícias sobre movimento estudantil, reivindicações trabalhistas e temas militares, como tortura e repressão.

A censura prévia obrigava os jornais a submeter todas as notícias aos censores antes da sua publicação. Nos primeiros meses de vigência do AI-5, a censura ficava a cargo do Exército. Gradualmente, essa atribuição foi transferida para agentes da Polícia Federal, subordinados ao Ministério da Justiça, que eram treinados para atuar na função específica de censores. Alguns chegavam a atuar na redação, vetando, na íntegra ou parcialmente, as matérias. Outros permaneciam nos órgãos encarregados por esta atividade nos estados ou em Brasília, para onde era encaminhada a edição, às custas do próprio jornal. "Depois de analisado e devidamente vetado, o material era devolvido à redação, nem sempre em condições de ser veiculado (excesso de cortes) e nem sempre a tempo de ser editado" (*Idem*). A reformulação da edição submetida aos censores representava prejuízo financeiro às empresas jornalísticas. Decorre daí a opção de os jornais, muitas vezes, evitarem o confronto direto com o governo.

Embora esse mecanismo de repressão tenha atingido alguns jornais entre 1968 e 1969,[11] a sua institucionalização de fato ocorre com o Decreto-lei nº 1.077, de 26 de janeiro de 1970 (AQUINO, 1999; KUSHNIR, 2004). Os censores enquadram atos de subversão no campo político como atentado à moral e aos bons costumes. Tudo passa a ser tipificado como risco à segurança nacional. Essa concepção fazia da censura um ato essencialmente político. Na imprensa alternativa, *O Pasquim*, *Opinião*, *Movimento* e *O São Paulo*, dentre outros, foram alvo da censura prévia. A revista *Veja* e os jornais *O Estado de S. Paulo* e *Jornal da Tarde* também sofreram vigilância dos censores, "mas só durante o tempo necessário para que os donos destes órgãos aceitassem se submeter ou a um acordo com

11 Dois meses antes de o governo baixar o AI-5, a *Tribuna da Imprensa* já havia sido submetido à censura prévia, situação na qual permaneceria durante dez anos.

as autoridades ou então a se livrar dos jornalistas que, pela ótica do poder, eram indesejáveis" (MARCONI, 1980, p. 60). A rádio e a televisão, cujo funcionamento dependia das concessões do Governo, continuaram evitando o confronto com os militares.

Outras portarias e decretos contribuíram para fortalecer a máquina censória do Estado. Kushnir (2004) destaca a Portaria nº 11-B, de 06 de fevereiro de 1970, determinando o exame prévio de livros e periódicos e a busca e apreensão de todos os exemplares por parte do Departamento de Polícia Federal (DPF) e suas delegacias regionais e o decreto secreto nº 165-B/71, proibindo a divulgação de dez assuntos na imprensa ou qualquer outro meio de comunicação. Localizamos também uma cópia do documento "Recomendações para a Imprensa Escrita, Falada e Televisada", assinado por Paulo Fernandes Vieira, então secretário-geral do Ministério da Justiça. Trata-se de um ofício-circular, sem número, de caráter "confidencial", de 07 de junho de 1969. No ofício, escreve Paulo Fernandes:

> Senhor diretor, de ordem do Excelentíssimo Senhor Ministro de Estado da Justiça, transmito a Vossa Senhoria as anexas 'Recomendações para a Imprensa Escrita, Falada e Televisada'. Aproveito a oportunidade para renovar a Vossa Senhoria os meus protestos de estima e consideração.

As instruções apresentam oito tópicos: "I - Normas gerais", "II - Política", "III - Atos atentatórios ao patrimônio", "IV - Costumes", "V - Problemas religiosos", "VI - Economia e finanças", "VII - Problemas sociais" e "Recomendações finais".[12]

A combinação destas e outras normas jurídicas forma o elenco dos temas proibidos durante a ditadura militar, conforme enumera

12 As instruções de trabalho, com oito recomendações, também foram transmitidas, conforme cita Kushnir (2004), a delegados regionais da DPF numa reunião realizada em setembro de 1970 no Rio de Janeiro.

o ex-censor Coriolano de Loyola Cabral Fagundes (1974). Em seu ponto de vista, era "legítimo" censurar matérias que representassem:

> [...] potencialmente incitamento contra o regime vigente; ofensa à dignidade ou ao interesse nacional; indução de desprestígio para as forças armadas; instigação contra a autoridade, estímulo à luta de classe; atentado à ordem pública; incitamento de preconceitos étnicos; prejuízo para as boas relações diplomáticas; ofensa ao decoro público; divulgação ou indução aos maus costumes; sugestão, ainda que velada, de uso de entorpecentes; fator capaz de gerar angústia, por retratar a prática de ferocidade; sugestivo à prática de crimes; ofensa à coletividade ou hostilização à religião (1974, p. 144-145).

O esvaziamento do debate político (1964-1978)

Recusar os vínculos com a política nesse momento se transformava muitas vezes como um recurso de sobrevivência para muitos veículos. A construção desse modelo, distanciando os jornais dos principais acontecimentos políticos da época, fazia parte de um pacto consensual entre os militares e alguns órgãos de imprensa. A autocensura parece ter servido perfeitamente a esse propósito.

A lista de proibições já foi amplamente divulgada em vários estudos, como o de Marconi (1980). O autor apresenta o mais completo levantamento desse tipo de ordens. Selecionamos alguns dos comunicados a que tivemos acesso apenas para ilustrar o processo que restringiu a produção jornalística, intelectual e artística nesse período no Brasil. Os "bilhetinhos" que reproduziremos abaixo constam no chamado "Livro Negro" do *Jornal do Brasil*.[13] Os

13 A ideia de catalogar as proibições da censura no *Jornal do Brasil* partiu de Alberto Dines, editor-chefe do diário. O "Livro negro" do JB reúne informações coletadas entre 14 de setembro de 1972 e 19 de abril de 1974, totalizando 173 ordens (AQUINO, apud CARNEIRO, 1999, p. 520). Os

exemplos citados, que compreendem o período 1972-1974, foram obtidos através de consulta ao acervo pessoal do jornalista Carlos Lemos, chefe de redação do *JB* no período. Assinam as proibições desde inspetores e agentes, dentre eles Costa Sena, Nunes, Décio e Vilanova, até oficiais de alta patente, como os generais Antônio Bandeira e Nilo Caneppa. Outras ordens ou recomendações são apócrifas, sem assinatura. As informações, algumas em estilo telegráfico, foram transcritas na íntegra, preservando eventuais erros gramaticais (pontuação e concordância) ou nas grafias de nomes.

Uma das proibições diz respeito às multinacionais de petróleo:

> De ordem superior, a fim de evitar especulações e interpretações tendenciosas, fica proibida divulgação através meios de comunicação social de entrevistas, notícias, comentários e qualquer outro tipo de matéria fornecida por representantes ou dirigentes de companhias estrangeiras de petróleo (14/11/1973).

A determinação surgiu no contexto da primeira crise do petróleo que quadruplicou o preço do barril, de US$ 3 para US$ 12 no fim de 1973. As crises externas decorrentes mostraram a fragilidade da economia do país, que importava 80% do produto.[14]

A análise dos "bilhetinhos" mostra o caráter não aleatório da censura. Os assuntos interditados não envolviam apenas questões políticas e militares, como sucessão presidencial, declarações de personalidades e políticos oposicionistas, atos "terroristas", tortura e repressão. Com o desenvolvimento da atuação censória, te-

---

exemplos citados nessa pesquisa são uma pequena amostragem. Em seu estudo, Marconi (1980) realizou pesquisa de mais de 500 proibições feitas pelos órgãos de segurança entre 1969 e 1978.

14 Mais sobre a crise do petróleo e o impacto político neste contexto, ver SKIDMORE, Thomas E. *Brasil: de Castelo a Tancredo, 1964-1985*. Rio de Janeiro: Paz e Terra, 1988.

mas diversos na área de economia e finanças, saúde, educação e cultura, além de fatos atentatórios à moralidade e aos bons costumes passaram a ser alvo do esquema de desinformação do governo, evidenciando a atuação seletiva da atividade de controle sobre o conteúdo noticioso (AQUINO, 1999).

Nos "bilhetinhos", o governo determinava, curiosamente, censurar qualquer referência sobre a existência da própria censura:

> De ordem superior, fica terminantemente proibida a divulgação através dos meios de comunicação social, de qualquer notícias, comentários ou outras matérias sobre apreensão, suspensão, censura prévia e outras medidas legais preventivas e repressivas adotadas contra editoras, de livros, revistas e jornais (05/02/1974).

Sobre o mesmo tema, os órgãos de segurança também proibiram a divulgação do relatório do diretor de *O Estado de S. Paulo e Jornal da Tarde*, Júlio de Mesquita Neto, denunciando a prática de autocensura por parte da imprensa brasileira: "Nenhuma notícia sobre o pronunciamento do Sr. Júlio Mesquita Neto sobre a situação da imprensa no Brasil, na Sociedade Interamericana de Imprensa, em Santiago" (10/10/1972). O relatório de Mesquita Neto, apresentado à Comissão de Liberdade de Imprensa da SPI, informava: "Há jornais e revistas que realizam a autocensura de modo a merecer até elogios das autoridades. Não publicam um comentário, uma só notícia que de algum modo possa suscitar o desagrado daqueles que tutelam a imprensa" (MESQUITA NETO, apud MARCONI, 1980, p. 61).

Os órgãos de censura, quando não proibiam integralmente o assunto, procuravam dirigir o noticiário através da liberação parcial de informações, como neste exemplo: "Apreensão do jornal *Opinião* pode ser divulgada, sendo proibida notícia sobre prisão dos diretores e suas declarações, bem como qualquer outra repercussão do fato" (15/04/1973). Através dessa manipulação, apenas a versão oficial costumava prevalecer nos jornais. "A imprensa, ao aceitar tal jogo, emprestou um ar de credibilidade a este noticiário ao público" (MARCONI, 1980, p. 50). Relacionamos outros dois "bilhetinhos" também recolhidos no acervo pessoal do jornalista Carlos Lemos, ilustrativos dessa prática:

> O Instituto Internacional de Imprensa deu publicidade ao relatório anual assinado pelo diretor Hernest Mayer, distribuído pela UPI tecendo comentário sobre a liberdade de imprensa no mundo e especialmente no Brasil e em mais quatro países latino-americanos. De ordem do Ministro da Justiça está proibida qualquer publicação do relatório *apenas na parte em que se refere ao Brasil* (03/01/1973).
>
> Por escrito: de ordem superior fica recomendado *parcimônia* nas notícias referentes aos fatos ocorridos no Chile, situação do Presidente Allende, assim como evolução dos acontecimentos naquele País. Fica recomendado o não sensacionalismo nessas notícias. Verbal: não é permitido dar manchete com o assunto (11/09/1973).[15]

Esse tipo de controle e manipulação era muito comum em matérias sobre a prisão ou morte de militantes políticos, identificados no jargão militar como "subversivos" e "terroristas". Suprimindo qualquer interpretação contrária à versão governamental nesses episódios, os jornais atuaram como suporte estratégico para a manutenção da imagem de segurança e normalidade institucional que o regime buscava promover. Abaixo, uma dessas

15 A edição do *Jornal do Brasil* sobre a derrubada do governo constitucional do presidente Salvador Allende no Chile, em 11/09/1973, e a instauração da ditadura de Augusto Pinochet tornou-se uma referência na memória de resistência do jornal no período do governo militar. Para burlar a ordem dos censores, a capa saiu sem manchete, mas o texto a respeito do episódio foi o

proibições ou "embargos" (orientação aos veículos para publicação somente após a devida autorização oficial):

> Reitero determinações superiores, no sentido de manter proibição de divulgação de notícias referentes ao assunto ligado à prisão em território nacional de terroristas e subversivos, pertencentes a qualquer classe social ou profissional, bem como, sobre ação de órgão de segurança em qualquer parte do país. Recomendo especial atenção, no sentido de cumprir fielmente esta ordem. Liberação ou nota oficial sobre este assunto, quando houver, será devidamente autorizada, com ordem específica, expedida através desta direção geral (29/10/1973).

É importante notar os diferentes sentidos construídos semanticamente: militantes políticos, na versão dos militares encampada por alguns órgãos de imprensa, eram "terroristas" que deveriam ser combatidos em nome da segurança nacional.[16] Abreu (2000) informa que a expressão "terror" foi usada pela primeira vez por *O Globo*, sem atender a nenhuma instrução das autoridades. Demonstrando adesão à prática da autocensura, o jornal publica, em 27/07/1966, a manchete "Terrorismo não interrompe o programa Costa e Silva". Outro aspecto observado no campo semântico foi a falta de distinção entre crime comum e "crime político". Os jornalistas exploravam

---

único assunto da primeira página, publicado com letras de corpo 24 em três colunas. A edição publicada no dia seguinte ao golpe causou grande impacto.

16 João Batista Abreu (2000), em seu livro *As manobras da informação*, analisa a cobertura jornalística da luta armada no Brasil (1965-1979). Demonstra a luta discursiva travada entre militantes de esquerda e governo na apropriação de palavras como "elemento", "subversivo", "revolução", "terror", "guerrilheiros" etc. Na perspectiva dos militantes, segundo o autor, eram aplicadas estratégias narrativas semelhantes. O termo "justiçar" aplicado contra pessoas envolvidas com a repressão substituía o verbo "matar". Da mesma forma, "expropriar" era a expressão usada pelas organizações clandestinas para se referir a assaltos a banco.

o viés policial em detrimento do ideológico, situando a luta armada no universo da ação criminosa. Conclui o autor que "o modelo de caracterização negativa da luta armada foi definido pela própria mídia, porque antecede a instituição da censura" (2000, p. 258).

Em seu estudo sobre a relação entre jornalistas e censores no pós-1968, Kushnir (2004) utiliza a expressão "cães de guarda" para denominar aqueles jornalistas que atuavam como divulgadores das notas oficiais. O colaboracionismo da imprensa era expresso pela troca da "narrativa de um acontecimento pela publicação de versões que corroborassem o ideário repressivo" (2004, p. 355). Mais importante do que informar, estimulando o espírito crítico, era permanecer no palco das decisões. A esse respeito, afirma: "À soleira, montaram guarda e fizeram autocensura no governo Médici, e mesmo antes dele, colaborando para construir e difundir uma imagem irreal, inverídica do país" (2004, p. 52).

O jornal *Folha da Tarde*, de São Paulo, era um caso extremo de colaboracionismo, conforme analisou a autora. A partir de meados de 1969, o diário tinha em seus quadros jornalistas que atuavam mesmo como policiais, apoiando as ações dos órgãos de repressão. Movimentos de esquerda chegaram a destruir carros de reportagem da empresa acusando o grupo jornalístico de cedê-los aos agentes do DOI-Codi. Grande parte dos jornais publicava a versão oficial sobre supostos confrontos entre órgãos de segurança e militantes de esquerda, mas no caso da *Folha da Tarde* o apoio era mais explícito.[17]

Embora não tenha se constituído num movimento generalizado, alguns jornais da grande imprensa que apoiaram o golpe de

17 Por esses motivos, a *Folha da Tarde* era definido como o jornal de "maior tiragem", um inevitável duplo sentido diante do grande número de policiais e ex-militantes de esquerda que se tornaram informantes em sua redação. Para citar alguns exemplos, com a reformulação da equipe a partir de julho de 1969, o diário passou a ter o coronel da PM Edson Correa como repór-

1964 tentaram manter uma linha editorial de cunho oposicionista, sobretudo após o fechamento político do regime em 1968. Um caso emblemático foi a atuação da proprietária do jornal *Correio da Manhã*, Niomar Muniz Sodré Bittencourt, que se recusara a obedecer as ordens dos censores e os "expurgos" em seu jornal. Após a edição do AI-5, Niomar ficou presa durante 72 dias.

Jornal de linha editorial conservadora, *O Estado de S. Paulo* também demonstrou indignação quando foi vetada a divulgação, em 1972, de uma entrevista com o ex-ministro Roberto Campos, que mantinha relação de amizade com a família Mesquita, proprietária do diário. Em resposta, Ruy Mesquita telegrafou ao ministro da Justiça, Alfredo Buzaid:

> Senhor ministro, ao tomar conhecimento dessas ordens emanadas de V. Sa., o meu sentimento foi de profunda humilhação e vergonha. Senti vergonha, Senhor Ministro, pelo Brasil, degradado à condição de uma republiqueta banana ou de uma Uganda qualquer, por um governo que acaba de perder a compostura. Parece incrível que os que decretam hoje o ostracismo forçado dos próprios companheiros da revolução, que ocuparam ontem cargos em que se encontram hoje, não cogitem cinco minutos do julgamento da história. O senhor, Senhor Ministro, deixará de sê-lo um dia. Todos os que estão hoje no Poder dele baixarão e, então, Senhor Ministro, como aconteceu na Alemanha de Hitler, na Itália de Mussolini, ou na Rússia de Stalin, o Brasil ficará sabendo a verdadeira história desse período em que a revolução de 64 abandonou os rumos traçados pelo seu maior líder, o Marechal Castello Branco, para enveredar pelos rumos de um caudilhismo militar que já está fora de moda, inclusive nas repúblicas hispano-americanas. Cheio de vergonha por ver

---

ter de geral, o investigador de polícia Carlos Dias Torres como chefe de reportagem e o agente do Dops Carlos Antônio Guimarães Sequeira como editor-chefe de Internacional (KUSHNIR, 2004, p. 327).

> meu País degradado a essa condição, subscrevo humilhado (MESQUITA NETO, apud MARCONI, 1980, p. 64-65)

Assim como o DIP do governo Vargas, os militares também colocaram em funcionamento uma eficiente campanha de propaganda política para "a construção de um Brasil que só existe no discurso ideológico" (BARBOSA, 2007, p. 180). Emblemática foi a atuação da Assessoria Especial de Relações Públicas (AERP), órgão de propaganda governamental, criado em 1968, que tinha como uma das estratégias reforçar o discurso de prosperidade no governo ditatorial. Era a época do "Brasil, conte comigo!", "Você constrói o Brasil!" e "Eu te amo, meu Brasil", música encomendada pelo governo do general Emílio Garrastaz Médici à dupla Don e Ravel. A imagem do país como potência mundial ganhou dimensão ainda maior com o tricampeonato mundial da seleção na Copa do Mundo do México, em 1970.[18] A marchinha "Pra frente Brasil" era tocada em todos os eventos públicos, e cartazes com Pelé comemorando seu gols com um salto no ar apareciam ao lado do slogan do governo "Ninguém segura este país!". A conquista, capitalizada em grande escala pela AERP, ofuscava as arbitrariedades do período Médici e dava um recado aos seus opositores, expresso na frase "Brasil, ame-o ou deixe-o". "Ou então que enfrentasse o braço duro da repressão e a tortura como política de Estado" (REIS FILHO, 2004, p. 128).

Outros mecanismos, como a relação dos jornalistas com as fontes, ajudaram a enfraquecer o papel que desempenhava a grande imprensa na construção do debate político. Como afirma Hons (1982, p. 115), as fontes passaram a ocupar uma posição domi-

18 Ao desembarcar no Brasil, a equipe encontrou o país em estado de euforia, exatamente a imagem que o regime autoritário queria passar para os observadores internacionais. O governo havia decretado feriado nacional para que o povo recebesse seus campeões.

nante em relação aos repórteres setorizados que faziam a cobertura de instituições oficiais. O desenvolvimento de assessorias de imprensa governamentais, a disseminação de *press releases* (notas oficiais) nas redações e a distribuição de credenciais modificaram significativamente as rotinas de produção jornalística. "O contexto político e ideológico criado pelo novo regime mudou bastante as regras do jogo; prestar informação deixou de ser uma obrigação e passou a ser um favor" (1982, p. 115).

As assessorias, criadas conceitualmente para facilitar o acesso dos produtores de notícias às autoridades públicas, agiam no sentido oposto. Atuavam não como intermediária, mas como barreira entre fontes e jornalistas durante a ditadura. Uma de suas atribuições mais frequentes era o encaminhamento de *press releases* (textos para publicação) a pauteiros e chefes de redação. Naquela conjuntura, o texto encaminhado pelas assessorias para publicação, segundo Smith (2000):

> Não era um ponto de partida, uma prestação de informação inicial como base de perguntas, mas uma declaração definitiva, uma fonte de dados não negociável [...], o que correspondia à noção generalizada no regime de que havia uma notícia e que sua comunicação era eficiente (2000, p. 85).

Outro instrumento que contribuía para eliminar o ponto de vista crítico, forjando aos leitores um cenário de estabilidade institucional e legalidade política, envolvia a distribuição de credenciais. Em qualquer repartição do governo, o jornalista tinha de ser oficialmente selecionado pelos órgãos de informação para fazer a cobertura. Se não exercia uma coerção explícita, a concessão do documento era mais um mecanismo de pressão do Estado sobre os profissionais de imprensa. A avaliação se baseava mais em critérios políticos e ideológicos do que profissionais. Pedidos de credenciais eram frequentemente indeferidos. Entre 1975 e 1979, 20 jornalistas da sucursal de *O Estado de S. Paulo* em Brasília tiveram seus pedidos de credenciais negados, e as credenciais de outros 25 repórteres foram anuladas, afastando-os compulsoriamente dos órgãos oficiais onde trabalhavam (MARCONI, 1980, p. 104). Muitos eram punidos não apenas com a cassação das credenciais. Vários profissionais nessa situação foram presos ou enquadrados em processos com base na Lei de Segurança Nacional (BAHIA, 1989, p. 324).

Do mesmo modo, a margem de atuação dos repórteres nas chamadas coletivas de imprensa era muito restrita. Na única entrevista concedida pelo presidente Médici durante todo o mandato, os jornalistas só puderam fazer perguntas previamente combinadas com os assessores do general. Ele, por sua vez, limitou-se a ler as respostas preparadas de véspera. Essa relação das autoridades com a imprensa se reproduzia nos gabinetes ministeriais. A resposta habitual de Armando Falcão, ministro da Justiça no governo Geisel, era o conhecido "Nada a declarar". Diante do cenário adverso para a atividade jornalística, uma alternativa era ouvir as fontes em *off* ou *off the record.* Assim, os profissionais veiculavam alguns fatos sem identificação da fonte com o objetivo de fazer circular a informação. Alguns dados obtidos desse modo confrontavam, em determinadas situações, a versão oficial. O uso do *off* como notícia, no entanto, era condenado por nomes importantes do jornalismo brasileiro, como Cláudio Abramo, um dos principais reformadores da *Folha de S. Paulo* nos anos 1970:

> Grande parte de versões de fatos veiculados pela imprensa tem como origem declarações que não têm paternidade declarada. Os jornais, que eram muito carentes de informação – e a rigor ainda são – e tinham muito medo, aceitaram o jogo para essas fontes só falarem em '*off*'. A informação '*off the records*' em geral serve para o jornalista fazer '*back-*

> *ground*' de uma notícia. Entretanto hoje, devido à falta de treino por causa dessa confusão conceitual feita pelo regime, a declaração em '*off*' é usada como se fosse notícia. Esse é um defeito, uma falha que se permitiu que acontecesse e que está muito difícil de se controlar hoje (ABRAMO, apud MARCONI, 1980, p. 179/180).

O "déficit" de autonomia interpretativa

As diversas formas de controle do Estado sobre jornais e revistas durante a ditadura militar exerceu forte impacto sobre o senso de coletividade do grupo profissional, colaborando para construção do consenso e idealização de uma sociedade livre de conflitos. A hostilidade do regime reconfigurou o modo de atuação dos produtores de notícias, enfraquecendo uma dada identidade em torno da qual eles buscaram historicamente legitimar o seu papel social. Ao mesmo tempo, produziu outros padrões de ação jornalística nos anos 1960 e 1970. A nova ordem política representou um apagamento da autoridade dos profissionais de imprensa no plano político, rompendo com o conjunto de representações construídas desde o início do século XX, tais como a imagem do repórter como "cão de guarda" da sociedade. A adoção de diferentes mecanismos de cerceamento da informação é indicativa das limitações e prejuízos à autonomia interpretativa do jornalista.

Uma rápida revisão bibliográfica sobre os estudos de identidade jornalística mostra que, desde o início do século XX, sobressai a ideia da imprensa como instrumento fiscalizador dos poderes públicos. Essa auto-imagem construída sobre a profissão, que constitui uma marca de autoridade do campo jornalístico, pode ser encontrada nos artigos do *Jornal do Brasil*, alguns anos após a Proclamação da República. É o que demonstra Barbosa (2000) em sua pesquisa sobre as relações entre a imprensa, o poder e o público.[19] Em 15 de novembro de 1900, o editorial publicado pelo periódico destaca esse papel denunciador que deveriam assumir os jornais. Essa postura combativa em que o diário se auto-atribuía o papel de atuar como "olhos e ouvidos da sociedade", pelo menos no nível retórico, não se restringia ao *Jornal do Brasil*. Informar para formar opiniões era a palavra de ordem:

> Por não termos aspirações políticas podemos agir livremente, como jornalistas, censurando o abuso das autoridades, advogando a causa dos fracos, batendo-se sempre pelas garantias constitucionais, atacando veementemente o Poder, sempre que ele exorbita de suas atribuições (*Jornal do Brasil*, 15/11/1900, p. 1).

Depois foram atribuídas diferentes visões sobre a atuação do jornalista, que estão relacionadas diretamente com a conjuntura política e social em que ele esteve inserido ao longo do século XX. A noção de que o repórter está invariavelmente comprometido com a verdade, não se subordinando a nenhum outro interesse que não seja o público, forneceu historicamente as condições de aceitabilidade do discurso jornalístico. A "missão social" permaneceu como marca distintiva da imprensa, ainda que, na prática, ela atuasse como porta-voz de grupos políticos em razão das especificidades do contexto jornalístico brasileiro e seus vínculos com o poder.

Ainda era possível perceber o papel dos jornais como formadores de opinião no contexto do movimento de 31 de março/ 1° de abril de 1964. Como vimos, a imprensa assumiu naquele momento a função de porta-voz legítimo da população com o poder de definir os rumos políticos do país. Os jornalistas participavam como

19 A pesquisadora analisou o *Jornal do Brasil, Correio da Manhã, Gazeta de Notícias, O Paiz e Jornal do Commercio,* destacando as mudanças por que passavam os diários e o novo papel que esses veículos assumiram na sociedade entre 1880 e 1920.

atores políticos privilegiados na defesa do interesse coletivo, mais do que qualquer outra instituição (BARBOSA, 2007). Os jornais, de um modo geral, saíram em defesa da "Revolução de 1964". A Última Hora, de Samuel Wainer, foi um dos poucos veículos da grande imprensa que dava sustentação ao governo de João Goulart.

Como observa Aquino (1999), ao legitimar o golpe, grande parte da imprensa mostrava-se coerente com uma tradição na forma como via a representação de uma nação democrática. A concepção liberal formulada por John Locke percebe, por exemplo, a liberdade de expressão como um direito inalienável do homem. Enquanto o governo não interfere neste direito, há uma aproximação ideológica entre Estado e os proprietários dos jornais. Esse modelo de liberalismo *lockeano* justifica a defesa, também nos editoriais do *O Estado de S. Paulo*, da intervenção "democrática" dos militares. Para o diário, as propostas do governo João Goulart representavam uma ameaça aos direitos naturais, à felicidade e ao bem-estar dos indivíduos e, portanto, deveriam ser combatidas. Em depoimento reproduzido em Marconi (1980), o diretor e coproprietário do jornal, Ruy Mesquita, comenta a tradição liberal e democrática do periódico:

> Meu pai, que participou, como eu também, da conspiração que redundou na Revolução de 1964 – tínhamos reuniões diárias com militares que se opunham à situação e que acabaram derrubando Goulart – sabia que não era possível, caso a Revolução saísse vitoriosa, implantar imediatamente depois um regime plenamente democrático. Era forçoso impor um período de anormalidade política até que se saneasse o campo político brasileiro para que se pudesse reiniciar o processo democrático no país (MESQUITA, apud MARCONI, 1980, p. 172).

Essa postura ideológica ficou bem evidenciada nos editoriais publicados nos dias que antecederam ao golpe. *O Estado de S. Paulo* exigiu uma resposta do Exército diante das reformas e do clima de convulsão social. Com a instauração da ditadura militar, o diário publicou, em 02/04/1964, a manchete "Democratas dominam toda a nação", anunciando também que a "vitória" repercutia no exterior.

Outros periódicos defenderam entusiasticamente a intervenção militar, como foi o caso do *Correio da Manhã*. Em editoriais publicados em 31 de março e 1º de abril de 1964, intitulados, respectivamente, "Basta!" e "Fora!", o jornal explicitava a sua opção pelo movimento golpista e exigia a derrubada de Jango. No dia 1º de abril, escreve: "A nação não mais suporta a permanência do Sr. João Goulart à frente do governo. Não resta outra saída ao Sr. João Goulart senão entregar o governo ao seu legítimo sucessor. Só há uma saída a dizer ao Sr. João Goulart: saia!". O jornalista Carlos Heitor Cony, que assinava a coluna "Da arte de falar mal", apresentou, no entanto, uma posição diferente da linha editorial do matutino na sequência dos acontecimentos. Em 2 de abril de 1964, o jornalista publica o primeiro de uma série de artigos em que faz duras críticas ao movimento civil-militar.[20]

O papel ambíguo do *Correio da Manhã* marcou de um modo geral a atuação da imprensa, que alternou momentos de recuos e aproximações com o Estado autoritário. Gradualmente, a polêmica e o traço opinativo se afastaram das páginas dos jornais.

20 A crônica "Da salvação da Pátria" abre a série de artigos de Cony contra o golpe de 1964. Em seu livro "O ato e o fato", o jornalista reúne as crônicas publicadas no *Correio da Manhã*. No artigo "Revolução dos caranguejos", escreve: "Sem medo, e com coerência, continuo afirmando: isso não é uma revolução. É uma quartelada continuada, sem nenhum pudor, sem sequer os disfarces legalistas que outrora mascaravam os pronunciamentos militares. É o tacão. É a espora. A força bruta, o coice. Que os caranguejos continuem andando para trás. Nós andaremos para frente, apesar dos descaminhos e das ameaças" (CONY, 1964, p. 19).

Esse processo se acentuou com o recrudescimento da censura após a edição do AI-5, em dezembro de 1968. Em períodos democráticos, os debates políticos sempre foram um dos principais elementos de identificação dos órgãos noticiosos com os seus públicos. As controvérsias suscitadas nos anos 1950 por Samuel Wainer, pela *Última Hora*, e Carlos Lacerda, pela *Tribuna da Imprensa*, demonstram o grau de influência dos jornais em decisões políticas. Porém, durante a ditadura, em razão de uma série de arbitrariedades, incluindo perseguições a jornalistas, invasões de redação, apreensão de exemplares, prisões e torturas, a "imprensa deixou de representar, política e ideologicamente, o conjunto dos seus leitores" (HONS, 1982, p. 82).

Como reivindicar o papel de fiscalizador do poder público se o trabalho jornalístico passa a ser mediado por mecanismos de repressão? O protagonismo assumido pelos produtores de notícias como intermediários entre o acontecimento político e o público torna-se incompatível com a realidade do pós-1968, a exemplo do que ocorrera durante a vigência do DIP no governo Vargas. Como consequência do sistema autoritário, a perda do matiz político e ideológico rompe com o discurso denunciador da imprensa, auto-imagem que vinha sendo construída desde o início do século XX, à exceção do período do Estado Novo, como modo de legitimação da sua atuação na sociedade.

Algumas estratégias isoladas de jornais e revistas buscaram chamar a atenção para a falta de debate político numa tentativa de estabelecer pontos de aproximação com seus leitores. O *Estado de S. Paulo* passou a publicar poemas de Luiz de Camões em substituição ao material vetado pela censura. O mesmo ocorreu com as receitas culinárias do *Jornal da Tarde*. Poderíamos citar ainda as opções pelas tarjas negras (*Tribuna de Imprensa*) e as ilustrações com figuras demoníacas (*Veja*).

No dia seguinte ao AI-5, o *Jornal do Brasil* também publicou uma edição que se tornaria um emblema da resistência da imprensa diante do regime militar: na primeira página, anuncia no canto superior direito "Ontem foi o dia dos cegos", numa alusão aos tempos difíceis em que entrava o país; no canto superior esquerdo, o famoso quadro sobre a previsão do tempo, denunciando metaforicamente as turbulências políticas.[21] Os censores começaram a fazer os cortes na redação, mas o jornal foi refeito na oficina para, nas palavras de Dines, "pelo menos naquela edição marcar posição contra a censura, porque eu previa que a coisa ia ser muito prolongada" (DINES, apud MARCONI, 1980, p. 183).

Por força do contexto político, a polêmica e a opinião ficavam restritas a algumas estratégias isoladas de jornais e revistas e tais códigos nem sempre eram compartilhados pelos leitores. Na mesma edição, o *Jornal do Brasil* foi impedido de fomentar a discussão política sobre as consequências do AI-5 no noticiário e nas páginas de opinião. Uma grande foto vertical ocupou o espaço do editorial na página 6, reservada normalmente para a opinião do jornal e de colaboradores. Na imagem, um campeão mundial de judô era derrubado por seu filho, uma alternativa do diário para traduzir, em metáforas, o golpe à democracia e às liberdades individuais representado pela medida de exceção.

A seguir, reproduzimos as laudas originais encaminhadas para o revisor de dois editoriais – "A aparição" e outro sem título – e do artigo "O desaparecido" redigidos na noite de 13/12/1968, mas vetados pela censura. Além do registro histórico, os textos

---

21 O quadro meteorológico informava: "Nuvens negras ameaçam o país. Temperatura sufocante. O ar está irrespirável. O país está sendo varrido por fortes ventos. Máxima: 38º em Brasília. Mínima: 3º nas Laranjeiras" (*Jornal do Brasil*, 14/12/1968).

contribuem para o debate sobre o "déficit" de autoridade interpretativa do jornalista brasileiro durante a ditadura.[22]

Editorial "A aparição", do Jornal do Brasil, *redigido após o anúncio do AI-5 para ser publicado em 14/12/1968, mas vetado pela censura (Fonte: acervo pessoal do jornalista Carlos Lemos)*

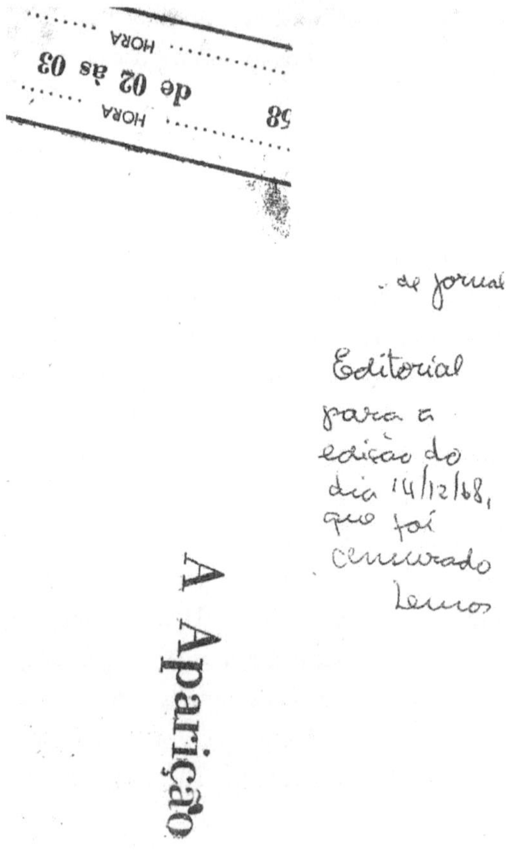
HORA
de 02 às 03
HORA

de jornal

Editorial para a edição do dia 14/12/68, que foi censurado
Lemos

A Aparição

22 A ordem dos textos foi preservada. Pela numeração, supõe-se que esta seria a sequência na qual deveriam ser diagramados.

REVISOR .... HORA ....
13-12-1968 de 01 às 02
EMENDADOR .... HORA ....

106/7

A noite tenebrosa desceu sôbre o Brasil. A vitaliciedade e a inamovibilidade dos juízes foram expurgadas, a autonomia dos Estados da Federação desapareceu, o instituto do *habeas-corpus*, nosso vínculo com a civilização jurídica, acabou de um golpe, que autoriza o Govêrno, a seu talante, decretar o estado de sítio e prorrogá-lo sem prestar contas a ninguém.

No entanto, o país inteiro sabe que nenhuma ameaça, vinda do exterior, pode ser invocada. Não há desordem nos campos nem nas cidades, cujas ruas apresentam o movimento de véspera de Natal, época de bons augúrios e presentes. O movimento comercial de fim de ano responde pela normalidade econômica. Todos os indícios de normalidade não pesaram nada na hora de uma desforra política, gerada pelo ressentimento da derrota que foi fruto exclusivo da imperícia política dos responsáveis.

Se alguém ou alguma coisa trabalhava contra a consecução do ideal revolucionário de 64, é inútil buscar fora dêste Govêrno os responsáveis, que estão do lado de dentro. A perda da continuidade, a falta de rumo, o despreparo, a ausência de convicção, o desamor pelo compromisso democrático, frustraram os resultados que já se prenunciavam. Quem devia bater no peito, em confissão de culpa, lança-se em agressão contra oitenta milhões, usurpados em seus direitos e liberdades devolvidos pela Constituição de 67.

O documento de arbítrio retardatário tem as assinaturas dos que não se pejaram de vincularse à responsabilidade sinistra. São os que falharam no prosseguimento das responsabilidades de 64 os signatários do papel negro, cujo destino é a condenação universal fulminante, com a execração de um povo que já provou sua aptidão para a democracia e o desenvolvimento.

A todos êles o povo, com procuração da História, cobrará responsabilidades, tão logo o direito se restaure e a lei se sobreponha ao arbítrio que já traz ao nascer os germes da morte.

Editorial do Jornal do Brasil *sobre o AI-5, que não chegou a ser publicado por força da censura (Fonte: acervo pessoal do jornalista Carlos Lemos)*

REVISOR .... HORA ....

13-12-1968 **de 02 às 03**

EMENDADOR .... HORA ....

Uma nação inteiramente aturdida recebeu ontem à noite a comunicação de que deixaram de vigir todos os direitos individuais, substituídos pelo império do arbítrio. De agora em diante, subverte-se um princípio jurídico universal, que é a presunção de que todos são inocentes até prova em contrário.

Desde ontem, no reinado das trevas, a presunção é outra: somos todos prèviamente culpados e nos cabe como castigo provar inocência, porque entrou em vigor, antes mesmo da publicação, um nôvo Ato Institucional, com margem ilimitada de arbítrio político. Solenemente precedido de uma dissertação oral do Ministro da Justiça, o instrumento discricionário é uma contundente agressão às franquias democráticas e aos direitos individuais, que a própria Constituição autoritária, feita na medida das necessidades de defesa e preservação da idéia revolucionária de 64, havia consagrado.

O Ato Institucional declara em vão que é mantida a Constituição por êle derrogada em tudo que representava possibilidade de restauração democrática. É igualmente inócua, meramente decorativa, a ressalva do preâmbulo que o Govêrno editava o documento de arbítrio, além do aspecto interno mal explicado, para preservar o nome internacional do Brasil. É o efeito oposto que conseguirá atingir, pois o mundo tomará ciência de que o Brasil passa a equiparar-se, em matéria de violência antidemocrático, ao refinamento soviético e à brutalidade fascista.

Com êle, entrou em recesso o Congresso, suspendeu-se a vigência da Constituição, os direitos individuais e as liberdades democráticas são varridas da superfície, como lixo. O mundo entenderá o que se passou ontem no Brasil como uma aberração, pois já havia tomado nota de que se cumprira uma etapa de arbítrio, da qual restara uma Constituição. A Revolução de 64 estava consolidada numa Constituição. Editar um ato de arbítrio é retroagir às trevas jurídicas.

Artigo "O desaparecido", do Jornal do Brasil, *redigido após o anúncio do AI-5 para ser publicado em 14/12/1968, mas vetado pela censura(Fonte: acervo pessoal do jornalista Carlos Lemos)*

Editorial censurado - para a edição de 14/12
Lemos

O Desaparecido

REVISOR .... HORA ......
13-12-1968 de 02 às 03
EMENDADOR .... HORA ......

REVISOR .... HORA ....
13-12-1968 de 02 às 03
EMENDADOR .... HORA ....

VALTER SILVA — Med 22,6 — c|d — AN —

No curso das últimas 72 horas o Brasil está vivendo aquela estranha experiência noturna de um pesadelo que se repete. Da primeira vez que ocorre, o pesadelo tem ligação direta com uma situação real. Depois adquire vida própria. Volta, cíclico, repetindo por nada o mesmo terro e a mesma angústia.

Estamos, por outras palavras, revivendo, ninguém atina por que, os últimos dias de março de 1964. Naquela ocasião o país viveu horas realmente duras. Em tôda a história da República, aquêle foi o instante da maior incerteza. Um Govêrno mole no centro mas eriçado na periferia dessa ambição terrível que é a ambição dos irresponsáveis, dos que desejam o poder para exercê-lo como o privilégio de punir e oprimir, ameaçava a Nação de levá-la não se sabe a que despenhadeiro. Para isto, o Govêrno, que agia em vários terrenos como um possesso, sem dar maior impressão de rumo e destino, uma coisa fêz com habilidade: tratou de solapar as classes armadas, agindo de baixo para cima. O famoso Dispositivo Militar que o Sr. Goulart teria armado pràticamente não existia, como se comprovou ao soar a hora da sua inevitável deposição. Mas a fermentação das bases das trsê armas, esta estava em marcha. Dado mais algum tempo ao tempo a agitação nos escalões inferiores do Exército, da Marinha e da Aeronáutica iria ensejar, através da indisciplina das bases, a transformação do Brasil numa estrada plana para a fundação da República Sindicalista. Por trás dêsse nome pomposo, com sabor de revolta social, o que se ocultava era a República dos Pelegos, dos que financiavam as greves ordenadas pelo Govêrno, enchendo os bolsos pessoais no curso do transporte dos fundos, entre o Ministério do Trabalho ou o Banco do Brasil e os sindicatos dos grevistas.

REVISOR .... HORA ....
13-12-1968 de 02 às 03
EMENDADOR .... HORA ....

VALTER SILVA — Med 22,6 — c|d — AN —

Ao depor o Sr. João Goulart, o movimento de 1964 não nos livrou de um perigo bem delineado. Livrou-nos do caldeirão de todos os perigos. A alegria que ganhou o povo dia 31 de março de 1964 não foi monopólio de classe nenhuma. No momento em que ocorreu — e sobretudo antes do primeiro Ato Institucional — o movimento libertador teve o máximo de anuência que se pode desejar num país de vocação democrática como o Brasil. O movimento de 1964 depunha um Govêrno que intranquilizava a todos e que dissolvia, na moeda aviltada dia a dia, as energias nacionais, como um alquimista maluco que transformasse ouro em água de barrela.

Estamos agora diante de um nôvo movimento, diante de um nôvo Ato Institucional. Só que o povo assiste a tudo bestificado. Em lugar de revolta diante de um Govêrno que o empurrava ladeira abaixo, sem saber para que abismo, o povo apenas contemplava um Govêrno morno mas respeitador da ordem. A crise de agora foi feita em casa, nos palácios do Executivo e dos Ministros. O pretexto foi um discurso de três minutos pronunciado no pinga-fogo da Câmara dos Deputados, serviu para que se deitasse fogo ao país. E não o fogo de algum incêndio destinado a depurar alguma coisa: um fogo de fósforo aplicado a um montão de palha cuidadosamente posta a secar, ao sol da confiança popular.

O povo não queria ver a Câmara aviltada, o povo não reconhece a ninguém o direito de inventar uma tempestade em dia de bom tempo, o povo não sabe o que lhe faz o Govêrno. Porque essa é uma estranha revolução do Govêrno contra si mesmo, uma espécie de autoflagelação que não interessa a ninguém. O Sr. João Goulart agiu, em março de 1964, como um demente expansivo, a gritar nas praças públicas. O Govêrno atual age de dentro da sua própria loucura, incomunicativo, austero e apagado. O outro foi deposto pelo povo. Êste depõe-se a si mesmo diante do povo, assina seu óbito de Govêrno democrático.

Em menos de quinze anos êste país desventurado viu esboroar-se o poder de três maneiras: pelo suicídio, pela renúncia, pela deposição. Faltava êsse espetáculo do suicídio branco, da renúncia em que ninguém abandona o poder, da deposição em que não se apeia ninguém. Fechado em si mesmo, talvez o Govêrno se esteja sentindo mais forte. Do ponto-de-vista do povo, da Nação, é um Govêrno que, por mágica de sua própria invenção, desapareceu.

4. Temas e subtemas

Para construir um corpus o mais representativo possível dos objetivos da pesquisa, optamos inicialmente por delimitar nossa análise aos temas (unidades temáticas) e subtemas apresentados pelos trabalhos vencedores do programa da Esso. Em razão da abrangência das premiações e do grande número de categorias criadas na história do programa patrocinado pela multinacional do petróleo, foi feita a análise apenas das matérias vencedoras na categoria principal – o Prêmio Esso de Jornalismo.[1]

O estudo se concentrou, portanto, na análise de 15 trabalhos jornalísticos vencedores entre 1964 e 1978. Esse recorte não restringe o exame de matérias premiadas em outras categorias, tendo em vista as particularidades em algumas edições do concurso. A título de ilustração, podemos citar que em 1966 a comissão julgadora não concedeu o prêmio na categoria principal.

1 Além do prêmio principal ou Esso de Jornalismo, os jornalistas concorriam nas categorias Reportagem, Regional e Fotografia. Com a especialização das editorias nos anos 1960, surgiram os prêmios de Reportagem Esportiva, Informação Econômica e Informação científica. Houve também o lançamento dos prêmios de Equipe e de Melhor Contribuição à Imprensa. Somando todas as categorias, incluindo as distinções especiais, o concurso distribuiu 197 prêmios entre 1964 e 1978 – uma média de 13 categorias por edição.

Unidades temáticas

As reportagens vencedoras do Prêmio Esso de Jornalismo no recorte definido para este trabalho foram divididas em quatro unidades temáticas. Todas os trabalhos jornalísticos se enquadram nessa distribuição mais ampla que adotamos como critério metodológico. As unidades temáticas englobam: questões sociais, política nacional, política internacional e esportes. Após a leitura, análise e classificação de cada matéria, essas unidades foram subdivididas em subtemas para atingir um nível de detalhamento maior.

A divisão em grandes temas e subtemas específicos permite ao pesquisador identificar como o mais importante prêmio da imprensa "lia" o Brasil, qual era a lógica da comissão julgadora e as relações entre o campo jornalístico e o Estado autoritário brasileiro. Quais os temas que, neste momento marcado pela supressão das liberdades individuais e de forte repressão política, foram privilegiados em detrimento de outros?

A tabela 1 apresenta o total de matérias classificadas pelas unidades temáticas e suas respectivas quantificações percentuais em relação ao total analisado entre 1964-1978:

Tabela 1

UNIDADE TEMÁTICA	NÚMERO DE MATÉRIAS	%
Política nacional	3	20
Questões sociais	8	53,33
Política internacional	2	13,33
Esportes	2	13,33
Total	15	100

Fonte: Prêmio Esso (1964 a 1978)

A tabela 1 demonstra que as matérias de cunho social mantiveram uma predominância dentro do concurso neste período. Do total de 15 trabalhos premiados, mais da metade (53,33%) está na unidade "Questões sociais". Reportagens políticas representaram 20% do total, e assuntos de política internacional e esportes apareceram com menor destaque. A baixa representatividade de matérias políticas consagradas no programa da Esso reflete a conjuntura política que vivia o país sob o regime ditatorial. Interessante observar ainda a ausência de trabalhos jornalísticos sobre economia, apesar de o tema ter se inserido na agenda pública à época do "milagre econômico" brasileiro nos anos 1970.

Subtemas

A próxima etapa da pesquisa consiste em dividir essas unidades temáticas mais amplas em subtemas que correspondem aos assuntos tratados pelas reportagens vencedoras. A tabela 2 mostra um resumo dos trabalhos jornalísticos, órgãos de imprensa e profissionais vencedores no período. Em seguida, serão apresentados os subtemas recorrentes em cada uma das unidades temáticas. A análise qualitativa das matérias premiadas poderá ser observada mais detalhadamente no próximo capítulo.

Tabela 2

ANO	JORNAIS	MATÈRIAS	REPÓRTER	UNIDADE TEMÁTICA
1964	*Jornal do Brasil*	"Cem dias na Amazônia de ninguém"	Walter Firmo	Questões sociais
1965	*Fatos e Fotos*	"Os filhos proibidos"	José Itamar de Freitas	Questões sociais

1966	*Realidade*	"Brasileiros, go home"	Luiz Fernando Mercadante	Política internacional
1967	*Jornal do Brasil*	"O futebol brasileiro: o longo caminho da fome à fama"	João Máximo	Esporte
1968	*O Estado de São Paulo*	"Juiz, ladrão e herói"	Vital Batta-glia e Hedyl Valle Jr.	Esporte
1969	Última Hora (RJ)	"Psicanálise: remédio ou vício"	Luís Edgar de Andrade	Questões sociais
1970	*O Globo*	"113 dias de angústia – impedimento e morte de um presidente"	Carlos Chagas	Política nacional
1971	*Jornal da Tarde*	"Receita para São Paulo"	José Maria Mayrink e Ricardo Gon-tijo	Questões sociais
1972	*Realidade*	"Edição especial sobre a Amazônia"	Equipe	Questões sociais
1973	*O Estado de São Paulo*	"Expedição de contactação dos índios Kranhacarore"	José Marqueiz	Questões sociais
1974	*Jornal do Brasil*	"Volta ao ponto de partida"	Humberto Borges	Política internacional
1975	*Jornal do Brasil*	"As drogas"	Juarez Bahia	Questões sociais
1976	*O Estado de S. Paulo*	"Assim vivem os nossos superfuncionários"	Equipe	Política nacional

1977	*Veja*	"O assassinato de Cláudia Lessin"	Valério Meinel e Amicucci Gallo	Questões sociais
1978	*Folha de S. Paulo*	"Exclusivo: fala Figueiredo"	Getúlio Bittencourt e Haroldo C. Lima	Política nacional

Fonte: Prêmio Esso (1964-1978)

Em 1966, embora não tenha sido concedido prêmio na categoria principal, consideramos para análise a matéria vencedora na categoria Reportagem, a segunda mais importante na hierarquia do concurso. Naquele ano, os julgadores concederam o Prêmio Esso de Reportagem ao trabalho "Brasileiros, go home", de autoria de Luiz Fernando Mercadante, da revista *Realidade*.

Política nacional

Tabela 3

SUBTEMAS	NÚMERO DE MATÉRIAS	%
Perfil de presidentes	2	66,66
Privilégios	1	33,33
Total	3	100

Fonte: Prêmio Esso (1964-1978).

Da instauração do regime militar (1964) até o início do processo de abertura política (1978), passando pelo momento de fortalecimento dos órgãos de repressão política e maior rigor da censura com a edição do AI-5 (1968), constata-se que apenas três reportagens identificadas mais diretamente com a temática política foram contempladas na categoria principal em 15 edições do prêmio: "113 dias de angústia – impedimento e morte de um presidente", do jornal *O Globo*, premiada em 1970; "Assim vivem os nossos superfuncionários", de *O Estado de S. Paulo*, em 1976; e "Exclusivo: fala Figueiredo", publicada pela *Folha de S. Paulo* e vencedora do prêmio em 1978.

A baixa representatividade de reportagens políticas no resultado da premiação diz respeito a uma problemática temporal (censura) que teve impacto no campo jornalístico de uma forma geral, como vimos no capítulo anterior sobre as implicações do afastamento do debate político no noticiário num contexto marcado pelo controle rigoroso do Estado sobre os meios de comunicação.

Questões sociais

Tabela 4

SUBTEMAS	NÚMERO DE MATÉRIAS	%
Condições de vida e de trabalho	3	37,5
Comportamento (saúde)	2	25
Questão das drogas	2	25
Questão indígena	1	12,5
Total	8	100

Fonte: Prêmio Esso (1964-1978).

Pode-se observar, no quadro acima, que a unidade temática "Questões sociais" tem um predomínio em relação aos demais assuntos no período 1964-1978. Divide-se em quatro subtemas principais: condições de vida e de trabalho, comportamento (saúde), questão das drogas e questão indígena.

A maior parte das reportagens refere-se a condições de vida e de trabalho. Três matérias foram consagradas com este enfoque: "Cem dias na Amazônia de ninguém", do *Jornal do Brasil*, premiada em 1964; "Receita para São Paulo", do *Jornal da Tarde*, em

1971; e "Edição especial sobre a Amazônia", publicada pela revista *Realidade* e vencedora do prêmio em 1972.

Outros dois trabalhos jornalísticos abordam mudanças de comportamento na sociedade nos anos 1960: "Os filhos proibidos", matéria da revista *Fatos e Fotos* sobre o uso de anticoncepcionais, ganhadora em 1965, e "Psicanálise: remédio ou vício", da Última Hora (RJ), que conquistou o prêmio em 1969.

Em duas edições, o tradicional concurso também elegeu reportagens que tratavam de um problema que ganhava força na sociedade nos anos 1970: o universo das drogas e suas implicações. Em 1975 e 1977, os jurados reconheceram como trabalhos vencedores, respectivamente, as matérias "As drogas", do *Jornal do Brasil*, e "O assassinato de Cláudia Lessin", da revista *Veja*.

Já a questão indígena foi contemplada em 1973. Publicada pelo *O Estado de S. Paulo*, a matéria "Expedição de contactação dos índios Kranhacarore" foi a única abordando a temática indígena a sair vencedora em toda a história do prêmio.

Política internacional

Tabela 5

SUBTEMAS	NÚMERO DE MATÉRIAS	%
República Dominicana	1	50
Cuba	1	50
Total	2	100

Fonte: Prêmio Esso (1964-1978).

Realidade foi o primeiro veículo a receber o Prêmio Esso de Reportagem, concedido em 1966. Naquele ano, não houve matéria selecionada na categoria principal.[2] A revista recebeu o prêmio

2 As razões que justificaram tal excepcionalidade serão examinadas no capítulo 5 com a análise das matérias premiadas.

pela matéria "Brasileiros, go home", que tratava da participação dos militares brasileiros na Força Interamericana de Paz (FIP) na República Dominicana, que atravessava uma guerra civil em 1965. Outro trabalho jornalístico consagrado na temática sobre o contexto internacional foi "Volta ao ponto de partida", do *Jornal do Brasil*, vencedor em 1974. A reportagem procurou mostrar as peculiaridades e o cenário político, econômico e social em Cuba, adversário no plano ideológico do governo militar brasileiro, alinhado que estava com a política internacional dos Estados Unidos.

Esportes

Tabela 6

SUBTEMAS	NÚMERO DE MATÉRIAS	%
Futebol	2	100
Total	2	100

Fonte: Prêmio Esso (1964-1978)

Em razão do controle do Estado sobre os órgãos informativos, a imprensa passou a preencher suas páginas com matérias sobre assuntos sem vinculação diretamente política. Às vésperas da edição do Ato Institucional nº 5, duas reportagens sobre futebol foram premiadas no concurso: "Futebol brasileiro: o longo caminho da fome à fama", do *Jornal do Brasil*, vencedora em 1967, e "Juiz, ladrão e herói", publicada pelo *O Estado de S. Paulo*, que conquistou a premiação na categoria principal em 1968.

Múltiplas identidades

A perda de autonomia interpretativa no plano político durante a ditadura militar (1964-1978) deve ser vista menos como quadro geral e mais como outro ângulo de reflexão sobre este amplo campo de possibilidades identitárias no campo jornalístico. Algumas representações sobre a profissão não estão incluídas, enquanto outras se interpenetram dentro de um processo permanente de interação. Conforme nos lembra Enne (2004), refletindo sobre a relação entre memória, identidade e imprensa, as identidades são "por vezes convergentes, em outras divergentes, mas sempre fluidas e movendo-se a partir de fronteiras interativas" (2004, p. 8). Resultam de conflitos, negociações e condições históricas e institucionais específicas.

Matérias premiadas na categoria principal se ocupavam de temas variados, sem vinculação diretamente política. Além do esporte, os trabalhos vencedores concentravam o enfoque em assuntos de infraestrutura urbana ("Receita para São Paulo", do *Jornal da Tarde*, em 1971), comportamento ("Os filhos proibidos", de *Fatos e Fotos*, em 1965, e "Psicanálise – remédio ou vício?", da Última Hora, em 1969), cotidiano das drogas e meio ambiente, com reportagens sobre a região amazônica e a situação indígena. Luiz Orlando Carneiro, membro da comissão julgadora em três edições (1971, 1974 e 1975), explica, em depoimento na edição comemorativa dos 25 anos do Prêmio Esso (LUZ e BORGES, 1980), que era "inevitável que as matérias mais importantes dos grandes jornais tratassem de aprofundar questões relevantes, mas aparentemente não censuráveis, como a qualidade de vida nos centros urbanos ou a problemática da preservação dos ecossistemas" (CARNEIRO, apud LUZ e BORGES, 1980, p. 101).

No cenário em que a atuação da imprensa esteve mediada pelo controle do Estado, outros padrões de ação foram colocados em prática para legitimação da atuação desses profissionais. Nesse sentido, quais foram as representações em torno das quais os jornalistas negociaram sentidos sobre sua profissão para compensar a perda do seu poder interpretativo no plano político?

Importa considerar a evolução dos modos de vida na sociedade brasileira nas décadas de 60 e 70 e o interesse dos leitores por temas específicos. Em sua pesquisa acadêmica sobre a revista *Realidade*, Moraes (2007) divulga um estudo arquivado no Departamento de Documentação da Editora Abril sobre a preferência dos leitores entre 11 assuntos oferecidos pela publicação, antes do seu lançamento, em janeiro de 1966. Intitulado "Pesquisa Editorial sobre a revista *Realidade*" pelo Instituto de Estudos Sociais e Econômicos (Inese) de São Paulo, o trabalho revelou que o assunto "Política nacional" foi considerado pelos entrevistados de natureza "pouco interessante". Afirma a autora que "independentemente do sexo, idade ou classe social, temas ligados à ciência e progresso, grandes problemas brasileiros, e sexo e educação social estão sempre entre os assuntos de maior interesse para os leitores" (MORAES, 2007, p. 122). A partir dos dados do Inese, Moraes conclui que a temática de esportes é considerada "muito interessante" por 50% dos homens e "quanto mais velho o leitor, maior o interesse por assuntos de religião" (2007, p. 122).

Outra pesquisa utilizada por Skidmore (1988) em seu extenso trabalho sobre a ditadura brasileira também mostra um distanciamento da população em relação ao momento político que atravessava o país. No entanto, ressalta-se neste caso que a consulta de opinião foi realizada em 1972-1973, período de violenta repressão pelas forças policiais e militares. O resultado do estudo mostrou que "para os pobres, a política cede a vez à pobreza e, para os ricos, ao crescimento industrial e às amenidades que o acompanham" (MCDONOUGH, apud SKIDMORE, 1988, p. 309). A pesquisa destaca ainda que em nenhum momento, a despeito de uma divisão por classe social, "a participação política sai do último lugar na escala de prioridades da massa" (1988, p. 309).

No início dos anos 1970, o país vivia um momento de euforia econômica, com um crescimento em torno de 10% ao ano, o que contribuía para tirar o foco da população dos principais acontecimentos políticos da época. Com a alta do poder aquisitivo do brasileiro e aumento da produção de bens duráveis, setores médios da sociedade – como os profissionais liberais – entraram definitivamente na sociedade de consumo, pois os salários lhes permitiam agora comprar carros, imóveis e novos eletrodomésticos.[3] A inflação oscilava em torno de 17% ao ano, e as reservas do país subiram de US$ 656 milhões em 1969 para US$ 6,417 bilhões em 1973 (SKIDMORE, 1988, p. 276). Assim, pode-se afirmar que, enquanto a ditadura afastava de um lado qualquer possibilidade de oposição através de uma legislação autoritária e da forte repressão política, de outro encantava a classe média proporcionando-lhe progresso material e qualidade de vida.

Em seu livro *A verdadeira paz* (1971), Médici procurava reforçar o discurso do desenvolvimento econômico enfraquecendo as denúncias de violência e repressão política. Sua análise sobre o contexto indica essa intenção. Ele reforça a ideia de que os fins justificam os meios. Nessa perspectiva, medidas repressivas e autoritárias eram necessárias para impulsionar o novo momento econômico que vivia o país nos anos 1970:

> Vejo e sinto a Revolução fazendo este país nascer de novo. Se sacrifícios e sofrimentos houve nestes seis anos, serviram à arrumação da casa, à reorganização da vida nacional, e os resultados aí estão ao alcance de nossa mão. Basta recordar que, mesmo reduzindo de quatro vezes o ritmo de crescimento da inflação; em seis anos só, dobramos nossa produção do petróleo, nossa rede de estradas pavimentadas, nossa capacidade de energia elétrica instalada; triplicamos o número de nossos universitários e multiplicamos

3 A produção de automóveis saltou de 279 mil unidades em 1968 para 858 mil em 1975. O brasileiro também passou a ter a vantagem de utilizar o Fundo de Garantia por Tempo de Serviço (FGTS) para a compra da casa própria. Mas o sistema não era o mesmo para todos. A classe média utilizava o Siste-

> de muitas vezes a extensão de nosso sistema de telecomunicações (MÉDICI, apud FAGUNDES, 1974, p. 302).

No campo da educação, registra-se nesse período maior volume dos recursos para as universidades, representando aumento do número de vagas e contratação de novos professores. Como informa Skidmore, "visto em conjunto o governo estava se saindo bem – em seus termos" (1988, p. 216). A repressão funcionava. A economia e a propaganda governamental também. Delfim Neto como ministro da Fazenda era o homem forte da política econômica do regime militar. Sua permanência no poder era a melhor tradução da aliança militar-tecnocrática que possibilitou ao governo Médici um ciclo ascendente de desenvolvimento econômico, que ficou conhecido como "milagre brasileiro". Grandes investimentos foram aplicados, por exemplo, nas empresas estatais, nos setores de petróleo, aço, energia e comunicação, dentre outros. Do mesmo modo, o governo lança megaprojetos na área de infraestrutura, como a Ponte Rio – Niterói, a Hidrelétrica de Itaipu e a rodovia Transamazônica.[4]

Esse contexto ajuda a explicar a valorização de outras temáticas no noticiário, pois, como afirma Hons, "a imagem do mundo dada pelo jornal diário tem de encontrar correspondências no vivido dos seus leitores" (1982, p. 87). A divisão das editorias no noticiário sofre reformulações: matérias políticas passam a ocupar menos espaço e são deslocadas para páginas consideradas menos nobres dos jornais. Devido a essa reorientação editorial, repórte-

---

ma Financeiro de Habitação, enquanto as cooperativas habitacionais (Cohabs) eram a alternativa para a população de baixa renda (ABREU, 2000, p. 88).

4 A participação do empresariado brasileiro, suas formas de organização e as relações dos empreiteiros com o Estado ditatorial na formulação de políticas públicas para o setor estão detalhadas em CAMPOS, Pedro Henrique Pedro Henrique Pedreira. *Estranhas catedrais: as empreiteiras brasileiras e a ditadura civil-militar, 1964-1988*. Niterói: Editora da UFF, 2014.

res dessa seção começam a cobrir assuntos da cidade. O período marca ainda o fortalecimento do jornalismo econômico, embalado pelo discurso de prosperidade do governo, embora esse tipo de reportagem não tenha sido contemplado com o Esso nacional entre 1964-1978, apenas em categorias secundárias do concurso.

Também é interessante observar que algumas matérias premiadas, apesar de não terem sido enquadradas na unidade temática "Política nacional", apresentavam algumas questões sensíveis para os militares. É o caso da série "Cem dias na Amazônia de ninguém", do *Jornal do Brasil*, premiada em 1964, e da edição especial sobre a Amazônia, da revista *Realidade*, que conquistou o prêmio em 1972. No primeiro exemplo, o repórter fotográfico Walter Firmo não adotou um discurso denunciador, mas procurou apresentar alguns problemas que faziam parte do dia-a-dia dos habitantes da região, como a fome, a malária, a falta de assistência médica, o desemprego e o analfabetismo. Do mesmo modo, a equipe de *Realidade* tratou das condições de vida dos ribeirinhos, incluindo a questão da degradação do meio ambiente, as doenças típicas do subdesenvolvimento, a falta de vigilância nas fronteiras, a ocupação desordenada do solo e a exploração ilegal das riquezas minerais. Podemos citar também a reportagem "Expedição de contactação dos índios kranhacarore", de *O Estado de S. Paulo*. A série escrita por José Marqueiz, vencedora do concurso em 1973, apresentou críticas à política indigenista brasileira e ao processo de esvaziamento da Fundação Nacional do Índio (Funai), órgão do Governo. O detalhamento de todas as matérias premiadas será apresentado no próximo capítulo.

Outro exemplo é "Futebol brasileiro: o longo caminho da fome à fama", produzida pelo jornalista João Máximo, do *Jornal do Brasil*. O trabalho de Máximo, consagrado no Prêmio Esso de 1967, apontou as dificuldades de jovens jogadores pobres que, acometidos por doenças provocadas pela desnutrição, eram obrigados a interromper a carreira no futebol.

Nessa perspectiva, algumas reportagens premiadas na área social e esportiva, sem utilizarem um discurso denunciador ou fiscalizador do poder público, expressavam determinados aspectos da realidade brasileira, mas em outras instâncias não nitidamente políticas. Através de temáticas aparentemente não censuráveis, os jornalistas encontravam espaço para discutir o país.

O sentido dado a temáticas sociais não deve ser interpretado, contudo, como um ato propriamente político ou de resistência por parte dos produtores de notícias. Eram muitas vezes trabalhos pontuais movidos por outras questões que estavam na agenda jornalística de acordo com o momento histórico vivido. As reportagens sobre a Amazônia, de *Realidade*, por exemplo, não partiram de uma escolha premeditada da revista pela possibilidade que o assunto oferecia para veiculação de denúncias de contestação ao regime. A ocupação da Amazônia, no início dos anos 1970, era considerada um dos projetos prioritários do governo Médici, pois, sob a ótica dos militares, ajudaria a combater o excesso de população no Nordeste e assegurar a soberania nacional. Uma série de projetos de infraestrutura anunciados para a região justificava, dentro dos critérios de noticiabilidade compartilhados por jornais e revistas, a realização de matérias sobre o tema.

Para os estudos de identidade, o processo de distensão iniciado pelo governo do general Ernesto Geisel, a partir de meados dos anos 1970, é um exemplo que demonstra a impossibilidade de olhar para os jornalistas como um bloco uniforme, homogêneo. Se havia um esvaziamento do debate político na imprensa, sobretudo nos anos subsequentes ao AI-5, um novo cenário parece se apresentar no contexto de abertura do diálogo político na sociedade: a retomada de um processo de autoconstrução dos produtores de notícias como descortinadores de assuntos até então silenciados e apartados do grande público.

Neste período, o modelo econômico já mostrava sinais de esgotamento. O primeiro choque do petróleo, em 1973, quadruplicou o preço do barril, que passou de US$ 3 para US$ 12 em apenas três meses. O país importava 80% do produto. Além disso, os recursos usados para financiar os grandes projetos teriam como contrapartida um elevado custo social e o aumento do endividamento externo anos mais tarde. No começo de 1974, a dívida externa chegava a US$ 12,6 bilhões, ou seja, 90% superior à registrada em 1971 (SKIDMORE, 1988, p. 282).

No campo político, o movimento de liberalização política controlada foi marcado por tensões e enfrentamentos. Geisel e seu estrategista político, o general Golbery do Couto e Silva, chefe do Gabinete Civil da Presidência, desejavam promover a abertura política, mas em nenhum momento perder controle sobre ela. Temiam ser surpreendidos com a reorganização das esquerdas e grupos "subversivos" – duramente perseguidos pelos agentes da comunidade de informações durante o governo Médici – caso retirassem de uma só vez os instrumentos de repressão.

O avanço da oposição nas eleições parlamentares diretas, em novembro de 1974, com críticas ao modelo econômico baseado na estratégia de Delfim Neto de "primeiro deixar o bolo crescer para depois distribuir", impôs uma significativa derrota ao governo e provocou recuos no programa de abertura.[5] As ações de Geisel vão demonstrar um "descompasso entre promessas e realidade" (KUSHNIR, 2004, p. 204) da sua gestão. Enquanto dava demonstrações de abrir um canal de interlocução com a sociedade civil, permaneceu fazendo uso dos poderes conferidos pelo

5 O MDB (Movimento Democrático Brasileiro), partido da oposição, quase dobrou sua representação na Câmara dos Deputados, passando de 87 para

AI-5 para cassar parlamentares, fechar o Congresso e censurar os órgãos de comunicação.

Em 25 de outubro de 1975, o jornalista Vladimir Herzog foi encontrado morto nas dependências do Departamento de Operações Internas (DOI) do II Exército em São Paulo.[6] O desfecho do caso foi o momento culminante do conturbado ambiente político após a derrota naquelas eleições. Para o ministro da Justiça, Armando Falcão, os comunistas desempenharam papel decisivo na vitória da oposição nas urnas. Ao longo de 1975, as forças de segurança executam a ordem de Falcão e lançam uma ofensiva contra o Partido Comunista Brasileiro (PCB). Um dos alvos dessa ofensiva era Herzog, identificado como conspirador comunista pelo serviço de inteligência do II Exército. Ao ser informado que os órgãos de repressão estavam à sua procura, o jornalista compareceu espontaneamente ao DOI-Codi para depor sobre acusações de envolvimento com o PCB. No dia seguinte, o comando do II Exército informou que Herzog, então com 38 anos, teria se enforcado na cela, após ter assinado confissão declarando-se membro do partido comunista.

---

165 deputados federais. A Arena (Aliança Renovadora Nacional) ainda tinha maioria simples, mas o número de parlamentares do partido do governo caiu de 223 para 199. Na contagem dos votos, o MDB recebera 10,95 milhões de votos contra 11,87 milhões da Arena. Quatro anos antes, a Arena havia obtido uma larga vantagem de 6,1 milhões de votos. No Senado, o MDB obteve 14,6 milhões de votos contra 10 milhões do partido do governo. A oposição obteve 16 das 22 cadeiras em disputa – estava sendo renovado 1/3 das 66 cadeiras existentes – aumentando sua representação para 20 senadores. A representação da Arena caiu de 59 para 46 senadores (SKIDMORE, 1988, p. 337). Nas eleições para as assembleias legislativas, deputados da oposição também tiveram vitórias em estados importantes politicamente, como São Paulo, Rio de Janeiro, Rio Grande do Sul e Paraná.

6 Judeu iugoslavo que emigrara para o Brasil com sua família, Herzog formou-se na Universidade de São Paulo (USP) e seguiu carreira no jornalismo, trabalhando três anos no serviço brasileiro da *BBC* e assumindo postos de comando na *TV Cultura* de São Paulo.

A versão oficial de suicídio foi desmentida por testemunhas presas na mesma época.[7] O nome de Herzog consta na lista do Movimento Tortura Nunca Mais como vítima da ditadura militar no Brasil. Em dezembro de 2014, a Comissão Nacional da Verdade entregou relatório final à então presidente Dilma Rousseff, no qual consta o número de 434 mortos e desaparecidos durante a ditadura no Brasil. O documento, de 4,3 mil páginas distribuídas em três volumes, também aponta a participação de 377 agentes no aparato de repressão estatal.[8]

A morte do jornalista provocou imediata reação de entidades da sociedade civil, que organizaram grandes manifestações em São Paulo. A principal delas, o ato ecumênico celebrado pelo cardeal Dom Paulo Evaristo Arns, na Catedral da Sé, transformou-se num protesto contra as mortes e torturas praticadas pelo regime.

O episódio envolvendo Herzog foi um dos fatores determinantes para o novo modo de atuação dos jornalistas. É nessa conjuntura que a reportagem passa a ser mais investigativa e menos submissa às versões oficiais. Para alguns autores (ABREU, 2002; KUCINSKI, 1998), a morte do diretor da *TV Cultura* de São Paulo ajudou a diminuir a prática da autocensura, instrumento tácito tão importante para a legitimação do regime. Este incidente no contexto de liberalização reconfigura o papel da imprensa, que passa "a agir com mais desenvoltura em defesa da volta à demo-

7 Na foto oficial, a distância entre o chão e a janela que teria sido utilizada por Herzog para cometer o suicídio parecia menor que a altura do jornalista. O atestado de óbito confirmando o suicídio foi assinado por Harry Shibata, que depois admitiu, segundo a Anistia Internacional, não ter visto o corpo nem ter feito autópsia (SKIDMORE, 1988, p. 345).

8 O número de vítimas é bastante parecido com o total divulgado por Nilmário Miranda e Carlos Tibúrcio na 2ª edição do livro *Dos filhos deste solo*, publicada em 2008. Entre ativistas, dirigentes políticos e pessoas que não pertenciam a organizações de esquerda, o livro menciona 424 casos, incluindo mortes no exterior e suicídios.

cracia, da anistia e da liberdade de expressão" (ABREU, 2002, p. 25). Segundo Kucinski, "foi preciso o assassinato do jornalista pelo DOI-Codi de São Paulo para que o jornalismo complacente entrasse em crise generalizada dentro das redações" (KUCINSKI, 1998; apud KUSHNIR, 2004, p. 53).

Outro episódio semelhante ocorreu em janeiro de 1976: o preso político Manoel Fiel Filho, do Sindicato dos Metalúrgicos, que estava sob a responsabilidade do II Exército, foi encontrado morto nas mesmas circunstâncias de Herzog. Novamente os militares divulgaram a versão oficial de suicídio. Ainda sob o impacto da repercussão negativa da morte do diretor da TV CULTURA, Geisel destituiu sumariamente o general Ednardo D'ávila Melo do comando II Exército sem consultar o Alto Comando do Exército.

As mortes de Vladimir Herzog e Manoel Fiel Filho e as manifestações da sociedade receberam cobertura dos principais jornais do país. No entanto, a revista *Veja*, ainda controlada pela censura prévia, foi proibida de publicar as contradições contidas na versão de suicídio de Herzog. O então diretor de redação da revista, Mino Carta, expressou em editorial, em 05/11/1975, a frustração de produzir um noticiário "genérico" e limitado sobre o contexto político da época. Segundo o jornalista, "na impossibilidade de apresentar um quadro menos genérico, *Veja* declara o débito de uma contribuição mais explícita a essa serenidade e a essa fé, que confia poder saldar tão logo lhe seja possível". A censura prévia em *Veja* só foi retirada em junho de 1976.

Antes de deixar o comando, Geisel começa a desmontar alguns instrumentos da estrutura autoritária que lhe permitiram manter o controle da liberalização política. Em outubro de 1978, envia proposta de emenda constitucional ao Congresso, prevendo, dentre as mudanças mais importantes, a revogação do AI-5. Considerado um instrumento que legitimou o arbítrio, provocando o fechamento do regime militar em 1968, o ato institucional nº

5 vigorou durante dez anos. Foi extinto em 31/12/1978 e com ele uma série de medidas que restringiam liberdades e mantinham o Legislativo e o Judiciário sob controle do Planalto. Sem o AI-5, era restabelecido o direito ao *habeas corpus* e também estavam revogadas as pernas de morte e banimento.

No campo jornalístico, a Associação Interamericana de Imprensa aprova um relatório em que define a situação como de "liberdade consentida". Atos e decretos dispondo sobre a prática de censura continuavam em vigor. O governo retira a censura prévia, em 8 de junho de 1978, nos três últimos órgãos de divulgação (*Tribuna da Imprensa*, *Movimento* e *O São Paulo*) sobre os quais os censores ainda atuavam. O mesmo ocorre no rádio e na televisão. Contudo, a Lei de Segurança Nacional permaneceu em vigor, tipificando crimes de imprensa e atribuindo ao Ministério da Justiça, como observa Abreu, "competência para apreender e suspender impressos, caso estes implicassem crimes contra a segurança nacional" (2002, p. 27). A interferência da Lei de Segurança Nacional sobre a imprensa só terminaria com a aprovação da Lei nº 7.170 durante o governo do general João Batista Figueiredo.

Partindo do pressuposto que o impulso da investigação jornalística na grande imprensa esteve associado ao processo de descompressão política na segunda metade da década de 1970. os repórteres passam a valorizar como "missão" o ato de desvelar o oculto para o público e trazer para o jornal a informação ainda não revelada, sobretudo a partir da morte de Herzog e a retirada da censura nos principais jornais e revistas do país. O momento histórico parece favorecer assim construção de uma nova categoria de jornalista – o investigativo – que trazia para o campo outra característica: era capaz de configurar – e a ele era dada esta outorga – a própria notícia, não apenas "reproduzindo" o que via, mas assumindo a tarefa de outros para defender os interesses de toda a sociedade. A valorização de uma identidade "investigativa" no contexto de abertura do diálogo político tem forte carga simbólica para o campo jornalístico. Ao reivindicar para si o papel de investigador, o repórter reforça em última instância o seu papel social.

5. As matérias premiadas

O capítulo anterior apresentou um rápido panorama das matérias vencedoras entre 1964 e 1978, divididas em quatro grandes unidades temáticas: questões sociais, política nacional, política internacional e esportes. Não houve neste período a premiação de reportagens econômicas na categoria principal. Resgatemos o quadro que ilustra as quantificações e o peso das respectivas unidades no concurso jornalístico, da instauração da ditadura militar, passando pelo recrudescimento da censura e da repressão política, até o período de descompressão política do regime:

Tabela 7

UNIDADE TEMÁTICA	NÚMERO DE MATÉRIAS	%
Política nacional	3	20
Questões sociais	8	53,33
Política internacional	2	13,33
Esportes	2	13,33
Total	15	100

Fonte: Prêmio Esso (1964-1978)

Unidade temática: política nacional

No período 1964-1978, o Prêmio Esso prestou em três edições um reconhecimento a trabalhos relacionados mais diretamente com questões de política nacional. Foram premiadas nessa unidade temática as reportagens "113 dias de angústia – impedimento e morte de um presidente", do jornal *O Globo*, premiada em 1970; "Assim vivem os nossos superfuncionários", de *O Estado de S. Paulo*, em 1976; e "Exclusivo: fala Figueiredo", publicada pela *Folha de S. Paulo* e vencedora do prêmio em 1978. As matérias de *O Globo* e da *Folha* apresentam perfis de presidentes militares, respectivamente, Costa e Silva e João Batista Figueiredo. Já *O Estado de São Paulo* mostra as vantagens de servidores públicos da administração direta e indireta, os abusos no uso de residências oficiais, a prática de nepotismo e as deficiências na fiscalização pelos órgãos responsáveis, como o Tribunal de Contas da União (TCU).

113 dias de angústia – impedimento e morte de um presidente (1970)

O trabalho do jornalista Carlos Chagas "113 dias de angústia – impedimento e morte de um presidente", publicado em *O Globo*, relata, em 21 reportagens, os últimos dias do presidente Costa e Silva no poder, de 27 de agosto de 1969, quando um acidente vascular agrava seus problemas de saúde, até a sua morte em 17 de dezembro do mesmo ano. A doença do militar desencadeou um conturbado processo de sucessão presidencial, que confirmaria, em outubro de 1969, o nome do general Emílio Garrastazu Médici, comandante do III Exército no Rio Grande do Sul e ex-diretor do Serviço Nacional de Informações (SNI), para a Presidência da República.

O marechal Costa e Silva sofreu uma trombose cerebral, em 28 de agosto daquele ano, provocando a paralisação parcial dos seus movimentos. Embora pudesse ouvir e compreender, não podia falar. Diante da situação, uma das primeiras medidas adotadas pelos militares era excluir da disputa os quadros civis que deveriam constitucionalmente substituir o presidente enfermo. O vice Pedro Aleixo e demais representantes do legislativo e judiciário foram afastados das discussões sobre a sucessão. Por força de atos institucionais, uma junta militar, formada por ministros do Exército, da Aeronáutica e da Marinha, foi autorizada em 31 de agosto a substituir temporariamente Costa e Silva até a convocação de uma nova eleição. A eleição simbólica no Congresso ocorreu em 25 de outubro de 1969 sem a participação do MDB, que se absteve do pleito como forma de protesto. A posse de Médici ocorreu no dia 30 de outubro para um mandato com duração até 15 de março de 1974.

A série premiada de *O Globo* foi publicada entre 07 de janeiro e 06 de fevereiro de 1970 já com o novo governo instalado.[1] O enfoque de *O Globo* associa o agravamento do estado de saúde de Costa e Silva ao contexto pouco favorável a ideias de liberalização política no fim dos anos 1960. Esse sentido está expresso no próprio título da reportagem: "Causa primeira da trombose: a luta para reabrir o Congresso" (07/01/1970). Nela, o autor escreve um editorial explicativo (texto introdutório) sobre a série em que idealiza a figura de Costa e Silva, buscando dissociar a postura do militar à imagem de ditador. Nessa perspectiva, Costa e Silva doente seria vítima das circunstâncias políticas: "Um homem que chegou ao poder por força de um movimento militar, mas que, no poder, fez da integração, do desenvolvimento e da redemocratização o motivo principal da sua vida. E a perdeu essencialmente por isso" (*O Globo*, 07/01/1970).

1 *O Estado de S. Paulo*, tendo como editor-chefe Oliveiros S. Ferreira, também publicou naquele ano o trabalho produzido por Carlos Chagas em forma de artigos.

Chagas resgata a atuação de Costa e Silva no projeto de Reforma Constitucional de 1969. Segundo a matéria, o presidente tinha a intenção de incluir no projeto de reforma algumas medidas que contribuiriam para o processo de redemocratização, como eleições diretas para governos estaduais e a escolha do seu sucessor pelo Congresso, que estava fechado por força do AI-5.

A narrativa de *O Globo* é trabalhada assim na perspectiva de "vitimização" do presidente. Uma das razões que ajudam a explicar o enfoque se assenta no fato de Carlos Chagas ter sido secretário de Imprensa da Presidência da República do governo Costa e Silva. O jornalista assumiu essa função em maio de 1969. "É o depoimento de uma testemunha para a história", como indicou o texto da chamada de capa, na abertura da série "113 dias de angústia...". Em depoimento publicado na edição comemorativa dos 25 anos do Prêmio Esso (LUZ e BORGES, 1980), Chagas confirma que seu objetivo era "mostrar quem Costa e Silva realmente era, um presidente disposto a estabelecer a democracia" (CHAGAS, apud LUZ e BORGES, 1980, p. 95):

> Houve um objetivo em tudo isso: desfazer a imagem que o presidente Costa e Silva deixou, logo após ser afastado do governo, de mais um militar grosso e arbitrário, imagem que corria de boca em boca, pelo desconhecimento que a maioria da opinião pública tinha de sua luta, de sua tentativa para restabelecer a democracia no país. [...] Obscuros foram os que se levantaram contra a iniciativa de Costa e Silva, forçando-o e levando-o à doença e à morte, pois a trombose nada mais representou do que uma consequência de tudo isso (1980, p. 94).

Um resgate histórico do governo Costa e Silva, no entanto, desfaz a imagem do presidente como um "democrata". Sobre a Constituição de 1967, por exemplo, o presidente considerou a nova Carta - que formalizou as mudanças por que passara a estrutura do poder a partir do golpe de 1964, com a concentração de poderes no Executivo - "moderna, viva e adequada" (CPDOC/FGV). Contudo, com a nova constituição, a ordem institucional embasada por uma legislação de exceção se sobrepôs à ordem constitucional. Em 15 de março de 1967, dia da sua posse articulada por diferentes segmentos militares, incluindo oficiais identificados com a "linha dura" do regime, foi baixado o Decreto-lei nº 314, dispondo sobre a nova Lei de Segurança Nacional e tornando todos os cidadãos responsáveis pela segurança do país. Sob o governo Costa e Silva, passou a vigorar também, em dezembro de 1968, o Ato Institucional nº 5. Segundo a matéria de *O Globo*, o presidente "aceita o ato para evitar o pior", lamentando que faltara compreensão e apoio da classe política ("Uma falsa entrevista desencadeou o mau tempo", 04/02/1970). Em cadeia nacional de rádio e televisão, o presidente declarou que o ato não era "a melhor das soluções, mas sim a única" para combater "a ansiada restauração da aliança entre a corrupção e o comunismo". Sobre este instrumento que restringiu ainda mais as liberdades individuais no país, destacou Costa e Silva: "Salvamos o nosso programa de governo e salvamos a democracia, voltando às origens do poder revolucionário" (CPDOC/FGV).

As versões sobre determinados acontecimentos são sempre provisórias, sobretudo quando se trata de uma narrativa baseada em impressões pessoais do jornalista que mantinha, por força do ofício, uma relação muito próxima com o presidente. O próprio autor do trabalho "113 dias de angústia..." reconhece a precariedade do seu relato, afastando-se do ideário de objetividade que permeia a atuação profissional e serve, de forma recorrente, como justificativa para concessão do Prêmio Esso por parte das comissões julgadoras em diferentes edições do concurso. Afirma Chagas no texto publicado na abertura da série:

> Jamais haverá uma só verdade. Cada fato acontece uma vez, apenas. Quando está acontecendo, é a verdade integral no tempo presente. Mas depois, como diria mestre Alkmin, são as suas versões que se tornam em muitas verdades (ou mentiras). Cada participante, cada espectador, cada intérprete, possui a sua verdade própria, quase sempre honesta e real para o detentor, mas nem por isso a verdade inteira. Essa existia, mas já passou. E nem mesmo a soma de todas as verdades individuais resultaria novamente na verdade primeira do fato. Este relato dos acontecimentos verificados entre 27 de agosto (sempre agosto) e 17 de dezembro de 1969 será incompleto. Existirão mil outras verdades para serem relatadas. Superpostas e entrelaçadas à minha. [...] O que se lerá corre por minha exclusiva responsabilidade. Por minha conta e risco, se houver algum ("Causa primeira da trombose: a luta para reabrir o Congresso", *O Globo*, 07/01/1970).

O jornalista procura narrar a história cronologicamente, quase como um diário. Na continuidade da análise da série premiada de *O Globo*, observa-se como o conjunto de reportagens de Carlos Chagas revela a complexidade das relações entre imprensa e Estado autoritário. Se por um lado, as matérias idealizam a figura de Costa e Silva dentro de uma perspectiva de "vitimização" do presidente em seu leito de morte, por outro não deixa de apresentar, de forma sutil, um discurso político que se opõe ao governo que o sucede. Algumas passagens apontam para um tom mais contestatório do jornal em relação aos novos ocupantes do *establishment* político. É importante lembrar que as reportagens foram publicadas em *O Globo*, veículo de perfil conservador e historicamente alinhado com o regime militar, nos meses de janeiro e fevereiro de 1970, justamente durante os chamados "anos de chumbo" do governo Médici. Nas matérias seguintes, em algumas passagens o jornalista cita o esquema de desinformação montado no Palácio do Planalto sobre a doença de Costa e Silva, aborda a questão da censura e retaliações que sofreu de alguns militares.

Os primeiros sinais da trombose surgiram no dia 27 de agosto durante a rotina de despachos e audiências em seu gabinete. No dia seguinte, o presidente, aconselhado por seu médico particular Hélcio Gomes, permaneceu em repouso na residência oficial. Foi quando teve início o esquema de desinformação para despistar os jornalistas que indagavam sobre a ausência de Costa e Silva no Palácio do Planalto. Os detalhes foram revelados pelo *O Globo*:

> No Planalto, o ambiente é de rotina, mas os repórteres credenciados querem saber os motivos do cancelamento dos despachos da tarde e porque o Presidente não vem. Ligo para Rondon Pacheco. Depois, para o Alvorada. Uma forte gripe é a resposta comum, informação transmitida pelos noticiários de rádio e televisão, àquela noite. O jantar transcorreu normalmente. [...] Pouco depois, quando assistia à televisão, o Presidente foi acometido de novo insulto (o nome técnico designativo do que tivera na véspera, na presença do governador Otávio Laje) ("Crise inicial e o propósito de só descansar depois do dia 8", *O Globo*, 08/01/1970).

Na sequência dos acontecimentos, o médico constata na madrugada do dia 29 de agosto o agravamento do acidente vascular de Costa e Silva. O próximo passo foi transferir o presidente para o Palácio Laranjeiras, no Rio, onde ele poderia receber atendimento de um especialista. Novamente, criaram-se barreiras internas para que as informações sobre o real estado de saúde do presidente não vazassem para a imprensa. Na matéria de *O Globo*, Carlos Chagas cita textualmente a existência de uma "cortina de fumaça" criada em torno da saúde de Costa e Silva, como na passagem abaixo:

> Do lado de cá, um outro mundo. Falava-se de todos os assuntos, apesar de uma expectativa incomum entre alguns membros do Gabinete Militar, justamente os que possuíam (e avaramente guardavam) informações mais detalhadas. Sabiam que o Presidente não estava bem, e que não tinha gripe. Os coroneis Massa e Covas, por exemplo, bem à minha frente, sussurravam alguma coisa importante, especialmente depois que o General Portela, aproximando-se deles, deu instruções. *A operação em andamento, por enquanto, era da cortina de fumaça*, e falavam das providências pedidas ao Ministro da Aeronáutica, no Galeão, para que ninguém se aproximasse do Presidente. Se outros planos começavam a esboçar-se, seria inconscientemente ("Trazer o presidente para o Rio foi decisão de Portela", *O Globo*, 09/01/1970, grifo nosso)

Revelações desse tipo eram raras na imprensa, cerceada por instrumentos como o AI-5 e outros dispositivos de controle da informação, sobretudo no início dos anos 1970. Ao longo da série, Chagas aborda outros assuntos sensíveis para os militares, tais como a prisão do vice-presidente Pedro Aleixo e as crises do sequestro do embaixador americano Charles Elbrick por um grupo de guerrilheiros, além do mais áspero dos temas normalmente interditados naqueles tempos de fechamento político: a questão da censura. O jornalista, integrante do *staff* governamental, menciona diretamente o problema da falta de liberdade de imprensa nas últimas reportagens. Na 19ª matéria da série, intitulada "Uma falsa entrevista desencadeou o mau tempo" (04/02/1970), descreve, em 1ª pessoa, o ambiente criado a partir da publicação de uma reportagem do jornal *La Nacion*, de Buenos Aires, confirmando a existência da censura no Brasil:

> Na tarde do dia 3, sou chamado ao gabinete do General Portela. Em sua companhia, o General Calderari. Portela

> mostra-me cópia de um recorte de jornal, do 'La nacion', de Buenos Aires.
>
> – Você deu esta entrevista?
>
> – Não.
>
> Nada mais nada menos do que uma '*entrevista do Secretário de Imprensa do Governo do Brasil, protestando contra a censura estabelecida pelas autoridades militares, especialmente quanto às notícias sobre a saúde do Presidente*'. Pouco depois Rondon Pacheco me procura:
>
> – O General Lira quer saber se a entrevista é verdadeira.
>
> – É mentirosa quanto à forma.
>
> – Como assim?
>
> – Não dei a entrevista. Não me caberia dá-la. Mas *esse tipo de censura é um fato*. O jornalista soube por outras fontes.
>
> [...] As referências ao I Exército são explícitas. A situação é confusa. A temperatura, alta ("Uma falsa entrevista desencadeou o mau tempo", *O Globo*, 04/02/1970, grifos nossos).

A reportagem "Rápida recuperación del presidente del Brasil", do *La Nacion*, foi publicada em 03/10/1969. O jornal especula a possibilidade de escolha do nome de Médici para presidente do Brasil na impossibilidade de Costa e Silva retornar ao cargo. Informa também sobre a prisão de Hélio Fernandes, diretor da *Tribuna da Imprensa*, "llevado esta mañana em um avión militar al estado de Mato Grosso, em cumplimiento del decreto firmado por el ministro da Justicia, Luis da Gama e Silva, que lo confina por 10 dias em Campo Grande". Especificamente sobre a questão da censura no Brasil, revelando como fonte o secretário de Imprensa Carlos Chagas, diz a nota:

> El secretario de Prensa Carlos Chagas se refirió a la actual censura periodistica de todas las noticias relacionadas com la salud de Costa e Silva que no sean las contenidas em los boletines médicos oficiales. La censura, impuesta por el primer ejército, com asiento em Rio estaba destinada aparentemente a evitar las discusiones públicas sobre la possibilidad de que el presidente volviera a ejercer el cargo [...] ("Rápida recuperación del presidente del Brasil", *La Nacion*, 03/10/1969).

O acirramento do embate travado entre o secretário de Imprensa de Costa e Silva e alguns setores militares era crescente. Chagas relata na série que começou a receber ameaças veladas de militares da "linha dura" para quem não bastava esvaziar suas funções dentro do governo. Pessoas mais próximas do jornalista, como Rondon Pacheco, chefe do Gabinete Civil, temiam uma retaliação mais grave. Para preservar a integridade física de Chagas, Pacheco aconselhou-o a passar um tempo em Brasília, pois ouvira do ministro do Exército, general Aurélio de Lira Tavares, que não poderia responder pela segurança do assessor no Rio de Janeiro. Havia o temor, segundo a reportagem, "que alguns extremados, à revelia de seus chefes, pudessem buscar satisfações" ("Uma falsa entrevista desencadeou o mau tempo", 04/02/1970). Com a ascensão de Médici, Chagas seria substituído por Carlos Fehlberg na Secretaria de Imprensa do governo.

Entendemos não haver surpresa um jornalista decidir escrever uma matéria, na condição de ex-assessor de imprensa, valorizando as ações do seu antigo assessorado, com quem mantinha uma relação de admiração e amizade. O processo de idealização de Costa e Silva não se constituía propriamente numa ameaça aos militares ligados ao presidente Médici que assumia o comando do país. Convém destacar, no entanto, que o sentido de "vitimização" do ex-presidente pressupõe personagens antagonistas na trama narrativa. Se ele foi vítima, coube aos ministros militares que conduziram Médici ao posto de mandatário da nação a figura de "algozes" ou "vilões" na história de "113 dias de angústia...". Esses mesmos personagens estavam no poder quando foi lançada a série jornalística e, não obstante, a conjuntura era de forte repressão aos órgãos informativos, como demonstram diversas pesquisas que tratam da história da imprensa no país. O exame dessas questões mostra, portanto, que a análise sobre a ditadura militar no Brasil vai além dos reducionismos ou generalizações que tendem a compartimentar a história em períodos estanques, os mais brandos e os mais violentos, ou indivíduos sem história social, vivendo fora do seu tempo ou da conjuntura específica.

O mesmo raciocínio vale para o campo jornalístico. É questão controversa acreditar ser possível traçar uma linha divisória apontando determinados jornais da grande imprensa como veículos que atuaram permanentemente na resistência e jornais conservadores como órgãos de divulgação do Governo. Inserida nesta sociedade e como ela marcada por ambiguidades, a imprensa e outras instituições da sociedade civil não estiveram à margem do processo de transformações no cenário político-nacional. A análise da matéria de Chagas em *O Globo* nos chamados "anos de chumbo" contribui para mostrar a complexidade das relações entre veículos jornalísticos e Estado autoritário.

Ao decidir apresentar a sua versão dos fatos no jornal *O Globo*, o ex-assessor inicialmente não teve problemas com a censura. Porém, nas últimas reportagens da série, coincidindo com a abordagem de episódios mais delicados, como a repercussão em torno da matéria do *La Nacion*, os órgãos de segurança e informação resolveram intervir. Na edição comemorativa dos 25 anos do Prêmio Esso, organizada por Luz e Borges (1980), ele comenta a ação da censura:

> Foram 21 reportagens, mas quando estava sendo publicada a 18ª, ainda bem que atrasada, a censura resolveu agir. O I

> Exército, no Rio, requisitou a *O Globo* os últimos originais, mas os 'aprovou' integralmente, pois o mais importante já havia sido publicado, entre janeiro e fevereiro de 1970 (LUZ e BORGES, 1980, p. 94).

A repercussão das reportagens tornou-se tão incômoda para o governo Médici que se julgou conveniente uma tentativa de contestação numa nova série publicada em *O Globo* entre 22 e 29 de abril de 1970. Era a versão dos chefes militares sobre a crise institucional criada a partir da doença e impedimento de Costa e Silva. As matérias foram assinadas pelo repórter Emiliano Castor. Credenciado no Ministério do Exército, ele cobria as Forças Armadas para o jornal. Segundo Chagas, a verdadeira autoria da série deve ser creditada, entretanto, ao general Antônio Carlos Murici, "o personagem mais citado no referido trabalho", que preparou "o arcabouço, as informações, os documentos e a intenção de resposta" (CHAGAS, 1979, p. 263).

O episódio, pouco conhecido na memória da imprensa brasileira, foi criticado por vários jornalistas na época, como Evandro Carlos de Andrade, de *O Globo*, e Hélio Fernandes, da *Tribuna da Imprensa*, por apresentar um relato parcial, precário e tendencioso dos fatos. Ao mesmo tempo em que valoriza a biografia de personagens apresentados em outro contexto na primeira versão, o trabalho assinado por Castor tem um tom de contestação pessoal, buscando desqualificar o ex-secretário de Imprensa de Costa e Silva. O nome de Carlos Chagas é citado 56 vezes, na maior parte das vezes para corrigi-lo. Para Hélio Fernandes:

> antes que os fatos se assentassem, vem o próprio 'O Globo' e, querendo prestar serviço aos que não gostaram da primeira versão, procura destruir tudo que serviu ao trabalho de Carlos Chagas, para montar em seu lugar uma nova versão,

> essa sim parcilíssima e interessada, pois composta deliberadamente (FERNANDES, apud CHAGAS, 1979, p. 246).

Em maio de 1970, Chagas transformou as reportagens em livro, acrescentando dados e corrigindo eventuais erros na primeira série de *O Globo*. A obra, no entanto, só foi editada e impressa em dezembro daquele ano, pois o autor encontrou uma série de dificuldades para publicá-la. Um dos obstáculos foi conseguir uma editora que aceitasse levar o projeto adiante. Com medo de represálias, alguns editores recusaram a solicitação para não confrontar o governo Médici. Yedo Mendonça, proprietário da Editora Image e amigo de Chagas, aceitou fazer o lançamento. Na primeira semana, foram vendidos dois mil exemplares somente no Rio de Janeiro. Porém, quando a distribuição começava a chegar em outros estados, os livros foram apreendidos por ordem direta do ministro da Justiça, Alfredo Buzaid, a despeito da autorização do general Luiz Carlos Reis de Freitas, da Polícia Federal, em 23/09/1970. Buzaid advertiu que Chagas estava incurso na Lei de Segurança Nacional "por contar o que não devia, ou não podia" (CHAGAS, 1979, p. 21). O livro "113 dias de angústia – impedimento e morte de um presidente" só voltou a ser reeditado em 1979, no período da abertura política, pela L&PM editores.

Para a comissão julgadora do Prêmio Esso, "contra as reportagens levantou-se inicialmente uma objeção" (LUZ e BORGES, 1980, p. 92), conforme as palavras de Cyro Siqueira, do *Estado de Minas*, um dos jornalistas integrantes do júri em 1970:

> [...] as reportagens não seriam o produto de um trabalho propriamente jornalístico – mas o esforço memorialístico de quem ocupara um cargo que o havia levado à intimidade do poder. Sendo jornalista, transpôs para a imprensa os resultados de seu testemunho. A objeção ruiu pela própria

> incoerência que encerrava: a série era, e é, uma das epítomes da profissão de jornalista, aquele instante em que a nossa missão se confunde com o relato da História, os estilhaços da verdade que penetram profundamente o corpo social de um País (SIQUEIRA, apud LUZ e BORGES, 1980, p. 92).

De todas os trabalhos premiados no programa da Esso no período 1964-1978, o de Carlos Chagas tem a particularidade de pertencer a um formato diferente de reportagem: o depoimento. Membro da equipe governamental e espectador privilegiado dos fatos ocorridos no gabinete e na residência oficial, o jornalista, em muitos casos, não realizou entrevistas com as fontes. Boa parte dos diálogos, como observou o júri, foi resgatada a partir do "esforço memorialístico" do repórter.

Assim vivem os nossos superfuncionários (1976)

As reportagens da série "Assim vivem os nossos superfuncionários" foram publicadas em três edições – de 1º a 4 de agosto de 1976 – em *O Estado de S. Paulo* revelando os limites entre o público e o privado no uso do dinheiro público por parte de ministros e funcionários do alto escalão em Brasília e em muitos estados da Federação. O trabalho, conduzido pelo jornalista Ricardo Kotscho, popularizou o termo "mordomia" para explicar o conjunto de privilégios dos ocupantes de cargos públicos na administração direta e nas empresas estatais durante o regime militar.

Ricardo Kotscho relata que a pauta surgiu de uma reportagem da revista *New Yorker* sobre os privilégios dos altos funcionários na então União Soviética (MOLICA, 2005). O jornalista preparou um roteiro de reportagem, acionou a rede de sucursais e correspondentes do jornal e vasculhou arquivos para verificar, ao longo de dois meses, se as mesmas regalias eram praticadas no país dos militares. Ao todo, 40 repórteres participaram da cobertura.

Já na abertura da série, o jornal enfatiza que a divulgação das "mordomias" só foi possível graças à suspensão parcial da censura à imprensa. Em *O Estado de S. Paulo*, a censura prévia que vinha sendo exercida desde 29/03/1973 foi retirada em 03/01/1975:

> Na verdade, esta súbita tentativa de desmascaramento do que realmente se passava nos herméticos bastidores governamentais apenas coincidia com um parcial levantamento da censura à imprensa. Os fatos não eram propriamente novos – a novidade consistia na possibilidade de que eles se tornassem públicos ("Assim vivem os nossos superfuncionários", *O Estado de São Paulo,* 01/08/1976).

A retirada parcial da censura em alguns veículos fazia parte, naquele contexto, do movimento de liberalização política controlada do governo Ernesto Geisel. O início do processo de abertura "lenta, gradual e segura" do regime deveria ter como suporte estratégico a colaboração de setores importantes da imprensa, como ocorrera no movimento que derrubou o presidente João Goulart, em 1964. Este acordo – que teve como principal articulador o chefe da Casa Civil da Presidência, Golbery do Couto e Silva – implicava na retirada negociada da censura em alguns jornais e permanência das restrições à liberdade de expressão em outros.

A abertura do diálogo com a imprensa pressupunha mais do que a permanência da autocensura nas redações. Como informa Kucinski, no processo de transição era "preciso a voz ativa dos jornalistas, criando um discurso consensual em torno de um padrão de abertura política" (KUCINSKI, apud KUSHNIR, 2004, p. 53). Nesse sentido, com a suspensão negociada da censura, o governo militar estabelece uma nova relação com a imprensa: retira os instrumentos de imposição, como a censura prévia, e firma um pacto com donos de empresas jornalísticas, sinalizando a intenção de devolver o poder aos civis, num processo que não deveria ser de curto ou médio prazo.

Assim, nos primeiros meses de 1975, o governo adota uma medida conciliatória: os censores se retiram das redações de *O Estado de S. Paulo* e *Jornal da Tarde* em janeiro daquele ano. Em março, o governo também suspende a censura prévia em *O Pasquim*. Outras publicações permaneceriam, no entanto, sob a vigilância dos censores: a revista *Veja*, os veículos da imprensa alternativa, dentre eles *Opinião*, *Movimento* e *O São Paulo*, e jornais com tiragens menores, sem grande representatividade nacional, como a *Tribuna da Imprensa*.

A atuação da censura, portanto, teve um caráter seletivo e controlado. Aquino (1999) ilustra o comportamento heterogêneo e em nenhum momento aleatório desta atividade de vigilância e controle, principalmente durante o governo Geisel. Segundo a autora, os censores variaram seu modo de atuação de acordo com os interesses e a imagem que se queria preservar do regime militar. Assim, neste momento histórico, as matérias de cunho econômico e social, publicadas principalmente pela imprensa alternativa, passaram a sofrer controle mais intenso da censura oficial, pois o regime acreditava ter cumprido o objetivo da segurança com o desmantelamento da luta armada nos anos anteriores. A atuação dos censores voltou-se então para o ocultamento das desigualdades sociais com o intuito de sustentar a imagem de desenvolvimento do país. "Houve lógica na censura prévia e ela foi sensível às diferenças dos órgãos de divulgação que vetou, atacando com precisão o ponto em que cada um deles seria considerado mais perigoso na óptica governamental" (AQUINO, apud CARNEIRO, 2002, p. 531).

A oposição dos órgãos da chamada grande imprensa ao governo Geisel era consentida. A habilidade política de Golbery na retirada negociada da censura em *O Estado de S. Paulo* e *Jornal da Tarde* resultou numa espécie de trégua entre o regime militar e os jornalistas mais influentes e donos de jornais. Para a imprensa, se o pacto com Geisel não era a melhor alternativa, tornou-se o "remédio" necessário para o objetivo maior de promover a transição para o estado democrático de direito. Recorda o jornalista Elio Gaspari, em artigo publicado em *O Estado de S. Paulo* em 13/09/1996, que a ditadura virara uma anarquia para Geisel, pois a "repressão subvertera a hierarquia militar". Nesse sentido, atos de desobediência à hierarquia militar representavam uma ameaça ao seu projeto de descompressão política. Nesta linha de interpretação, Geisel e Golbery estavam convencidos que era importante obter o apoio dos meios de comunicação para afastar os militares "linha dura" dos centros decisórios de poder

Esse jogo político entre imprensa e Estado brasileiro durante o governo Geisel pode explicar o enfoque dado pelo *Estado de S. Paulo* às denúncias das mordomias. Apesar da adoção de um discurso denunciador, as matérias não apenas desvinculam o nome do chefe do Executivo dos privilégios e dos abusos com o dinheiro público como também relatam o esforço pessoal de Geisel para coibir esse tipo de prática. A reportagem publica a íntegra de uma circular encaminhada pelo presidente aos ministros "determinando que fossem tomadas providências enérgicas contra os abusos" e critica a inexistência de uma legislação específica para fiscalizar as atividades dos "superfuncionários" governamentais:

> [...] Mas hoje sabe-se que a circular do presidente da República só foi divulgada porque ele já havia encaminhado um aviso reservado aos ministros, sobre o mesmo assunto, no ano passado. Como nenhum resultado prático foi observado, ele resolveu tornar o documento ostensivo. [...] Os reiterados apelos e providências do presidente da República comprovam, por sua vez, que ao próprio governo torna-se difícil exercer esse controle e impedir os abusos

("Assim vivem os nossos superfuncionários", *O Estado de São Paulo*, 01/08/1976).

Nesse sentido, segundo a reportagem, o problema das "mordomias" não está localizado no governo Geisel, mas faz parte de uma tradição da política brasileira. Há que se considerar também um embate travado entre os "castelistas" e a ala identificada como a "linha dura" do governo. No primeiro grupo, estavam oficiais ligados à Escola Superior de Guerra (ESG), da qual faziam parte Castelo Branco, Geisel e Golbery. No segundo, aqueles que desejavam o fechamento político do regime num contexto em que se anunciava a abertura política. Alguns nomes e informações contidos nas matérias são uma referência ao período Médici.

Apesar da disputa interna, Geisel manteve o aparato de repressão para evitar a reorganização dos movimentos de esquerda. A polícia política continuava funcionando a pleno vapor, praticando atos de tortura e morte. É por esse motivo que alguns historiadores, dentre eles Greco (2003), têm buscado problematizar a divisão entre militares "duros" e "moderados". A autora aponta que, apesar de os diferentes governos do ciclo militar apresentarem especificidades, não divergiam quanto "ao arcabouço ideológico do regime traduzido, como vimos, no binômio desenvolvimento e segurança, ou aos elementos que constituem o terror" (GRECO, 2003, p. 54).

Mais recentemente, um documento tornado público pelo governo americano demonstra que o general, recém-empossado na Presidência, não apenas tinha conhecimento das execuções sumárias como ordenou a manutenção da política de extermínio de opositores do regime.[2] Trata-se de um memorando elaborado

2 O memorando foi revelado em 10/05/2018 por Matias Spektor, pesquisador da Fundação Getúlio Vargas (FGV).

em 11/04/1974 pelo então diretor da Agência Central de Inteligência (CIA), William Colby, remetido ao secretário de Estado dos EUA, Henry Kissinger, no qual relata um encontro realizado em 30/03/1974 reunindo Geisel, João Batista Figueiredo, então chefe do SNI, e outros dois integrantes do Centro de Inteligência do Exército (CIE), os generais Milton Tavares de Souza e Confúcio Danton de Paula Avelino (CIE). Milton Tavares, segundo o documento, defendeu a permanência do emprego de "métodos extra-legais" contra o que ele chamou de "subversivos perigosos". Tavares também informou que, em 1973, ainda no governo Médici, 104 pessoas "nesta categoria foram sumariamente executadas pelo CIE". Após a reunião, o memorando de William Colby destaca: "Em 1º de abril, o presidente Geisel disse ao general Figueiredo que a política deve continuar, mas deve-se tomar muito cuidado para assegurar que apenas subversivos perigosos fossem executados".[3]

A divulgação do memorando contribui para desnaturalizar, conforme mencionamos, a ideia construída em torno de uma faceta "moderada" de Geisel. Portanto, ainda que ressaltemos a articulação estratégica de militares com proprietários de meios de comunicação no contexto da distensão política, não podemos desconsiderar a complexidade dessas relações.

A série sobre os "superfuncionários" ganhou chamada de capa nos três dias em que foi publicada no *Estado de S. Paulo*: "Governo enfrenta um outro Brasil feito de abusos" (01/08/1976), "Escalada de poder e abusos" (03/08/1976) e "Executivo vai agir contra os abusos" (04/08/1976). O jornal buscou apresentar como viviam, de onde vieram, quanto ganhavam e o que pensavam os "superfuncionários"

3 A íntegra do documento está disponível em: <https://history.state.gov/historicaldocuments/frus1969-76ve11p2/d99?platform=hootsuite>. Acesso: em 17 jan 2019.

governamentais. Muitas autoridades beneficiadas pelas mordomias tiveram seus nomes revelados pelo jornal. Em várias passagens, os responsáveis pela edição do material optaram por uma linguagem bem-humorada para fazer as denúncias, como no trecho que aborda o cotidiano das mulheres dos "superfuncionários":

> O trinco da geladeira quebrou e a mulher não teve dúvidas: chamou um mordomo, pago pelo governo, e deu-lhe ordens para requisitar imediatamente uma geladeira nova, paga pelo governo. Afinal, para quem é mulher de um diretor do Banco do Brasil, pago pelo governo, é mais fácil comprar uma geladeira nova do que mandar consertar a velha – velha de doze meses de uso. [...] Elas, as mulheres dos nossos superfuncionários estatais, são muito exigentes e não gostam de perder tempo com detalhes. [...] Agora o joguinho de baralho de todas as tardes, sempre a dinheiro, esse é sagrado. Nunca falha. As preferências das mulheres do primeiro escalão variam entre o tradicional buraco, o pif-paf e o biribinha-amigo, acompanhados, é claro, do chá das cinco ("Em tudo, o clima de uma grande festa". *O Estado de S. Paulo*, 01/08/1976).

Os privilégios – casas luxuosas, carros, helicópteros, aviões corporativos e cartões de crédito pagos pelo contribuinte – não se restringiam à Presidência da República e aos ministérios. Conforme a denúncia do jornal, as regalias se estendiam às empresas estatais e de economia mista, autarquias e fundações, governos estaduais e municipais. Parte dos recursos para financiar a ostentação e o gasto excessivo de políticos e servidores vinha das chamadas verbas de representação. O aparato colocado à disposição dos "superfuncionários" também incluía "uma estranha participação nos lucros de empresas estatais que apresentem déficit em seus balanços" ("Assim vivem os nossos superfuncionários", 01/08/1976) e sessões privadas de filmes com exibição proibida no país, como "O último tango em Paris", "Laranja mecânica" e "Emanuelle".

> Para as noites em Brasília, só há uma opção melhor que as festas: as sessões privadas de cinema, um hobby que já faz parte das melhores tradições da cidade. As sessões mais concorridas – e disputadas – são as promovidas por Reis Velloso, Armando Falcão, Ney Braga, Itamaraty, Presidência da República, EMFA, BNDE e outras siglas menos votadas. Com uma atração que nenhum outro cinema pode apresentar: os filmes não são censurados ("Em tudo, o clima de uma grande festa" *O Estado de S. Paulo*, 01/08/1976).

A questão do público e privado norteia a cobertura:

> Os carros oficiais servem para levar os filhos dos superfuncionários ao colégio, as madames às butiques e cabeleireiros, os empregados e os funcionários propriamente ditos aos restaurantes. Os automóveis de chapa-amarela que não são particulares podem ser vistos às centenas circulando em Brasília ou nas capitais estaduais. Servem, à custa das empresas, a executivos estatais e suas famílias. Recentemente, um banco oficial renovou sua frota, adquirindo possantes Alfa-Romeo, embora os Dodge Dart de luxo ainda sejam os preferidos ("As vantagens quase ilimitadas de uma classe especial" *O Estado de S. Paulo*, 01/08/1976).

Os salários correspondiam à menor parte do que era pago com dinheiro público diante dos benefícios indiretos de que usufruíam os servidores. Conclui a matéria:

> No final todas essas vantagens se traduzem em dinheiro e todos os superfuncionários ganham muito mais do que o presidente da República, viajam frequentemente para o Exterior, divertem-se, fazem política e dão presentes a ex-

> pensas do erário ou dos acionistas das empresas – e o governo é sempre o maior acionista. Mas, mesmo levando em conta os salários propriamente ditos, o superfuncionário brasileiro pode ser incluído hoje entre os mais bem pagos de todo o mundo ("As vantagens quase ilimitadas de uma classe especial" *O Estado de S. Paulo,* 01/08/1976).

Casos curiosos de mordomias em outros estados e a prática do nepotismo também fizeram parte da ampla cobertura da equipe de sucursais coordenada por Ricardo Kotscho. Em uma das reportagens, o jornal destaca, com o trocadilho "Oligarcia em Mato Grosso", o poder do governador nomeado de Mato Grosso, Garcia Neto:

> Mas é, sem dúvida, no Mato Grosso, que a administração pública fornece os mais pródigos exemplos da prática do nepotismo no recrutamento dos seus superfuncionários. Estimativas feitas – uma vez que é praticamente impossível levantar-se os números oficiais, devido aos obstáculos de praxe – permitem calcular que a folha de pagamento de familiares do governador nomeado, Garcia Neto, atinge hoje aproximadamente Cr$ 800.000,00 ("Um médico na CELPA e a 'oligarcia' em Mato Grosso", *O Estado de S. Paulo,* 03/08/1976).

A série causou grande repercussão em Brasília. As opiniões de congressistas de oposição sobre a possibilidade de criação de uma Comissão Parlamentar de Inquérito (CPI) dos "superfuncionários" e a versão das autoridades envolvidas nas denúncias de mordomia aparecem na terceira e última reportagem de *O Estado de S. Paulo*. A sequência de matérias publicadas em 04/08/1976 demonstra a postura de cobrança e ação fiscalizadora do jornal sobre o campo político: "Denúncia causa indignação em todo o país", "Oposição debate CPI hoje", "Deputado paulista aguarda medidas", "Simon quer que o governo e MDB hajam sem demora" e "Na Câmara, 4 falam contra". As matérias são factuais, com as apurações do dia anterior, no "calor" dos acontecimentos, mas dois aspectos na pauta são ressaltados: os elogios feitos pelos parlamentares ao trabalho investigativo do diário paulistano e os depoimentos que fazem referência ao fim da censura.

> Um dos parlamentares, o oposicionista gaúcho Aluízio Paraguassu, solicitou a transcrição, nos anais da Câmara, da reportagem publicada na edição de domingo. Ao pedir a transcrição, assim se manifestou Paraguassu: 'Trata-se de um trabalho espetacular, difícil e de fôlego, que só poderia ser feito por um grande jornal como aquele. É realmente uma lição para todos nós' ("Na Câmara, 4 falam contra". *O Estado de S. Paulo,* 04/08/1976).
>
> O líder da oposição no senado, Franco Montoro, e o deputado Tancredo Neves (MDB-MG) saudaram também as denúncias. Para o senador, 'a primeira coisa que o MDB tem a fazer é saudar o governo por permitir que as denúncias fossem feitas'. [...] Já Tancredo Neves observou que 'a censura não dispõe mais de força moral para impedir que a imprensa divulgue matéria dessa natureza' ("Oposição debate CPI hoje", *O Estado de S. Paulo,* 04/08/1976).

Os julgadores do prêmio naquele ano reconheceram a importância de *O Estado de S. Paulo* como representante dos cidadãos na defesa da boa aplicação do dinheiro público. Citando o contexto de abertura política, o jurado Mussa José de Assis avaliou que a reportagem "representou para a imprensa brasileira o sinal verde para a volta à prática do verdadeiro jornalismo" (ASSIS, apud LUZ e BORGES, 1980, p. 121). Para alguns pesquisadores, a série premiada em 1976 no programa da Esso deu "nova dimensão ao jornalismo investigativo no Brasil" (SEQUEIRA, 2005, p. 12). Um dos fatores para o ambiente de "maior ousadia da imprensa", aponta a autora, foi a retirada da censura prévia de jornais e revistas da chamada grande imprensa. Escreve Sequeira que a reportagem do *Estadão* "se converte, como nos Estados Unidos, em representante dos interesses dos cidadãos – desvendando informações que grupos de poder tentam manter escondidas da sociedade [...]" (2005, p. 12).[4]

Tais considerações apontam para a influência do jornalismo investigativo americano, que tem como princípio básico exercer vigilância sobre a ação do Estado (SILVA, 1991). Esse modelo, conhecido como *watchdog role* ("cães de guarda"), foi consagrado com a publicação, em 18 de junho de 1972, da reportagem de dois jornalistas do *Washington Post*, Carl Bernstein e Bob Woodward, que culminaria com a renúncia do então presidente Richard Nixon. O episódio ficou conhecido como Caso Watergate.[5] Na visão de Sequeira e Mussa, o campo político, depois do período de forte repressão aos meios de comunicação no governo Médici, torna-se alvo de uma vigilância mais intensa dos jornais. Ao assumir a função de agentes fiscalizadores de práticas de corrupção, que se aproximaria do modelo *watchdog role* americano, esses repórteres também passam a ser vistos pela comunidade jornalística como aqueles que praticam o "verdadeiro jornalismo".

Silva (1991) observa, no entanto, que o conceito de poder vigilante da imprensa encontra limites ao ser incorporado no Brasil. O país apresenta uma configuração cultural e política específica, o

4 Sequeira também destaca a matéria "Descendo aos porões", publicada em 1979 pela revista *Veja*, como emblemática por mostrar o tipo de jornalismo que começava a ser praticado no Brasil. A reportagem denunciava o aparato repressivo dos militares e os métodos de tortura contra os presos políticos.

5 O escândalo envolvia a prisão de cinco homens que tentavam instalar aparelhos eletrônicos de espionagem no comitê do Partido Democrata, no edifício Watergate. Os dois repórteres descobririam mais tarde que os acusados haviam sido infiltrados pela Casa Branca, a mando do coordenador de segurança do comitê para a reeleição do presidente Richard Nixon.

que impõe particularidades ao processo de produção de notícias. Segundo ele, todos defendem o conceito *watchdog role* em teoria, mas ela passa "por uma série de transformações quando se aplica no país, na prática" (1991, p. 34). Culturalmente, afirma o autor, um dos traços constitutivos da sociedade brasileira é o fato de as relações pessoais se sobreporem às institucionais. Essa tradição cultural tende a fazer com que "vários atores da indústria jornalística atribuam um novo sentido ao *watchdog role*, no qual em alguns casos será considerado justificável deixar de exercê-lo para não prejudicar os interesses de um amigo ou de um aliado político" (1991, p. 34).

Do ponto de vista político, podemos afirmar que a relação com o poder é um traço histórico do desenvolvimento dos grupos de imprensa no Brasil. Ainda nos anos 1950, a despeito do discurso de isenção e imparcialidade dos jornais, não houve de fato um processo de autonomização dos produtores de notícias em relação ao campo político. O princípio da objetividade prevalecia apenas retoricamente para legitimar o jornalismo como instituição de poder. Como informa Ribeiro, a "imprensa sempre teve uma relação simbiótica com a política" (2002, p. 16). Durante a ditadura, os proprietários de jornais, com algumas exceções, mantiveram-se nas cercanias do poder, assumindo uma visão conservadora da elite liberal. O papel ambíguo de aproximações e distanciamentos do campo jornalístico com o Estado autoritário se justificava, em muitos casos, pela necessidade de sobrevivência dos órgãos de imprensa.

Não podemos desconsiderar, contudo, o significado simbólico que assume para o campo jornalístico a retomada de uma posição mais crítica em relação às ações do governo, que viria a se acentuar no processo de redemocratização do país. Se, nos anos 1950, era importante do ponto de vista da construção do jornalismo como comunidade interpretativa mostrar a produção noticiosa como lugar natural da objetividade (RIBEIRO, 2000), a busca por uma identidade "investigativa" também se torna um elemento valorativo da profissão. A figura do repórter investigativo sintetiza, nesse sentido, a mítica da profissão, que está assentada no conceito *watchdog role*, ou seja, a imprensa como vigilante ou "cão de guarda" da sociedade.

Exclusivo: fala Figueiredo (1978)

Candidato oficial à sucessão de Ernesto Geisel, o general João Batista Figueiredo foi confirmado no cargo de presidente da República por eleição indireta em 14 de outubro de 1978. O chefe do SNI recebeu 355 votos contra 266 no Congresso Nacional. O bom trânsito do candidato tanto com os "castelistas" quanto com os militares "linha dura" serviu como credencial para investidura no cargo durante o regime ditatorial.

Figueiredo era o candidato de Geisel para dar continuidade ao processo de liberalização, apesar das contradições. Golbery, principal articulador do projeto de descompressão, permaneceria à frente do Gabinete Civil da Presidência, mas os militares contrários ao projeto de abertura não perderam completamente o poder dentro das Forças Armadas. Isso porque a sustentabilidade do plano de liberalização dependia, em grande medida, do apoio ou controle daqueles que optavam pelo fechamento do regime. Figueiredo deixara o posto de chefe do SNI para o general Octavio Aguiar de Medeiros. Outros generais "linha dura" também foram nomeados para comandos importantes, como o general Milton Tavares de Souza para o II Exército (SKIDMORE, 1988). No discurso de posse, Figueiredo enfatizou seu compromisso com a abertura política: "Reafirmo meu inabalável propósito [...] de fazer deste país uma democracia" (FIGUEIREDO, apud KIDMORE, 1988, p. 412).

Alguns meses antes de assumir o cargo, no entanto, uma entrevista publicada na *Folha de S.Paulo* revelava um candidato que assumia seu desprezo pela opinião pública e pelo voto popular, uma postura bem diferente da imagem oficial construída pelo regime. Vencedora do Prêmio Esso de Jornalismo, a matéria "Exclusivo: fala Figueiredo", publicada nos dias 05 e 06 de abril de 1978, mostrou o perfil político do ex-chefe do SNI, que declarou à *Folha* temer pela abertura política caso o MDB, partido oposicionista, vencesse as eleições para governadores naquele ano.[6]

Durante a entrevista de 95 minutos com Figueiredo, os repórteres Getúlio Bittencourt e Haroldo Cerqueira Lima foram proibidos de fazer anotações ou usar gravadores. Os jornalistas publicaram o depoimento do futuro presidente a partir de um esforço de memória na sala de redação. Os repórteres tentaram inclusive reproduzir o estilo com que o general construía frases ao falar, preservando o tom informal do diálogo. Mas alguns dados, sobretudo envolvendo números, não foram publicados em razão das condições profissionalmente adversas da entrevista.

A edição da entrevista foi dividida em duas partes: no primeiro dia, o jornal publica a posição de Figueiredo sobre assuntos políticos, tais como democracia, eleições presidenciais, eleições

6 Reformas constitucionais, incluídas no chamado "Pacote de Abril" de 1977, visavam inviabilizar a vitória do MDB nas eleições daquele ano, como ocorrera em 1974. Para redefinir o tabuleiro do poder, amplamente favorável aos políticos de oposição, o governo promoveu uma série de mudanças na legislação eleitoral para favorecer a Arena nas eleições de 1978. A aprovação das emendas exigiria apenas maioria simples. Ficou determinado ainda que os governadores de Estado e um terço dos senadores seriam escolhidos indiretamente. Institucionalizava-se assim a figura do "senador biônico". O "Pacote de Abril" também ampliou de cinco para seis anos o mandato presidencial. Com o objetivo de anular ainda mais o poder da oposição, o governo já havia regulado a propaganda eleitoral no rádio e na televisão por meio da "Lei Falcão", aprovada em 1976. Na campanha política para a TV, permitia-se apenas o uso da imagem, sem som, dos candidatos dos dois partidos.

para governadores, processo de anistia e direitos humanos; no segundo, ele expõe sem formalismos suas ideias sobre vários aspectos da economia brasileira, incluindo privatização da Petrobras, reforma agrária, evolução do processo de estatização e relações trabalhistas. O jornal optou pelo gênero de entrevista no formato pergunta e resposta, com um breve texto introdutório, reunido as declarações do general consideradas mais importantes pela *Folha*. É importante citar também que a edição do material não obedeceu necessariamente às ordens das perguntas:

> A entrevista terminou às 18h10 e às 18h30 começamos a escrever. Tivemos um cuidado especial para reconstituir nossa conversa, não na sequência em que ela realmente ocorreu, mas tema por tema. Relacionamos os assuntos abordados – conceito de democracia, o voto popular, direitos humanos etc – e a partir dessas grandes linhas tornou-se relativamente simples montar o diálogo ("Um longo teste de memória" *Folha de S.Paulo,* 06/04/1978).

A entrevista ocupou pouco mais de uma página inteira em cada edição e também foi bem explorada na capa do diário. O assunto foi manchete da *Folha* nos dois dias de publicação: "Exclusivo, fala Figueiredo" (05/04/1978) – com uma foto do entrevistado e um quadro com algumas declarações do general em três colunas – e "Privatizar é tarefa difícil" (06/04/1978).

O pensamento de Figueiredo mostra estar afinado com a política adotada pela ditadura naquela conjuntura histórica de promover uma transição "lenta e gradual em direção a um regime que amplie substancialmente a atual taxa de democracia" ("A Revolução não vai acabar", *Folha de S.Paulo*, 05/04/1978). Ele aponta sua intenção em dar continuidade à política adotada pelo antecessor Geisel de manter o controle sobre a abertura política. Ao declarar, por exemplo, que o "Estado precisa defender-se contra os extremistas", ele reafirma a importância de se evitar a reorganização de grupos de esquerda, silenciados desde o governo Médici, para manutenção do sistema político e do próprio regime. Do mesmo modo, para fortalecer a Arena, o partido do Governo, nas eleições de novembro de 1978, ele adotou um tom de ameaça na entrevista, caso a oposição saísse vitoriosa no pleito para governadores:

> Quanto aos futuros governadores, Figueiredo diz que sua preocupação não é estabelecer perfis, mas escolher, dentre os capazes administrativamente, aqueles que podem ajudar a Arena a vencer as eleições de novembro próximo. *Isso porque, adverte, a derrota do partido situacionista vai tornar mais ásperos os caminhos da distensão* ("'A Revolução não vai acabar'", *Folha de S. Paulo*, 05/04/1978, grifo nosso)

A afirmação de Figueiredo de que a vitória do MDB poderia prejudicar o processo de abertura foi a principal crítica de parlamentares oposicionistas ouvidos pela *Folha de S.Paulo* na matéria "Oposicionistas decepcionados com a entrevista" (06/04/1978). O jornal abriu espaço para declarações do deputado Tancredo Neves, líder do MDB na Câmara, Ulisses Guimarães, presidente do MDB, e Freitas Nobre, ex-líder emedebista na ocasião, entre outros ocupantes de cargos de direção no partido.

Na reportagem "Mesmo entre os arenistas, discordância e preocupação" (06/04/1978), são ouvidos aliados do governo militar, como o deputado José Bonifácio, líder da Arena na Câmara, o senador Petrônio Portela, presidente do Congresso, Eurico Resende, líder da Arena no Senado, e Francelino Pereira, presidente nacional da Arena. As fontes aparecem numa posição defensiva diante da repercussão da entrevista.

> Nos gabinetes dos líderes arenistas, contudo, um esforço era despendido no sentido de demonstrar que o general, sen-

> do um homem franco, colocara os problemas abertos e sem malícias, pois suas reais intenções seriam as de que 'devemos partir para um regime democrático, dentro de nossas características peculiares' ("Mesmo entre os arenistas, discordância e preocupação", *Folha de S.Paulo, 06/04/1978*)

O jornal abre espaço ainda para a reprodução da nota oficial de Paulo Brossard, líder do MDB no Senado, contestando uma das declarações de Figueiredo. O chefe do SNI afirmara na entrevista que Brossard, quando era secretário de Justiça do Rio Grande do Sul, havia determinado a invasão da *Rádio Guaíba* (RS). A versão do senador tem destaque na matéria "'É falso, é falso', responde Brossard" (06/04/1978). O assunto também ganhou chamada na primeira página da *Folha*.

A matéria "Exclusivo: fala Figueiredo", de Getúlio Bittencourt e Haroldo Cerqueira, conquistou o Prêmio Esso na categoria principal por mostrar, segundo relatório da comissão julgadora, a real imagem do futuro presidente, "sem a censura psicológica que tende a mitificar a figura do primeiro mandatário da nação" (LISBOA, apud LUZ e BORGES, 1980, p. 129). Segundo Haroldo, a partir da publicação daquela reportagem "o jornalismo político deslanchou". Para Getúlio, "a entrevista estabeleceu uma relação entre imprensa e poder que não é de submissão".[7]

Outro elemento, que está presente em "Exclusivo: fala Figueiredo", tem um importante significado para o campo jornalístico: a questão da exclusividade das matérias, como destaca o próprio título da entrevista da *Folha*. O chamado "furo" jornalístico recupera uma categoria essencial para a construção do simbolismo da profissão de repórter, quando do seu aparecimento ainda no início do século XX, momento em que o ineditismo se conver-

7 *Folha de S.Paulo*, 30/11/1978.

te em um dos principais valores-notícia. Nesse sentido, cabe ao repórter descobrir desde curiosidades sobre temas populares até desmandos administrativos das autoridades. O fato de dominar um conhecimento inédito evoca um lugar de poder.

Reivindicar para si o papel de investigador ou "trazer o furo" para o chefe da redação confere ao jornalista maior poder simbólico. A busca por esse tipo de identidade tem espaço privilegiado na cobertura política ou policial, mas orienta a produção jornalística como um todo. Em outras matérias premiadas, o "furo" também está presente, como no trabalho do jornalista Carlos Chagas, que realizou a série vencedora do programa da Esso em 1970.

Unidade temática: questões sociais

As matérias expressando questões sociais tiveram uma predominância em relação às demais temáticas vencedoras do Prêmio Esso de Jornalismo entre 1964-1978. Do total de 15 reportagens consagradas na categoria principal no período, oito estão classificadas nesta unidade, que pode ser dividida em quatro subtemas: condições de vida e de trabalho, comportamento (saúde), questão das drogas e questão indígena.

Condições de vida e de trabalho

Três matérias foram premiadas abordando a situação do homem brasileiro no campo e na cidade, as desigualdades sociais, as potencialidades econômicas, o desenvolvimento desordenado, os problemas locais de infra-estrutura, a qualidade de vida nos grandes centros urbanos e a problemática da preservação dos ecossistemas nas áreas mais remotas do país: "Cem dias na Amazônia de ninguém", do *Jornal do Brasil*, premiada em 1964; "Receita para São Paulo", do *Jornal da Tarde*, vencedora em 1971; e "Edição especial sobre a Amazônia", da revista *Realidade*, que ganhou o reconhecimento do concurso em 1972.

Cem dias na Amazônia de ninguém (1964)

A série de reportagens vencedora do Prêmio Esso de 1964, publicada no *Jornal do Brasil* entre os dias 07 e 12 de janeiro de 1964, procurou mostrar as precárias condições de vida de aproximadamente 3,5 milhões de habitantes da Amazônia. Fome, incidência de doenças, como malária, lepra e tuberculose, falta de assistência médica, desemprego e analfabetismo foram alguns dos temas apresentados pelo jornalista Walter Firmo. Durante 100 dias, ele percorreu cerca de 50 cidades, vilas e lugarejos, "ouviu missionários religiosos e documentou em fotografias os dramas de uma população [...] que vive, de um modo geral, na dependência de países fronteiriços e vê o Brasil apenas como o país amigo mais próximo" ("JB revela realidade amazônica", capa *Jornal do Brasil*, 07/01/1964).

> Saindo de Marco, cidadezinha limítrofe a Letícia, na Colômbia, e percorrendo o mesmo trajeto feito por Francisco Orellana, quando descobriu o Rio Amazonas há 422 anos passados, a paisagem é uma só: dor, sofrimento, angústia, desespero. Em Benjamin Constant, São Paulo de Olivença, Santo Antônio do Içá, Tonantins, Fonte boa, Tefé, Coari, Anori, Codajás, Manacapuru, Itacoatiara, Parintins, Juriti, Urucurituba, Oriximiná, Óbidos, Alenquer, Santarém, Monte Alegre, Prainha, Gurupa, Breves, Curralinho, São Francisco da Jararaca e Boa Morte a fome, a doença e o analfabetismo são as meias tintas indeléveis ("O pesadelo da seca e da cheia", *Jornal do Brasil*, 07/01/1964).

Firmo não desconhecia completamente a região. O fotógrafo carioca costumava passar as férias em Monte Alegre, cidade natal do seu pai, localizada próxima a Santarém, no Pará. A pauta teria partido do próprio Firmo, que buscava uma oportunidade para percorrer o Rio Amazonas, visitando as populações ribeirinhas. Ele também incluiu no roteiro os rios Solimões e Negro para a cobertura jornalística.

Mais que repórter de rua, Firmo era fotógrafo, com trabalhos divulgados posteriormente em diversas publicações nacionais e estrangeiras. O fotógrafo nunca havia escrito até então uma grande reportagem, apenas alguns textos para a seção "Atrás do gol", publicada na *Última Hora*, reunindo comentários de jogadores nos gramados.

As matérias foram publicadas no Caderno B, espaço dedicado às grandes reportagens do *Jornal do Brasil* nos anos 1960 e 1970, quando ainda não tinha o perfil de suplemento cultural. Tanto que os quatro trabalhos jornalísticos do diário, premiados com o Esso nacional entre 1964 e 1978 – "Cem dias na Amazônia de ninguém" (1964), "Futebol brasileiro: o longo caminho da fome à fama" (1967), "Volta ao ponto de partida" (1974) e "As drogas" (1975) –, saíram nas páginas do Caderno B.

A cobertura dedicou espaço para tratar do cotidiano de personagens comuns. O repórter escreve a partir de suas impressões pessoais. Faltam depoimentos de um modo geral, o que impede o repórter fotográfico de traçar um perfil mais pormenorizado dos personagens, que se sucedem na trama narrativa.

> Olga Tenório, chefe do serviço de tecelagem feminino, todo dia, após o pôr-do-sol, faz o lugarejo renascer brincando de roda ou contando histórias às indiazinhas tareanas e dessanas. O viajante, ao desembarcar, tranquilo, do avião, diante da placidez das matas em Uaupés, leva um tremendo susto. É que a irmã Elza Ramos, diretora do Colégio Maria Auxiliadora, toda vez que chega um avião da FAB, detona a sua espingarda, calibre 20, festejando o

> acontecimento ("O espírito de Deus sobre as águas", *Jornal do Brasil, 12/01/1964*).

O prêmio foi concedido para uma reportagem sem vinculação diretamente política no ano do golpe civil-militar. Como reconhece o jornalista Wilson Figueiredo, que, naquele ano, atuou na comissão julgadora:

> O Prêmio Esso de 1964 foi, sem dúvida, o mais destoante no sentido de atualidade que insufla o jornalismo diário. Um ano marcadamente político, de consequências ainda hoje palpáveis na vida nacional, concedeu um primeiro prêmio a um testemunho sobre a Amazônia (FIGUEIREDO, apud LUZ e BORGES, 1980, p. 70).

Sem atribuir o resultado a qualquer interferência dos militares ou da empresa promotora, Nascimento justifica que o prêmio foi concedido ao trabalho de Firmo por ter despojado "a visão pitoresca" sobre a Amazônia, como se percebe em livros ou reportagens acerca do assunto:

> Assim o julgamento que, muito provavelmente, terá parecido à época um prêmio de consenso, com um sentido de fuga ao aspecto político da situação nacional, veio garantir-lhe vida mais longa do que a realidade costuma dispensar ao trabalho jornalístico e até aos critérios dos atribuidores de láureas (FIGUEIREDO, apud LUZ e BORGES, 1980, p. 70).

Receita para São Paulo (1971)

As matérias premiadas no programa da Esso oferecem um campo privilegiado para a análise sobre a formação ou consolidação de representações acerca da atuação da imprensa durante a ditadura militar. A série de sete cadernos especiais do *Jornal da Tarde*, vencedora do prêmio jornalístico em 1971, é um exemplo que confirma o amplo leque de possibilidades no estudo das identidades jornalísticas. O trabalho "Receita para São Paulo", que traça um diagnóstico sobre o crescimento desordenado da maior capital brasileira e encaminha soluções para a resolução dos principais problemas da cidade, mostra a disposição dos jornais em se autorreferenciar também como veículos prestadores de serviços. Mais do que o político, o jornalista passa a ser o interlocutor autorizado a exigir das autoridades o cumprimento de políticas públicas.

A despeito de o papel da imprensa como órgão prestador de serviços fazer parte historicamente de um ideário consolidado no campo jornalístico, outros sentidos sobre a profissão não são anulados, pois partimos do pressuposto de que existem múltiplas identidades. A "missão" dos produtores de notícias que devem não apenas mostrar os problemas urbanos, mas contribuir para o encaminhamento das soluções converge para outras representações já vistas neste trabalho. À função de "utilidade pública", soma-se, por exemplo, a valorização de uma identidade "investigativa" no contexto de abertura política ou da ação fiscalizadora do poder, sobretudo a partir dos anos 1980.

De autoria dos jornalistas José Maria Mayrink e Ricardo Gontijo, o trabalho "Receita para São Paulo" resultou de uma série de encontros promovidos em 1971 pelo grupo *Estado*. Durante três meses, especialistas de diferentes áreas reunidos no Seminário sobre Problemas Municipais debateram os principais gargalos de infraestrutura na capital paulista, que concentrava na época cerca de seis milhões de habitantes. O resultado foi transformado em sete cadernos especiais, publicados entre 17 e 24 de agosto de 1971. O objetivo do *Jornal da Tarde* era encaminhar sugestões em curto, médio e longo prazo ao engenheiro Figueiredo Ferraz, que assumia a Prefeitura de São Paulo naquele ano. A série abordou dez temas: habitação; saúde; circulação e transporte; serviços públicos; bem-estar social; educação e cultura; escoamento de águas; uso do solo; abastecimento e, por fim, máquina administrativa.

A edição comemorativa dos 50 anos do Prêmio Esso (BELOCH e FAGUNDES, 2006), atribuindo uma declaração ao repórter premiado José Maria Mayrink, informa que "um dos maiores desafios foi transformar um relatório burocrático, com números e estatísticas, em uma reportagem agradável para o leitor" (2006, p. 59). Nota-se, contudo, que o objetivo do repórter em transformar informação técnica em linguagem acessível para o público não foi atingido em parte do material. Em algumas passagens, os dados extraídos de relatórios dos especialistas são publicados aparentemente sem qualquer modificação por parte do jornalista. Esse processo pode ser verificado na abertura (*lead*) da matéria "O que se deve fazer para evitar inundação, e o que não se deve fazer" (17/08/1971):

> Há quatro tipos principais de obras de defesa contra as inundações: 1) - Obras que facilitem o escoamento das águas nos fundos de vales: consistem, por exemplo, na abertura de canais; 2) - Obras que confinem as inundações, contendo as águas dentro de limites adequados: são os diques proximamente paralelos à direção dos cursos de água; 3) - Obras de retenção das águas nas cabeceiras, ou o montante dos locais sujeitos a inundações, reduzindo os picos da enchente: são as empresas regularizadoras da vazão dos cursos de água ou de retenção de enchentes; 4) - Obras de desvio das águas para bacias vizinhas (reversões) que possam recebê-las sem inconveniente e que apresentem condições fisiográficas favoráveis ("O que se deve fazer para evitar inundação, e o que não se deve fazer", *Jornal da Tarde*, 17/08/1971).

A narrativa em formato de relatório aparece também nas matérias "Os maiores defeitos da grande máquina" e "A falta de inovação e outros problemas", publicadas no encerramento da série, em 24/08/1971. As reportagens têm apenas uma abertura com o texto dos repórteres. Em parágrafo único, são listados integralmente os pontos contidos no documento dos técnicos especializados em assuntos de administração pública, dentre eles Werther Krause, um dos coordenadores do seminário organizado pelo grupo *Estado*.

O tratamento dado a cada um dos assuntos que compõem a série obedece a um certo padrão. Isso significa que as matérias, de um modo geral, são divididas em duas partes: diagnóstico e soluções. Por exemplo: ao abordar o tema "Uso do solo", os repórteres relacionam inicialmente os problemas, como a falta de espaços públicos de lazer, a exploração da publicidade em áreas verdes e a falta de pessoal capacitado na administração municipal para realizar as obras e fazer a fiscalização. Em seguida, eles apontam algumas alternativas discutidas no âmbito do grupo de trabalho do seminário. No caso específico, as recomendações são divididas em quatro grandes categorias (zoneamento e código de obras; renovação urbana; áreas verdes; recursos humanos e custos operacionais), cada uma incluindo até oito pontos, os quais poderiam fazer parte da legislação sobre o uso do solo. A seguir, outro exemplo da aplicação da fórmula diagnóstico - soluções no caderno especial sobre "Escoamento de águas":

Diagnóstico:

> Os quatro técnicos que discutiram o problema das águas superficiais no Seminário sobre Problemas Municipais (todos com experiência de longos anos no Departamento de Obras da Prefeitura) partiram desses dois pontos: 1) a constatação da importância dos rios Tietê, Tamanduateí e Pinheiros e dos 150 córregos para o escoamento das águas pluviais; 2) a constatação da falta de dados complementares sobre a hi-

> drologia urbana para o planejamento e execução de obras que permitam acabar com as inundações ("O problema das enchentes, e suas soluções", *Jornal da Tarde*, 17/08/1971).

Soluções:

> Os técnicos concluíram que os problemas mais difíceis de inundação são causados pelas falhas do traçado urbano de São Paulo. [...] Os técnicos sugerem um novo levantamento aerofotogramétrico para a atualização das plantas. Recomendam, para isso, que os dados sejam imediatamente passados para o mapa, a fim de que não fiquem logo ultrapassados. Tendo plantas atualizadas, a Prefeitura poderia estudar o traçado dos 150 córregos de São Paulo, localizar essas áreas a serem expropriadas e descobrir as linhas divisórias das bacias de contribuição dos cursos de água. O plano diretor de escoamento das águas superficiais seria então articulado com os planos de canalização dos rios Tietê, Pinheiros e Tamanduateí. Esse plano seria necessário também para se estabelecer um plano racional de pavimentação ("E os córregos", *Jornal da Tarde*, 17/08/1971).

O caderno especial "Máquina administrativa" foi o último da série premiada. A edição abordou a importância de uma gestão planejada e uma máquina publica eficiente para a resolução dos problemas de infraestrutura urbana em São Paulo. Para encerrar o trabalho jornalístico, os repórteres se basearam em informações prestadas por Werther Krause, um dos coordenadores do seminário. Segundo o especialista, "foi o tratamento inadequado dos problemas da cidade que provocou o crescimento desordenado de São Paulo" ("Enfim, é preciso reformar tudo", *Jornal da Tarde*, 24/08/1971).

> De nada adianta a cidade conhecer todos os seus problemas, e dispor de recursos para resolvê-los, se não tiver tam-

> bém uma máquina administrativa adequada. No caso de São Paulo, concluíram os técnicos no Seminário sobre Problemas Municipais – a máquina administrativa tem tido muita dificuldade para enfrentar os problemas que a cidade tem de resolver, na rotina do dia-a-dia. [...] Os principais desses problemas são a falta de uma visão geral dos problemas da Grande São Paulo, a falta de uma definição clara de funções e dos respectivos níveis de competência e a inércia da máquina administrativa ("A máquina", *Jornal da Tarde*, 24/08/1971).

Algumas das propostas apresentadas em "Receita para São Paulo" tornaram-se políticas públicas a partir do governo Figueiredo Ferraz. A criação do Código de Endereçamento Postal (CEP) foi uma das sugestões acolhidas pela administração municipal, bem como a integração dos meios de transporte. Após a publicação das reportagens, também foi aprovada uma nova lei de zoneamento na cidade.

Para a comissão julgadora do Prêmio Esso de Jornalismo de 1971, o trabalho de José Maria Mayrink e Ricardo Gontijo teve valor de documento histórico, fornecendo subsídios para a tomada de decisões no âmbito político. O jornalista Luiz Orlando Carneiro, integrante do júri naquele ano, justificou a escolha, na edição comemorativa dos 25 anos do concurso, informando que as matérias cumpriram o "dever da imprensa de trabalhar para e com a comunidade" (CARNEIRO, apud LUZ e BORGES, 1980, p. 99). No artigo, Carneiro reforça a crença de que o jornalismo atua como instrumento de utilidade pública, agindo permanentemente em defesa da cidadania. Esse sentido aparece muito bem expresso no trecho abaixo:

> Os grandes jornais sentem cada vez mais a obrigação de intervir na condução dos negócios públicos, não apenas

> exercendo o papel de *ombudsman* atento e, quando necessário, de crítico inclemente, mas contribuindo competentemente para equacionar e ajudar a resolver problemas imediatos e mediatos. 'Receita para São Paulo' [...] é um excelente exemplo desse tipo de jornalismo sério e conseqüente (1980, p. 98).

Amazônia (1972)

Realidade buscou documentar diferentes aspectos da região em 320 páginas da edição especial nº 67, lançada em outubro de 1971. O desenvolvimento econômico, com o deslocamento de parte da população do Nordeste para a Amazônia brasileira, era considerado um dos objetivos estratégicos do governo Médici, embalado pelo discurso ufanista do Brasil "grande potência". Para retratar, conforme anunciou o diretor da Abril, Victor Civita, "o instante mais extraordinário da vida dessa última grande reserva natural do planeta" ("Carta do editor", *Realidade*, nº 67, outubro de 1971), a revista mobilizou mais de 20 repórteres e fotógrafos, chefiados pelo jornalista e editor Raimundo Rodrigues Pereira. Foram nove meses para produzir a edição, sendo cinco meses de viagem por 131 localidades da Amazônia. Partindo de Belém (PA), a equipe percorreu, segundo dados da publicação, 1.200 horas de barco e 184.000 quilômetros de avião para a "mais longa, custosa e apaixonada reportagem" de *Realidade*.

A decisão do governo Médici de povoar a região amazônica adotava como mensagem a ideia de resolver a situação de "homens sem terra no Nordeste e terras sem homens na Amazônia" (MÉDICI, apud SKIDMORE, 1988, p. 288). O Programa de Integração Nacional (PIN) projetava a construção de rodovias para colocar no vale amazônico 70 mil famílias, com "prioridade absoluta" para as rodovias Transamazônica e Cuiabá-Santarém (1988, p. 289). Além disso, a revista alertava para a abertura de quase 300 grandes fazendas de gado na região, algumas com o tamanho de países europeus, e uma corrida internacional para exploração das riquezas minerais em seu subsolo. Na ocasião, cem mil pessoas já viviam da derrubada da mata.

Agrônomos, geógrafos e outros analistas que conheciam a região foram ouvidos pela reportagem de *Realidade*. Denunciavam riscos ambientais e alertavam, por exemplo, para a fragilidade do solo, limitando a capacidade agrícola. Como informa Skidmore, o programa amazônico tinha, porém, um grande valor simbólico para a "campanha triunfalista de relações públicas do governo que exaltava a 'grandeza' do Brasil e seu inexorável salto para o status de potência mundial" (1988, p. 293).

Na edição especial, não se verificou um posicionamento político da revista favorável ou contrário aos planos do governo Médici na Amazônia. *Realidade* apresentou temas dos mais diversos: as condições de vida dos ribeirinhos e dos moradores no interior da mata, o meio ambiente, as inundações sazonais, a caça e a pesca predatória, as doenças típicas, o turismo, a cultura, a culinária, além de mitos e história da Amazônia. As reportagens também trouxeram uma ampla abordagem sobre aspectos econômicos, como o extrativismo de castanha e borracha, a agricultura, a pecuária, a exploração das riquezas minerais do subsolo, o drama dos garimpeiros, os grandes investimentos previstos em infra-estrutura, como a construção da Rodovia Transamazônica, e a navegação fluvial.

Não era a primeira incursão de Raimundo Rodrigues em áreas praticamente inóspitas no Norte do país. Ele já havia produzido matérias para *Veja* sobre a região e, após deixar a publicação da Abril em meados de 1970, fez um trabalho para a revista *Transporte Moderno* abordando as estradas da Amazônia. O planejamento da reportagem, que exigiu grande investimento humano e financeiro, foi feito por ele e Hamilton Almeida Filho. Em menos de uma semana, 300 mil exemplares foram vendidos, compensando comercialmente o grande investimento feito pelos donos da revista.

A equipe de repórteres contava com importantes nomes do jornalismo, dentre eles Octavio Ribeiro, José Martinez, Carlos Azevedo, Domingos Meirelles, Norma Freire, Luis Carlos Bardawill, Sérgio Buarque e Roberto Dantas, além do próprio editor Raimundo Rodrigues e Hamilton Almeida. Também participaram os fotógrafos Jean Solari, Maureen Bisilliat, Cláudia Andujar, George Love, Amâncio Chiodi e Darcy Trigo, profissionais da arte e da pesquisa e colaboradores especiais. Pela primeira vez os julgadores concederam um prêmio na categoria principal a um trabalho realizado em equipe. Até então, o concurso havia consagrado um nome individualmente ou uma dupla de repórteres.

A reflexão proposta por *Realidade* se reveste de atualidade: desenvolvimento e sustentabilidade. Já no editorial, a edição assinala as consequências do desmatamento e da exploração desenfreada dos recursos naturais para a qualidade de vida dos habitantes e os problemas decorrentes do adensamento populacional de centros urbanos:

> A Amazônia é a última grande fronteira terrestre a ser civilizada. Até aqui, o homem, como um deus, moldou a terra à sua imagem e semelhança: destruiu a vida selvagem e a natureza, aniquilou espécies, fez com que a palavra 'civilização' muitas vezes não significasse mais que monotonia e massacre. A Amazônia não seria o local para a maravilhosa experiência do progresso em harmonia com a natureza? Não seria a nossa ilha da Utopia onde se fará o progresso limpo e colorido que ainda existe no coração de todos os homens? ("Carta do editor", *Realidade, nº 67,* outubro/1971*)*.

Na maior parte das matérias, predomina o uso de recursos literários para narrar os eventos jornalísticos, mostrando a influência do *new journalism* no projeto editorial de *Realidade*. Os fatos são apresentados ao leitor em estilo narrativo em que o repórter descreve o ambiente, particulariza os detalhes, explora a temporalidade da ação, busca dar ênfase às sensações e apela às dualidades. As reportagens sobre a Amazônia são construídas com base em todas essas características textuais que apontam, muitas vezes, para o dado ficcional. Tais estratégias fortalecem o vínculo dos leitores com a trama narrativa.

> Num mundo menor, o Jarí seria um oceano. Aqui, é simplesmente um dos 1.100 desconhecidos afluentes do grande Amazonas. Mas em qualquer parte deste planeta seria o que é: um rio esplêndido. Ali fica a cachoeira de Santo Antônio. *As águas chegam a uma plataforma circular de pedra de 30 metros de altura e se despejam espumantes. Gaivotas e outras aves pescadoras mergulham entre nuvens de neblina em busca de peixes atordoados.* Depois, *a massa de líquido verde-musgo*, larga, de mais de meio quilômetro, *escorre mansa por 150 quilômetros até o rio-oceano.* [...] Logo acima da floresta que cerca todo o horizonte, *o pôr do sol espalha vermelhos desesperados. Pouco a pouco eles se fundem no negro da noite. A manhã teve neblina até as 9; a tarde foi quente, abafada. A escuridão vem fresca e agradável* ("Os insetos, o calor, a chuva". *Realidade*, nº 67, outubro/1971, grifos nossos)

Além das reportagens, a edição de *Realidade* utiliza outros gêneros jornalísticos, como entrevistas, perfis e serviços. Foram publicadas 17 entrevistas com autoridades políticas, economistas, empresários e especialistas na área do meio ambiente, incluindo Jarbas Passarinho, Mario Andreazza e Ramiro Nazaré, dentre outros. Há espaço também para textos mais analíticos, que demonstram intenso trabalho de pesquisa da equipe, apresentado índices econômicos e informações acerca dos recursos naturais da região, tais como as reservas de água doce, sal-gema, estanho, alumínio, ferro e petróleo.

A cobertura dedicou grande espaço para assuntos de interesse humano. Muitas pautas tratavam da história de personagens comuns, como caçadores, pescadores, poetas, garimpeiros e agricultores da região. As fontes revelam um Brasil desconhecido para a maioria dos moradores das grandes cidades. O repórter descreve o cotidiano de habitantes do lugar, como o casal de seringueiros Élcio e Teresa:

> Élcio vem saindo de uma picada na mata, um saco de borracha nas costas – 15 quilos de látex –, um balde nas mãos, calça cortada acima dos joelhos, mancando do pé esquerdo. [...] Teresa, sua mulher, está sentada num banco ao lado do forno, girando uma massa branca grudada num pau apoiado pelas pontas em duas forquilhas. O látex que a outra mão de Teresa despeja continuadamente na massa enfumaçada vai se transformando em uma bola grossa e consistente, a péla ("Rrrooommm...rrrooom...room: Melquíades chama o amigo da onça morta", *Realidade*, nº 67, outubro/1971).

Uma particularidade envolvendo a revista marcou o concurso naquele ano: o trabalho coletivo foi reconhecido pelo programa da Esso não apenas na categoria principal. A edição especial recebeu o Prêmio Esso de Melhor Contribuição à Imprensa. Não há menção no regulamento quanto aos critérios para premiação nesta categoria. O então coordenador do Prêmio Esso, Guilherme Duncan, menciona no livro dos 50 anos da premiação que a sua criação em 1971 estava associada às transformações por que passava o jornalismo no país: "[...] o jornalismo nos estados começava a crescer. A tecnologia de comunicação apresentava estimulantes inovações [...]. A publicidade brasileira dava o primeiro salto de qualidade" (DUNCAN, apud BELOCH e FAGUNDES,

2006, p. 9). Neste ambiente, afirma Duncan, "para reconhecer o mérito específico de um trabalho, de um veículo de comunicação, de uma obra, uma iniciativa, um nome, foi criado o Prêmio Esso de Melhor Contribuição à Imprensa" (2006, p. 9).[8]

Comportamento (saúde)

Dentre os temas sociais consagrados pelo Prêmio Esso, duas reportagens abordam mudanças de comportamento na sociedade nos anos 1960: "Os filhos proibidos", da revista *Fatos e Fotos*, vencedora do concurso na categoria principal em 1965, e "Psicanálise: remédio ou vício?", do jornal *Última Hora*, que conquistou o Esso nacional em 1969. Foi o único prêmio recebido pelos veículos na categoria principal em toda a trajetória da premiação. Em "Os filhos proibidos", a revista trata do processo de revolução sexual a partir da criação de novos métodos contraceptivos. Já na série de reportagens de *Última Hora*, o foco era discutir a popularidade da psicanálise, apresentando defensores e críticos do tratamento que propunha a possibilidade de autoconhecimento diante dos problemas do mundo moderno.

8 O exame mais detalhado do Prêmio Esso de Melhor Contribuição à Imprensa foge aos objetivos da pesquisa, que concentra a análise no Esso de Jornalismo. Mas de um modo geral, observa-se naquela categoria, no período 1964-1978, um reconhecimento aos veículos normalmente não contemplados nas categorias principais do concurso: *O Bondinho* (1971), *Expansão* (1973), Última Hora - RJ, *Tendência*, *Rádio Panamericana* e *TV Globo* (1974), *Jornal de Brasília*, *Gazeta Mercantil* e *Agricultura Hoje* (1975). O *Estado de S. Paulo* também recebeu este prêmio em 1975 pelos suplementos especiais em homenagem ao centenário do próprio jornal. A valorização de publicações especializadas em economia acompanhava o momento de expansão do jornalismo econômico num contexto marcado pelo "milagre econômico" nos anos 1970.

Os filhos proibidos (1965)

A série de reportagens da revista semanal *Fatos e Fotos*, escrita pelo jornalista José Itamar de Freitas, foi publicada de 15 de fevereiro a 07 de março de 1964, algumas semanas antes do golpe militar no Brasil. A reportagem sobre a evolução do uso de anticoncepcionais, apresentando opiniões de defensores e críticos da política de controle de natalidade no Brasil, teve grande repercussão. A temática sexual, ainda considerada um tabu na sociedade, não frequentava o noticiário nos anos 1960.

> Vamos deixar de hipocrisia: não é apenas nos Estados Unidos que 3 milhões de mulheres tomam, diariamente, pílulas anticoncepcionais, isto é, pílulas que impedem a gravidez. Nem só na Inglaterra, onde 4 milhões recorrem a esses e outros remédios. A realidade é maior e mais grave do que as estatísticas, pois nem todos têm coragem de 'confidenciar intimidades', e não há lugar no mundo onde as mulheres ou os homens não recorram, habitualmente, a jeitos, drogas, panaceias ou aparelhos destinados a evitar filhos. Ou onde moças e mulheres que não puderam evitar a concepção não recorram ao aborto ("Os filhos proibidos", *Fatos e Fotos*, 15/02/1964).

A série foi dividida em quatro capítulos, um tema específico por semana. As fotos foram produzidas por Carlos Abrunhosa. Na primeira reportagem "Os filhos proibidos", o repórter José Itamar abordou as principais razões e os métodos novos e tradicionais usados por quem desejava evitar filhos, como a pílula ou "inibição da evolução", que era novidade no Brasil.

> Método mais recente, de ampla divulgação, motivo de muita discussão sobre o mecanismo de ação e inocuidade dos produtos farmacêuticos. [...] Usadíssimo nos EUA e na

> Europa, o método vem tendo a maior aceitação no Brasil, e só não se generalizou porque: (a) há receio de que produza efeitos maléficos; (b) há intolerância a ele, por parte de certas mulheres; (c) o preço é elevado ("Os filhos proibidos", *Fatos e Fotos,* 15/02/1964).

O texto tem linguagem didática, revelando uma tentativa do repórter de transformar conhecimento científico em informação jornalística acessível a um público não especializado, como é o caso dos leitores de *Fatos e Fotos.* A matéria demonstra o grau de especialização de José Itamar, um dos pioneiros do jornalismo científico no Brasil.[9] Nesse trabalho há acentuado trabalho de pesquisa, análise de estatísticas e interpretação de dados técnicos para manter o público informado sobre os avanços na descoberta de meios contraceptivos. O jornalista mostra a experiência em vários países, incluindo os mais populosos, que sustentam uma política de controle da natalidade, como Japão e China. Ao se apoiar em pesquisas e estudos científicos, a reportagem de abertura da série praticamente não apresenta aspas ou citações. Também não há fontes ouvidas no Brasil sobre o tema.

O debate entre liberdade e prazer ou ato sexual para finalidade única de procriação foi o tema da segunda edição "Deus e a pílula". O jornalista procurou conhecer a posição de líderes católicos ("catolicismo espera por um remédio"), protestantes ("protestantismo admite um controle"), judeus ("Judaísmo manda ouvir a consciência") e espíritas ("Espiritismo não teme superpopulação"). As fontes incluem o frei dominicano Pedro Secondi, o pastor Benjamin de Morais, presidente da Sociedade Bíblica do Brasil, o rabino Meir Masliah Melamed, do Centro Israelita Brasileiro Bené Herzl, e o espírita Ismael Gomes Braga, membro do Conse-

9 José Itamar migrou posteriormente para a televisão, tendo comandado o programa "Fantástico", da *TV Globo.*

lho Superior do Espiritismo. Informa o texto que "as religiões são unânimes em condenar os que evitam filhos por comodismo, mas reconhecem 'casos de necessidade'".

Na se trata propriamente de uma reportagem. "Deus e a pílula" é na verdade uma entrevista, no formato pergunta e resposta, com os representantes das quatro religiões. Eles respondem a questões "Como pareceria a Deus uma lei dos homens que obrigasse os casais a evitar muitos filhos como uma forma para evitar a superpopulação?" ou "Deus reconhece os casos em que evitar é necessário?". É interessante notar que esse formato se repete no decorrer da série. O texto é produzido a partir de perguntas do jornalista e resposta dos entrevistados.

Na terceira "O Brasil e a pílula", José Itamar apresentou visões antagônicas sobre o controle da natalidade, utilizando como fontes principais o engenheiro e membro da Academia Brasileira de Ciências Glycon de Paiva, que propôs a vinda de uma missão técnica da Suécia para avaliar como nascem os brasileiros e elaborar um "Plano Nacional de Natalidade", e o médico sanitarista Mario Magalhães da Silveira, para quem o controle da natalidade é um "complô contra os subdesenvolvidos" por parte das nações mais ricas. Uma das informações destacadas é a constatação de que chega a um milhão o total de abortos voluntários por ano no Brasil. José Itamar limita-se a escrever as respostas das duas fontes, optando por não produzir um texto jornalístico a partir das entrevistas. As questões abordam principalmente a relação entre crescimento populacional e desenvolvimento.

Na última reportagem da série "O povo e a pílula", a revista divulgou uma pesquisa de opinião com 200 casais da antiga Guanabara das mais diferentes classes sociais, revelando como e porque evitaram filhos. Segundo o levantamento de *Fatos e Fotos*, "143 revelaram que evitaram e evitam filhos, aparecendo o aborto como o recurso utilizado por 32%" do total de casais entrevistados. Esse percentual aumenta para 49,5% entre os moradores das áreas com maior carência de serviços básicos. Além do quadro geral, o repórter apresenta um detalhamento da pesquisa por localização e classe social. Assim, a revista mostra também o resultado entre os 125 casais de classe média moradores da Zona Sul e os 75 da favela do Cantagalo.

O trabalho traz também um longo depoimento em 1ª pessoa, ocupando duas páginas, do ginecologista Jean-Claude Nahoum, professor da Escola de Medicina e Cirurgia do Rio de Janeiro. José Itamar busca a relevância nas conclusões da pesquisa e a aplicação de seus resultados no cotidiano das pessoas, um dos atributos básicos do jornalismo científico, a despeito da linguagem técnica da reportagem.

Psicanálise: remédio ou vício? (1969)

As reportagens produzidas pelo jornalista Luís Edgar de Andrade foram publicadas no formato de série pelo jornal Última Hora entre 17 e 30 de julho de 1969.[10] O trabalho jornalístico, buscando entender as motivações que levavam um número cada vez maior de pessoas, famosas ou não, a recorrer à psicanálise, foi o primeiro a discutir o tema na imprensa brasileira. As raízes da psicanálise, as diferentes correntes no Brasil, as principais queixas entre homens e mulheres, o perfil dos analistas, a duração do tratamento, os custos para o paciente, as opiniões sobre a eficácia da psicoterapia de grupo, a posição da Igreja e a existência de outros tratamentos, como a reflexologia, compõem o amplo painel de assuntos levantados em 10 reportagens pelo repórter.

10 Posteriormente, a matéria também foi publicada também no *Jornal da Tarde*.

Luís Edgar não era contratado de *UH*. Realizou o projeto como *free lancer* após convite de Samuel Wainer durante um encontro informal na praia do Arpoador, na Zona Sul do Rio de Janeiro. Edgar estava desempregado na ocasião, depois de passar o ano de 1968 cobrindo a guerra do Vietnã.[11] A pauta foi sugerida por Wainer na redação do jornal, que ficava na Praça da Bandeira, Zona Norte do Rio, um prédio moderno que já fora a sede do *Diário Carioca*. A intenção inicial era produzir uma reportagem de denúncia sobre a psicanálise numa tentativa de desmistificar o que o proprietário de UH considerava charlatanismo.

Para investigar o comportamento dos psicanalistas, Luís Edgar não se limitou a recolher depoimentos e entrevistar as fontes. Durante três meses de apuração, o próprio repórter passou a fazer análise, descrevendo, em tom autobiográfico, a sua experiência e os diálogos travados com os profissionais. Wainer teria concordado em pagar antecipadamente três meses de tratamento para o repórter.

A dupla atribuição de atuar como jornalista e paciente interferiu diretamente no texto das reportagens. A narrativa projeta o jornalista como personagem dos fatos relatados principalmente nas primeiras reportagens – "Como entrei no reino de Freud" e "Temporada no açougue de uma jovem doutora". Há reproduções de longos diálogos entre o paciente-repórter e a psicanalista. As matérias escritas em 1ª pessoa têm linguagem por vezes bem humorada, como se observa nos trechos seguintes:

11 O jornalista realizou a viagem para o Vietnã por conta própria com o dinheiro da indenização que recebera do *Jornal do Brasil*, onde ocupava o cargo de editor de Internacional até ser demitido em dezembro de 1967. Ele também havia trabalhado como correspondente do *JB* na França, o que lhe rendeu o apelido de "francês" entre os colegas de redação. Do Vietnã, ele enviou reportagens para a revista *Fatos e Fotos*. Algumas matérias também foram publicadas na *Manchete*.

> Resumi, o mais objetivamente possível, a minha história afetiva e profissional. Ele ouviu interessado, fez as perguntas clássicas: infância, pais, irmãos, círculo de amizades, namoradas, insatisfações, como a minha vida está organizada. Notei na voz dele um ligeiro tom de pastor protestante. Depois me disseram que, em geral, os analistas têm voz de pastor. – Como é, doutor? Meu caso é difícil? – perguntei no fim ("Como entrei no reino de Freud", *Última Hora,* 18/07/1969).

> Meu gravador japonês só entrou em cena daí a dois dias. Em vez de falar, pus uma gravação para a doutora ouvir: certa conversa com minha namorada, uma noite de março, na Barra da Tijuca. [...] De tanto trabalhar com o gravador, ele quebrou. Ou neurotizou-se para citar o meu amigo Hélio Pelegrino. [...] Minha última inovação foi convidar uma ex-namorada para ir comigo à análise, para prestar um depoimento. Pretendia apresentá-la: – Trago aqui, pelo braço, uma de minhas neuroses. A jovem se recusou. Ainda bem ("Temporada no açougue de uma jovem doutora", *Última Hora,* 19/07/1969)

A partir da matéria "Os mil clientes do Dr. Freud são estes", terceira da série em que aborda as razões que levam as pessoas ao consultório, o repórter escreve apoiado num texto em 3ª pessoa, com muitas citações (aspas) das fontes, sem adjetivações. A reportagem informa que "os homens são levados ao tratamento principalmente por problemas afetivos" e as "mulheres, por motivos existenciais de afirmação".

Os títulos permanecem tendo como característica a criatividade, sem prejuízo à informação. Em "De Freud e de louco cada um tem um pouco", revela que no Brasil só existem 131 analistas registrados na Associação Psicanalítica Internacional e discute se os psicólogos teriam direito de curar neuróticos. Na edição seguinte –

"Projeto Apolo da alma pode durar a vida toda" – Luís Edgar aborda as controvérsias sobre qual seria o tempo ideal de tratamento, normalmente de três a cinco anos, "embora alguns analistas achem que a análise muito prolongada pode criar novas neuroses". O custo do tratamento aparece em "Na hora de pagar é cada um por si e Deus contra todos", matéria na qual o repórter mostra como diferentes personagens se desdobram para conseguir pagar o analista: "Maria Lucia traduziu um livro para pagar o analista", "Maria José fez dívidas por causa da análise, empenhou joias, levantou empréstimos em bancos", "Teresa se priva de vestidos para não interromper o tratamento" etc. Na sequência, a reportagem "Jogo da verdade não chega a ser Maracanã das almas" informa as vantagens (opção de tratamento mais econômica) e desvantagens (o medo da exposição em público) da psicoterapia de grupo.

> O principal atrativo da análise de grupo é que ela sai muito barata. Enquanto a análise individual custa uma média de 60 cruzeiros novos por sessão e exige três a cinco sessões por semana, a análise de grupo é semanal a uma média de 80 cruzeiros novos por mês. Apesar disso, não se trata de um tratamento para pobres. Em certos casos, constitui uma terapêutica mais dinâmica do que a análise individual. [...] Em geral são oito pessoas em torno de um analista. [...] Uns falam demais. Outros sentem-se frustrados por não falar. Mas o tratamento beneficia a todos ("Jogo da verdade não chega a ser Maracanã das almas", *Última Hora*, 25/07/1969).

Nas três últimas reportagens da série, o jornal apresenta a leitura que o catolicismo fazia sobre a doutrina de Freud, os tratamentos que se opunham à psicanálise, como a reflexoterapia, e as opiniões favoráveis de quem conseguiu bons resultados no divã. É disso que trata, respectivamente, as matérias "Igreja não é contra nem a favor de Freud", "Pavlov contra Freud ou a cura em poucos meses" e "Porque eu me orgulho de fazer pipi na cama".

Ao longo de toda a série, o repórter busca equilibrar opiniões contrárias e favoráveis em relação ao tratamento psicanalítico. Luís Edgar ficou longe de cumprir à risca as orientações de Samuel Wainer, que, ao sugerir o tema, esperava receber uma matéria de denúncia para desmascarar os charlatões. Apenas na reportagem "Pavlov contra Freud ou a cura em poucos meses" há uma postura mais crítica sobre a real eficácia do tratamento. Para produzi-la, o jornalista ouviu o reflexologista Maurício Schueler Reis. A reflexologia, que utiliza em determinados casos sessões de eletrossono e hipnose, nega a existência do inconsciente e considera a neurose resultado de um condicionamento patológico. Outra fonte consultada foi o médico Silva Melo, autor do livro *Ilusões da Psicanálise*, "o mais extenso estudo publicado no Brasil contra os seguidores de Freud", conforme descreve o repórter na matéria. Para o médico, que estudou psicanálise em Viena, "analistas criam neuroses":

> Silva Melo formula a hipótese de que, ao criar a psicanálise, Freud 'foi apenas vítima dos seus próprios complexos recalcados que soube explorar de maneira genial'. Na sua opinião, 'em muitos casos, a psicanálise, em vez de resolver problemas e mitigar sofrimentos, complica a situação do doente, transformando-o num pobre-diabo que sabe o porquê dos males que o atormentam ou inutilizam, sem conseguir deles se libertar'. Sendo assim, 'a psicanálise pode constituir-se um passatempo ou um divertimento aproveitável sobretudo por mulheres ociosas que, por meio de tratamento pago, conseguem transferência para o médico, quase à moda do que acontece nos cabarés quando se divertem à custa de dançarinos remunerados ("Pavlov contra Freud ou a cura em poucos meses", *Última Hora*, 29/07/1969).

O repórter entrevistou mais de 50 pessoas, entre personalidades, psicanalistas e pessoas comuns. Nos depoimentos, ele revela as dificuldades dele próprio e dos analisandos no primeiro contato, as motivações e a importância das sessões. Algumas fontes aparecem em mais de uma reportagem da série, de acordo com o assunto abordado. O texto também combina depoimentos de analistas e pacientes, dando fluidez à narrativa com explicações dos profissionais às inquietações de quem está deitado no divã.

Apesar de ser uma reportagem de comportamento, o tema ainda era considerado tabu na sociedade. Muitas fontes só concederam entrevistas sob a condição de não serem identificadas. Nesses casos, Luís Edgar usava apenas o primeiro nome dos personagens ou pseudônimos. Não era incomum, principalmente diante da desinformação e preconceito que ainda cercavam a doutrina de Freud no Brasil, os pacientes serem taxados de "loucos":

> A tentativa inicial é sempre difícil. Quando Maria Lúcia procurou pela primeira vez o psicanalista, há cinco anos, guardou segredo com medo de que a família a achasse louca. Estava tão perturbada que não conseguiu engrenar com o médico. [...] Três anos mais tarde, seu problema agravou-se e ela voltou à psicanálise com uma volúpia extraordinária ("Os mil clientes do doutor Freud são estes", *Última Hora,* 21/07/1969).

Uma das primeiras fontes consultadas e, a partir de então, a mais recorrente ao longo da série de reportagens foi o psicanalista Hélio Pelegrino. Em seguida, o repórter de *Última Hora* procurou três analistas das principais correntes no Rio de Janeiro: freudiana, jungiana e culturalista. No início da apuração, Luís Edgar chegou a omitir a sua identidade como jornalista, não informando que o objetivo dele nas sessões era produzir matérias sobre o tema. Foi dissuadido da ideia de continuar se transmutando em outro personagem por Carlos Byngton, da corrente jungiana. Na segunda matéria da série, ele descreve sua reação diante da psicanalista Roxana Galli depois de contar os motivos profissionais que o levaram ao divã: "De repente, engasguei. As palavras me fugiram. Senti o nó na garganta. E agora, Luís? Foi aí que me descobri em plena engrenagem: estou realmente me psicanalisando" ("Temporada no açougue de uma jovem doutora", *Última Hora*, 19/07/1969).

Segundo um dos julgadores do Prêmio Esso, cujo nome não foi divulgado na matéria "Um prêmio ao talento do bom repórter", publicada na edição comemorativa de 11/12/1969 da Última Hora, a comissão do concurso considerou o trabalho sobre a psicanálise "uma das melhores reportagens já publicadas na imprensa brasileira em todos os tempos". A comissão foi formada pelos jornalistas Hideo Onaga (relator); Carlos Lemos, do *Jornal do Brasil*; Aloísio Gentil Branco, do *Correio da Manhã*; Murilo Felisberto, do *Jornal da Tarde*; e Wladimir Maia Calheiros, do *Jornal do Commercio* (Recife). Três aspectos foram ressaltados pelo júri: estilo do texto, a experiência pessoal do repórter para fazer a reportagem e a organização da série. Em relação ao último atributo, afirma o jurado:

> Seu trabalho é um primor de técnica, em que os diversos aspectos da psicanálise são postos numa ordem tal que os capítulos da reportagem se completam. Não temos na série o defeito que é muito comum nos trabalhos grandes: cada uma das matérias parecer estanque, sem ligação nem com as anteriores, nem com as posteriores. A série de Luis Edgar se desenrola como um livro, com um princípio, meio e fim ("Um prêmio ao talento do bom repórter", *Última Hora*, 11/12/1969).

Em artigo escrito para a edição comemorativa dos 25 anos do Prêmio Esso, Carlos Lemos, um dos julgadores, confirma que o repórter premiado fez, sob o ponto de vista jornalístico, "uma das mais perfeitas reportagens que conheço" (Lemos, apud LUZ e BORGES, 1980, p. 87), justificando a escolha ao "estilo vigoroso, objetivo, claro, conciso, às vezes bem humorado, sempre informativo" (1908, p. 88) de Luís Edgar de Andrade.

Ex-correspondente do *Jornal do Brasil* na França e autor de várias reportagens publicadas pela *Manchete* e *Fatos e Fotos* sobre a Guerra do Vietnã, onde esteve em 1968, Luís Edgar já era um dos jornalistas brasileiros de maior experiência internacional. Nada porém o impressionou tanto como o trabalho sobre a psicanálise para o vespertino de Samuel Wainer: "Esta foi a reportagem mais perigosa que eu fiz. Para usar a linguagem dos vietcongs, a psicanálise é um ataque às zonas ainda não libertadas do nosso Vietnã interior" ("Do Ceará ao divã, via Vietnã", *Última Hora*, 17/07/1969).

Drogas

Em duas edições do concurso jornalístico, o Prêmio Esso nacional foi outorgado para profissionais que construíram matérias abordando um fenômeno então crescente na sociedade brasileira, principalmente nos grandes centros urbanos, como Rio de Janeiro e São Paulo: a questão das drogas. A comissão de julgadores reconheceu o mérito das reportagens "As drogas", série vencedora em 1975, publicada pelo *Jornal do Brasil*, e "O assassinato de Cláudia Lessin", da revista *Veja*, que conquistou o prêmio na categoria principal em 1977.

"As drogas" (1975)

A série de reportagens do *Jornal do Brasil* vencedora do concurso em 1975 apresentou um abrangente painel sobre o universo das drogas no país. As matérias, publicadas entre 20 e 25 de julho daquele ano, trataram do aumento do consumo de entorpecentes na década de 70, o lucro desse mercado ilegal, as principais rotas do tráfico, a inexistência de programas preventivos e o precário atendimento aos dependentes nos hospitais, dentre outros assuntos. O trabalho foi produzido pelo jornalista Juarez Bahia. Durante três meses de apuração, o repórter ouviu mais de 50 fontes governamentais e especialistas em toxicomanias em diferentes áreas. O enfoque não ficou restrito ao campo policial. Aspectos religiosos, jurídicos, econômicos, médicos e comportamentais foram incluídos na pauta.

As duas primeiras edições foram publicadas no 1º caderno (editoria Nacional) e as demais, na página 10 do Caderno B. Os dados revelados pelo *JB* mostram como a questão das drogas está longe de ser um fenômeno atual no Brasil. Faz parte de um processo gradual que privilegiou historicamente a ótica da repressão. A série já alertava, por exemplo, que o país poderia se transformar em rota privilegiada de narcotraficantes "se medidas de natureza jurídica, médica, social, ética e cultural não foram desde logo tomadas" ("Tráfico cresce e reclama agora ação coordenada", *Jornal do Brasil*, 21/07/1975). Bahia especifica as diferentes causas do problema, como a desarticulação dos órgãos oficiais voltados para o combate, que contribuiu para o ingresso crescente de cocaína no mercado das drogas pesadas:

> A vigilância sobre o tráfico ainda é falha e descoordenada, pesando num reduzido efetivo da Polícia Federal, nem sempre suficientemente treinado, o sistema de repressão. Também é precário o apoio institucional e administrativo no combate às drogas e aos traficantes. O sistema de prevenção e recuperação é tão medíocre que apenas absorve as contradições da legislação antitóxicos. O tráfico nacional e internacional [...] beneficia-se da extensão territorial, do imenso contingente jovem da população, do desenvolvi-

> mento industrial, dos hiatos populacionais em muitas partes do país e do ainda não praticado policiamento ao longo da costa ("Tráfico cresce e reclama agora ação coordenada", *Jornal do Brasil*, 21/07/1975).

As matérias deram ênfase às deficiências nas formas de tratamento e à confusão jurídica que não distinguia usuários de traficantes. Predominam críticas à legislação e ao aparato repressivo contra os toxicômanos, como nas passagens abaixo:

> – Combater mal o uso de drogas ilícitas é pior do que não combatê-lo – disseram experimentados especialistas no tratamento de dependentes, interessados numa linha social da psiquiatria. Para eles, o país inclinou-se por um conceito repressivo, esquecendo outros fatores básicos, como por exemplo a prevenção e a recuperação ou 'o simples fato de que a incidência do fenômeno do largo consumo das drogas se faz maciçamente sobre a juventude ("Tráfico cresce e reclama agora ação coordenada", *Jornal do Brasil*, 21/07/1975).

> O médico Osvald Moraes Andrade lamentou que os aspectos bons da lei antitóxicos não estejam sendo aplicados. 'Só a parte negativa, que transformou o doente ou viciado em traficante, está sendo executada', disse ele, acrescentando que as clínicas especializadas, os pronto-socorros, os hospitais estão cheio de jovens na faixa dos 16 aos 25 anos. [...] 'O fenômeno da expansão do uso de tóxicos [...] não pode ser estudado sob o ângulo de uma análise simplista, na invocação de uma legislação rígida, que enquadre, indistintamente, todos aqueles que se envolvam com entorpecentes e drogas afins. Não podem ser considerados simples marginais, cujo comportamento deva refletir-se apenas no fato punível e submetidos ao severo castigo das penas. Não basta acionar o aparelho repressivo' ("Constatação alarmante à espera da eficácia", *Jornal do Brasil*, 22/07/1975).

O trabalho jornalístico combina reportagem de campo e análise de pesquisas e estatísticas de diferentes fontes, sobretudo de universidades, instituições sociais e sociedades médicas. Para produzir as matérias, o jornalista utilizou informações da Coordenadoria da Saúde e Assistência Social da Universidade de São Paulo (USP), da Sociedade Brasileira de Saúde e Higiene Mental Escolar, do Programa Educacional sobre Tóxicos, coordenado pela Escola Paulista de Medicina e pelo Centro Nacional de Aperfeiçoamento de Pessoal para a Formação Profissional, da Faculdade de Farmácia da Universidade Federal de Minas Gerais (UFMG) e do Instituto Social Morumbi. Dados oficiais sobre a situação das drogas no país eram praticamente inexistentes, conforme Juarez Bahia explica nas reportagens. Sem dispor de um banco de dados, os agentes da Divisão de Repressão a Entorpecentes do Departamento de Polícia Federal, entrevistados na matéria de abertura "Brasil, conexão internacional na geografia do tráfico" (20/07/1975), não conseguiram prestar informações sobre uma série de questões formuladas pelo repórter. O mesmo ocorreu com a Divisão Nacional de Saúde Mental do Ministério da Saúde, que não dispunha de dados concretos sobre a situação do atendimento aos dependentes.

> Os números levantados para cadastramento médico-sanitário são incompletos em todas as áreas. A imprecisão estatística tanto da Divisão Nacional de Saúde Mental quanto das outras unidades de planejamento dos Ministérios da Saúde e da Previdência Social, além do sistema médico-hospitalar privado, concorre para atrasar a reformulação desejada e impõe um desperdício de recursos humanos e de energias institucionais e administrativas ("Doente mental é simples número no circuito", *Jornal do Brasil*, 24/07/1975).

Na sequência da série, Bahia procurou apresentar soluções no âmbito administrativo-institucional, como a integração das ações dos ministérios da Saúde e Educação e a criação de um Conselho de Defesa Social e centros de reabilitação voltados para os dependentes. Também repercutiu a visão psiquiátrica sobre a inocuidade do debate entre drogas lícitas e ilícitas, pois "as lícitas de venda livre podem provocar dependências tão acentuadas quanto certas drogas ilícitas de venda controlada ou proibida" ("Uma diferença só arbitrária", *Jornal do Brasil*, 21/07/1975).

> Dá-se normalmente um sentido pejorativo às drogas não reconhecidas legalmente, sobre as quais pesa a intervenção das forças da ordem. E não se restringe o apoio publicitário ao uso cada vez maior das drogas legalizadas, como o álcool, o fumo e os medicamentos que compõem os coquetéis farmacêuticos. Procura-se excluir os adultos da massa de dependentes, viciados ou toxicômanos. Os jovens são os mais vigiados e também os mais vulneráveis, não obstante haver indicação segura de parcelas crescentes de consumidores de mais de 18 anos de idade ("Milhares de usuários no universo do vício", *Jornal do Brasil*, 22/07/1975).

Juarez Bahia tem um histórico de conquistas no programa da Esso. Além do reconhecimento na categoria principal em 1975, o jornalista recebeu outras cinco distinções em categorias secundárias do concurso: "O grande despertar" (prêmio regional em 1962), "Habitação: desafio nacional" (menção honrosa em 1965), "SOS para o sisal" (prêmio regional em 1967), "A nova idade da aviação brasileira" (informação científica em 1974) e "Os farofeiros do sistema" (menção honrosa em 1977). Os três primeiros foram trabalhos publicados no jornal *A Tribuna*, de Santos. Em solenidade de entrega da láurea máxima na sede do *Jornal do Bra-*

sil pela série "As drogas", em fevereiro de 1976, ele destacou o trabalho coletivo da equipe:

> O prêmio é do jornal – do editor aos demais companheiros que me ajudaram na realização da reportagem e, também, das pessoas de fora que me deram a sua cooperação desinteressada e competente, reiterando um velho preceito do jornalismo: a ação isolada em nada resulta neste campo ("Juarez Bahia recebe Prêmio Esso de Jornalismo e Tabak e Fontes, a Menção Honrosa", *JB*, 17/02/1976).

"O assassinato de Cláudia Lessin" (1977)

O resultado consagrando a matéria "O assassinato de Cláudia Lessin" foi inédito na história do programa promovido pela multinacional de petróleo. Até então, nenhuma matéria policial havia sido premiada na categoria principal. As reportagens de *Veja*, publicadas em setembro de 1977, alteraram os rumos da investigação sobre a morte da jovem de classe média alta do Rio de Janeiro, cujo corpo foi encontrado nos penhascos da avenida Niemeyer, em um local conhecido como "Chapéu dos Pescadores", em 25 de julho daquele ano. Os criminosos haviam amarrado, com fios de arame, uma mala cheia de pedras em seu pescoço para ocultar o corpo no fundo do mar. Até a publicação da reportagem, a polícia caminhava para o arquivamento do inquérito, desqualificando a vítima e concluindo que Cláudia Rodrigues, então com 21 anos, havia morrido pelo uso simultâneo de cocaína, álcool e remédios. Justificava-se o crime, como observou a revista, através de acusações à conduta moral da jovem. Os repórteres de *Veja*, Valério Meinel e Amicucci Gallo revelaram, no entanto, que a vítima fora assassinada no apartamento do milionário Michel Frank, filho do industrial Egor Frank. O crime também envolvia o cabeleireiro George Khour.

As revelações sobre o assassinato partiram de uma fonte localizada por *Veja* depois de três semanas de apuração: o doutor em patologia e professor da Universidade Federal do Rio de Janeiro Domingos de Paola. O médico fora acionado pela família do empresário Michel Frank para contestar o laudo cadavérico do corpo de Cláudia Rodrigues, que atestava que a vítima havia morrido por "estrangulamento manual".[12] Inicialmente, o médico relutou a prestar informações aos repórteres, mas depois decidiu revelar como conheceu "a verdadeira história do assassinato de Cláudia Rodrigues". Seu depoimento – obtido com "exclusividade", como reforça a edição nº 470 de *Veja*, de 07/09/1977 – contradisse todas as declarações apresentadas anteriormente pelo acusado. Após a publicação da edição, Michel Frank e George Khour tiveram a prisão decretada pela Justiça por assassinato, ocultação de cadáver e facilitação do uso de drogas.

> Em um longo desabafo, feito na última quarta-feira, o respeitado patologista carioca Domingos de Paola revelou com exclusividade a VEJA que Michel Frank lhe confessara, durante uma reunião havida num apartamento de seu pai, o industrial Egon Frank, ter visto Claudia Lessin Rodrigues morrer, ao fim de uma orgia de drogas e sexo, em seu próprio apartamento – no bairro do Leblon – segundo o jovem, por excessiva ingestão de cocaína, vinho e comprimidos de Mandrix. O depoimento feito por Michel Frank a De Paola durante essa reunião [...] contradiz todas

12 O Auto de Exame Cadavérico havia constatado "lesões traumáticas decorrentes de ação contundente nas agressões físicas repetidas e violentas", com "escoriações no pescoço" e "esfoladuras da margem do ânus", indicando que Cláudia fora vítima também de agressões sexuais. Em seu ânus teria sido introduzido um objeto, provavelmente uma garrafa, que lhe causara alargamento anal de 6 centímetros. Os peritos concluíram que a morte foi decorrente de "asfixia por estrangulamento com as mãos" (ARGOLO, 2004, p. 124/125).

> as declarações feitas anteriormente pelo jovem milionário ("O mistério vai acabar?", *Veja*, 07/09/1977).

A capa de *Veja* destaca o título "Crime e drogas" e apresenta a chamada: "Exclusivo: Cláudia foi morta na casa de Michel Frank". Reaparece aqui a importância que confere o campo jornalístico à questão da exclusividade das matérias. Nessa perspectiva, mais importante do que informar é descobrir, revelar os fatos ocultos, denunciando-os ao público. Não aprofundaremos esse debate, pois já abordamos anteriormente a dimensão que assume o "furo" jornalístico como estratégia simbólica de construção de autoridade por parte dos produtores de notícias.

Na reportagem de 10 páginas, a revista acentua a autoridade da fonte, o que confere credibilidade às afirmações de *Veja*: "uma das maiores autoridades mundiais em patologia", "autor de 349 trabalhos sobre sua especialidade" e "membro de dezenas de associações científicas através do mundo". O depoimento do médico "Michel me disse que viu Cláudia morrer" ocupa um box de página inteira e compõe a matéria principal intitulada: "O mistério vai acabar?".

Algumas fontes não foram ouvidas pelos repórteres, como as testemunhas do crime, por exemplo. É o caso do operário Luiz Gonzaga de Oliveira, o "índio", que trabalhava em uma obra de contenção das encostas da avenida Niemeyer e dormia na ocasião num barraco próximo ao local onde os acusados abandonaram o corpo de Cláudia. As declarações de "índio" foram extraídas do inquérito a que *Veja* teve acesso durante a apuração com fontes policiais não identificadas. Assim, a revista reforça a tese principal de que a vítima já estava morta ao ser levada ao "Chapéu dos Pescadores" por Michel Frank e George Khour.

> Michel Frank, segundo a testemunha pôde observar sob as luzes de dois postes, abriu o porta-malas da Brasília,

> onde havia um grande volume – possivelmente o corpo de Claudia – envolto num saco. [...] O depoimento de Índio, olhado com descrença pela polícia, basicamente indica que Claudia chegou morta à avenida Niemeyer – e isso, sabe-se agora, é confirmado pelas declarações de Michel a dr. De Paola ("O mistério vai acabar?", *Veja*, 07/09/1977).

A edição, coordenada pelo jornalista Zuenir Ventura, resgata fotos do álbum de família da vítima, uma imagem do acusado e a reprodução de um dos últimos registros de Cláudia Lessin. Em outra imagem, aparece o psicanalista Carlos Castellar, que mantinha um grupo de psicoterapia do qual Cláudia fazia parte. A revista também utilizou uma foto-montagem dos acessórios para o "cerimonial do pó" – pedra de ágata e canudinho de prata – e duas ilustrações, o que demonstra a dificuldade de *Veja* em editar fotos para edição: um grande desenho simulando o consumo da droga entre pessoas da alta sociedade e outro da folha da coca – "a fonte do pó". Um infográfico também ajuda a visualizar as rotas da cocaína na América. Retratos ou "bonecos" de consumidores ilustres da droga, como Arthur Conan Doyle, Sigmund Freud e o papa Leão XIII, fecham o material. Uma particularidade é que não há fotos de Amicuci Gallo na edição de 07/09/1977.

A revista traz, na matéria "A ascensão da cocaína", um levantamento sobre o aumento do consumo de drogas no país e sua relação com a criminalidade. Outro aspecto ressaltado é a "glamourização social" da cocaína no meio artístico e nas camadas mais altas da sociedade em contraste com a "reputação marginal" que cerca o viciado em heroína.

> Limitado até há pouco a grupos discretos e esparsos de boêmios, grã-finos, artistas e policiais, o consumo de cocaína hoje se alastrou. Ela agora anima as festas do industrial, levanta o ânimo do burocrata, pesa na produção do cineasta,

> alivia a memória do tira e protege a vigília do homem de televisão. [...] Embora seja um grande estimulante – ou um 'euforizante' – não há quem tenha ainda estabelecido vínculos diretos entre o consumo da cocaína e a criminalidade. Mas como tantas outras drogas pesadas – e necessariamente provenientes de um tráfico criminoso –, ela frequentemente aparece associada a crimes como o que vitimou Claudia Rodrigues ("A ascensão da cocaína", *Veja*, 07/09/1977)

É importante destacar que o uso do "off" está presente em toda a cobertura. A revista manteve em sigilo os nomes de 18 personagens para construir a matéria "A ascensão da cocaína", que ocupa seis páginas da cobertura. As fontes não identificadas são, em sua maioria, usuários da droga e policiais responsáveis pelo combate ao narcotráfico.

No box "Cocaína – um pó inodoro, amargo e ilusório", a reportagem apresenta um detalhamento sobre a composição da droga, seus efeitos no organismo e os riscos da dependência a partir de fontes autorizadas, dentre eles Lester Grinspoon, psicólogo da Universidade de Harvard (EUA) e Richard Resnick, psiquiatra do *New York Medical College*. Também revela pesquisas de universidades publicadas em revistas científicas internacionais, como a *National Institute of Drug Abuse*, dos Estados Unidos. A revista publicou ainda um quadro com as principais rotas da cocaína na América.

Se a série de matérias "Assim vivem os nossos superfuncionários", de *O Estado de S. Paulo*, vencedora do concurso em 1976, é emblemática por denunciar, como já foi visto, os abusos de poder e a corrupção nas esferas públicas, a conquista de *Veja* aponta para a valorização de reportagens baseadas na autoconstrução do repórter como detetive. Sobretudo a partir do caso Cláudia Lessin, a reportagem investigativa no Brasil vê surgir na cobertura policial um espaço privilegiado de atuação, com o produtor de notícias passando a atuar na fronteira entre dois territórios – o jornalismo e o policial. Sem a sua ação investigativa, não haveria sequer notícia.

O editorial de *Veja*, publicado na edição de 07/09/1977, aponta para a valorização do trabalho de "investigação" do repórter, visando criar um novo ideário sobre o fazer jornalístico. Nesse sentido, o profissional de imprensa tende a deixar no passado a superficialidade da cobertura e as estreitas relações com o aparelho policial que teriam contribuído para a cultura da impunidade envolvendo "criminosos escudados em sua posição social". Dessa vez, o repórter conseguiu obter, através do seu empenho pessoal, informações que pessoas ou instituições tentam ocultar. "Através do exercício normal da investigação jornalística, *Veja* teve acesso a informações bem mais precisas que as obtidas até agora pela polícia carioca" (*Veja*, 07/09/1977).

O editorial revela como a revista procurava diferenciar, naquele contexto, a reportagem que conduzira sobre o caso Cláudia Lessin das demais notícias produzidas na rotina da cobertura policial na imprensa brasileira:

> O objetivo era reunir informações seguras e consistentes sobre a morte da jovem Cláudia Rodrigues – um crime que, cometido no final de julho em meio ao afluente universo carioca da cocaína, já começava a mostrar os sintomas clássicos dos casos policiais em que os envolvidos não são marginais comuns, mas pessoas de boa família e bom dinheiro. Que sintomas? A relutância em investigar com seriedade os suspeitos [...] e a mal-disfarçada insistência em fazer carga contra a vítima. [...] Trata-se de um excelente caminho, já muito bem testado, para se obter a impunidade – *e a crônica policial brasileira dos últimos anos é rica em exemplos desse tipo (Veja,* 07/09/1977, grifo nosso*)*

Diversos autores buscam conceituar o jornalismo investigativo como categoria específica dentro da profissão por incluir grande planejamento e empregar determinados métodos de captação de informações.[13] Sequeira (2005) corrobora a tese de que o jornalismo investigativo se diferencia de outras categorias, como o jornalismo informativo e opinativo, "pelo processo de trabalho dos profissionais, obrigados a lançar mão de metodologias e estratégias nada ortodoxas [...] para obter a reportagem" (2005, p. 11). Nesse sentido, a investigação jornalística se distingue mais pelo método do que pelo assunto abordado (ABREU, 2002, p. 48). A partir da defesa de uma identidade "investigativa", como informa Abreu, o "faro" torna-se marca distintiva no jornalismo.

Alguns atributos apontados pelos especialistas estão presentes na reportagem de *Veja*. Os jornalistas partiram, por exemplo, de uma hipótese básica – a vítima não teria morrido por overdose, mas assassinada na casa do milionário Michel Frank – para, a partir daí, desenvolver suas próprias estratégias de investigação. O esforço e a insistência dos repórteres até conseguir localizar, diante de um cenário adverso, a principal fonte da matéria – o médico patologista Domingos De Paola – é apontada como outra característica importante da investigação jornalística. Sem muito destaque no início da cobertura, o assunto alcançaria, após algumas semanas, repercussão nacional. Já na edição anterior, publicada em 31/08/1977, com o título "Sem respostas", a revista já havia tentado obter a revelação da fonte, sem conseguir êxito.

13 Uma revisão bibliográfica mostra que a preocupação dos pesquisadores em conceituar o jornalismo investigativo no Brasil é recente. As poucas análises sobre o tema têm como principal referência os trabalhos publicados por estudiosos da mídia nos Estados Unidos, onde, pela primeira vez, houve um reconhecimento formal deste modelo a partir da criação de uma categoria denominada Reportagem Investigativa pelo *Pulitzer*, o mais ambicionado prêmio do jornalismo americano.

Veja também continuou oferecendo ampla repercussão ao caso, após a publicação da reportagem principal de 07/09/1977. Para Paul Williams (1978), utilizando um modelo disseminado nos Estados Unidos, uma das etapas fundamentais na elaboração da reportagem investigativa envolve justamente o acompanhamento das repercussões. No caso Claudia Lessin, a revista mostrou os desdobramentos da revelação feita pelo médico: "Com a prisão dos dois decretada em decorrência do depoimento de De Paola a *Veja*, começaram a surgir, em defesa de Frank e Khour, os convidados que estiveram presentes à festa em que morreu Cláudia [...]" ("Cerco fechado", *Veja*, 14/09/1977). As reportagens exigiram entrevistas com grande número de fontes. Na edição seguinte, a pauta é ampliada para mostrar uma suposta ligação dos participantes da festa em que Cláudia foi assassinada com uma rede de traficantes de drogas ("Um novelo sem fim", *Veja*, 21/09/1977) e o provável roteiro do acusado para deixar o país ("Fugas e fitas", *Veja*, 28/09/1977). Nesta última, a publicação também divulgou diálogos que comprovariam uma suposta tentativa de extorsão de Última Hora contra a família de Michel Frank. O jornal teria pedido NCr$ 500.000 para "esfriar" a cobertura sobre o assassinato.[14]

---

14 Hélio Fernandes, proprietário da *Tribuna da Imprensa*, também abordou esse tipo de chantagem em depoimento a Marconi (1980). Ele denunciou que o *Jornal do Brasil* e o *Última Hora* levaram, respectivamente, seis milhões e 1,5 milhão de cruzeiros, respectivamente, para não associar o nome da família ao caso. Um intermediário, segundo ele, estaria atuando a serviço de ambos os jornais para obter vantagens financeiras do industrial Egor Frank (FERNANDES, apud MARCONI, 1980, p. 168). Sobre o assassinato de Cláudia Lessin, Fernandes afirmou que o caso foi conveniente aos jornais na sua relação com os militares. Nesta linha, a intensa repercussão da morte tirava o foco da repressão política ainda vigente no país. Acusa Fernandes que a cobertura "anestesia a opinião pública, choca e revolta a opinião pública, mas não incomoda os interesses deles" (1980, p. 168).

A nota explicativa da Comissão Julgadora do Prêmio Esso daquele ano – composta pelos jornalistas Jorge Leão Teixeira, da *Visão*, Oliveira Bastos, do *Correio Braziliense*, Murilo Melo Filho, da *Manchete*, Oliveiros Ferreira, de *O Estado de S. Paulo*, e Wilson Figueiredo, do *Jornal do Brasil* – afirma que "a reportagem restabeleceu a confiança pública na Justiça" ("Prêmio à verdade", *Veja*, 14/12/1977). O depoimento do repórter Valério Meinel também aponta para a importância do trabalho de uma imprensa livre: "A reportagem veio demonstrar que não há poder econômico nem impunidade capaz de resistir a uma imprensa livre e ao drama de uma consciência honesta" (*Veja*, 14/12/1977). Para o repórter, o reconhecimento naquele ano fortaleceu "o trabalho de campo e a iniciativa individual, condenando o repórter atrelado à redação e ao bip-bip, o jornalismo tecnocratizado" (*Veja*, 14/12/1977).

Tal ideário, ao nosso ver, tem relação com a construção de uma certa identidade investigativa do jornalista no contexto de abertura política. Essa imagem do repórter como investigador, descobrindo crimes que o aparelho policial tenta ocultar por interesses políticos ou econômicos dos acusados, começou a ser construída, como vimos, sobretudo a partir da morte de Herzog, dois anos antes. É quando a reportagem passa a ser menos submissa às versões oficiais e o repórter procura se desvencilhar da imagem de colaborador do Estado, revelando contradições contidas nos trabalhos de investigação dos órgãos de segurança.

Questão indígena "Expedição de contactação dos índios Kranhacarore" (1973)

Considerada à época a "última civilização primitiva" do Brasil, a tribo kranhacarore se mantinha isolada no extremo norte de Mato Grosso, na selva amazônica, sem qualquer contato com o homem branco. Os "índios gigantes", como eram chamados por etnógrafos, eram fortes, usavam os cabelos raspados, tinham o corpo pintado de preto e uma estatura acima da média da maioria dos índios. No início dos anos 1970, a área ocupada por eles era considerada estratégica para o projeto de integração da região amazônica. O governo militar pretendia construir ali a Rodovia Cuiabá-Santarém, com 1.652 quilômetros de extensão ligando a região Centro-Oeste ao Médio Amazonas. Para evitar o confronto entre os índios e a equipe de topógrafos do 9º Batalhão de Engenharia e Construção (BEC), que representava a linha de frente na implantação da estrada, a Fundação Nacional do Índio (Funai) organizou em 1972 uma expedição, liderada pelos irmãos sertanistas Cláudio e Orlando Villas Boas, com a missão de tentar fazer um contato inicial com os kranhacarores. O relato da expedição e a abordagem aos índios foram o tema de uma série de reportagens de *O Estado de S. Paulo*, que conquistou o Prêmio Esso de Jornalismo de 1973. O material foi produzido pelo repórter José Marqueiz e a equipe de correspondentes e sucursais do jornal.

A expedição partiu do Parque Nacional do Xingu, em janeiro de 1972, com 26 índios aculturados, mas o primeiro contato só ocorreu 382 dias depois, em fevereiro de 1973, numa região próxima ao acampamento da missão da Funai, localizado às margens do rio Peixoto de Azevedo, no Estado de Mato Grosso. Em menos de cinco dias, o grupo conseguiu fazer dois contatos com os "índios gigantes". O encontro dos sertanistas com os kranhacarores foi o ponto alto do trabalho jornalístico de *O Estado de S. Paulo*, que havia acompanhado praticamente toda a missão na selva amazônica. As matérias examinadas aqui foram publicadas entre 6 e 11 de fevereiro de 1973, período em que os índios foram contactados. Além do relato sobre a aproximação e a reação dos kranhacarores à presença do homem branco, as reportagens deram ênfase ao fato de a expedição ter marcado a despedida dos irmãos Villas Boas do trabalho de campo. Ao repercutir o afastamento dos sertanistas, o jornal também abriu espaço para fazer críticas ao trabalho da Funai e à política indigenista brasileira.

Antes do primeiro contato, havia um clima de tensão na região. No dia 25 de maio de 1972, Aureliano Bispo de Oliveira, um dos topógrafos do 9º Batalhão, chegou a ser flechado pelos índios na perna e na coxa a dois quilômetros do acampamento. Cercado, disparou tiros de espingarda em direção aos kranhacarores. Experientes sertanistas, com o trabalho reconhecido no exterior, Cláudio e Orlando sabiam da importância de planejar um contato gradual, amistoso, baseado na troca de presentes para facilitar a aproximação. Na primeira abordagem, 30 índios foram ao acampamento. O repórter José Marqueiz escreveu a reportagem com base no diário de Cláudio Villas Boas:

> Desconfiados e hesitantes, os índios gigantes se aproximaram, domingo, do acampamento localizado às margens do Rio Peixoto de Azevedo. Ao notar a presença do grupo, Cláudio Villas Boas adiantou-se e foi logo abraçando-os, para que eles se sentissem entre amigos. A tática deu certo – segundo o sertanista – e os índios ficaram descontraídos, trocaram presentes rapidamente com a expedição da Fundação Nacional do Índio e retiraram-se em seguida, em meio a risos e muita algazarra, embora demonstrando um certo espanto pelo primeiro contato com os brancos. Na manhã de ontem os índios – aparentemente os mesmos – retornaram ao local, onde se repetiu praticamente o encontro do dia anterior: depois dos abraços, os representantes da Funai presentearam-nos com colares, facas, machados e outros objetos, recebendo arcos, flechas [...]. Segundo o sertanista Cláudio Villas Boas, a maioria dos gigantes que compareceram ao acampamento da expedição tem uma estatura mediana – 1,70 metro – e alguns chegam a quase dois metros de altura ("Índios desconfiados", *O Estado de S. Paulo*, 06/02/1973).

O segundo contato ocorreu na mesma semana, a 800 metros do acampamento. Dessa vez, os irmãos foram ao encontro de dois índios kranhacarores, na outra margem do rio Peixoto de Azevedo:

> À medida que o barco avançava lentamente pelo rio, Cláudio e Orlando acenavam mostrando colares, facões e machados. Os kranhacarores retribuíam aos acenos levantando feixes de flechas. [...] Os Villas Boas desembarcaram da canoa e pediram que os demais esperassem. Orlando seguiu na frente levando colares. Cláudio trazia facões. Enquanto eles avançavam, os dois índios recuavam. Os sertanistas pararam e começaram a fazer brincadeiras e gestos amigos. Os dois selvagens pararam atrás de uma árvore, Orlando avançou e conseguiu colocar um colar no pescoço de um deles. Cláudio procurou contato com o outro e entregou-lhe presentes. Os kranhacarores retribuíram com um maço de flechas ("O novo encontro, uma festa na selva", *O Estado de S. Paulo*, 10/02/1973).

O repórter escreve a matéria como observador participante, combinando a narrativa com observações feitas no diário do sertanista. Marqueiz não recorre a outras fontes. Em outro trecho, ele descreve o porte físico dos kranhacarores:

> Corpos atléticos e pintados de preto com tinta de jenipapo, os dois índios tinham de 1,70 a 1,80m. O cabelo é cortado bem rente à cabeça e têm diversos cortes cicatrizados, provavelmente feitos a faca, descendo em perpendicular do peito até a altura do umbigo. Nas duas coxas, os mesmos sinais. Orlando observou também que eles traziam nas costas uma faca, pendurada no pescoço por um cordão. Também usavam brincos de cera, em forma de cone e com a base em concha. [...] Feito o contato, os sertanistas se dirigiram para a canoa e enquanto se afastavam, um dos kranhacarores erguendo o arco e a flecha soltou o seu canto

> na floresta. Um canto ouvido pelo homem branco pela primeira vez ("O novo encontro, uma festa na selva", *O Estado de S. Paulo*, 10/02/1973).

O processo de produção do trabalho jornalístico foi curioso. Marqueiz usou uma máquina de escrever portátil no meio da selva. Já no aeroporto de Cuiabá, para que o material não perdesse o atributo da atualidade, tentou embarcar imediatamente para São Paulo, porém não havia mais vagas no voo. "Só conseguiu mandar o texto e o filme com as fotografias por um passageiro, que entregou o material a um emissário do jornal na chegada à capital paulista" (BELOCH e FAGUNDES, 2006, p. 68).

A missão de aproximação com os kranhacarores marcou também a última expedição dos irmãos sertanistas, depois de 30 anos de trabalho junto aos índios no Brasil central. Nos anos 1950, eles foram os primeiros a estabelecer contato com os caiapós. A importante contribuição dos Villas Boas fez com que seus nomes fossem indicados para o Prêmio Nobel da Paz em 1971. A Sociedade dos Povos Primitivos, de Londres, fez essa solicitação pelo trabalho que ambos desenvolveram no Brasil pela "pacificação" dos índios. O termo "pacificação", no entanto, era questionado por Orlando, pois partia da ideia de que os índios eram os agressores, denotando uma visão preconceituosa da elite branca. Segundo ele, conforme relata Marqueiz, os silvícolas não fazem parte de povos primitivos, mas pertencem a uma cultura paralela. "'Daí porque não há sentido em se falar em pacificação'" ("Uma vida inteira em defesa dos indígenas", *O Estado de S. Paulo*, 06/02/1973).

Ao decidirem se aposentar e se afastar da Funai, os irmãos lamentaram que o contato com o homem branco acabaria representando a destruição dos hábitos e a perda da autenticidade dos kranhacarores. Ainda assim, os irmãos Villas Boas destacaram a importância da contactação com os kranhacarores. Se não houvesse essa intermediação, segundo eles, a cultura indígena estaria dizimada. Citaram o Parque Nacional do Xingu como exemplo que contribuiu para minimizar os efeitos da aculturação. Eles também defenderam, na ocasião, a transformação de uma área do Vale do rio Peixoto de Azevedo em reserva indígena.

Dois anos depois do primeiro contato com a civilização, no entanto, mais da metade da população dos "índios gigantes" deixou de existir, acometida por moléstias. A tribo, que havia sido reduzida a apenas 79 membros, conseguiu se recuperar após se transferir para o Parque Nacional do Xingu. Em 2006, a comunidade tinha 250 pessoas, incluindo muitas crianças. "Em 2000, ganhou na Justiça uma ação indenizatória por danos morais e materiais causados pelo contato com a civilização" (BELOCH e FAGUNDES, 2006, p. 68).

As matérias de repercussão sobre a expedição e o afastamento dos irmãos Villas Boas apresentavam críticas à política indigenista brasileira. O jornal abriu espaço para outras fontes que, após deixarem ou terem sido afastadas da Funai, questionavam a excessiva centralização do órgão governamental. Um das principais divergências era também a pressão para uma rápida integração dos índios em virtude de interesses comerciais para abertura de estradas, como a Cuiabá-Santarém, dentro do projeto de colonização da Amazônia. Foram ouvidos os sertanistas Cotrim Netto e Gama Malcher, ex-presidente do Serviço de Proteção ao Índio (SPI), além do padre José Vicente César, presidente do Instituto Anthropos do Brasil, dentre outros. Os títulos das reportagens publicadas na sequência da série – "Sertanistas lamentam a saída dos Villas e criticam a Funai" (07/02/1973), "O erro da Funai: não ouvir os sertanistas" (08/02/1973) e "Cláudio Villas Boas critica a Funai" (11/02/1973) – reforçam a ideia sobre a instauração de um discurso crítico, mas em outras instâncias não diretamente relacionadas ao núcleo do poder em Brasília. O trabalho de acompanhamento da série de Marqueiz contou com a colaboração de correspondentes e jornalistas das sucursais do *Estadão*.

> Cotrim adiantou que a 'Funai age, simplesmente, como guarda pretoriana desse novo tipo de colonialismo interno, destruindo a civilização indígena para que outros grupos possam ocupar o território das tribos'. [...] Cotrim Netto fez uma análise da política da Funai: '[...] A política de *pacificação* tem significado para os índios a mais triste experiência, resultando sempre em epílogos fatais para eles, seja com o seu desaparecimento como grupo étnico, ou a perda de seu território, sem esquecer a resultante de natureza biológica, com a redução drástica de sua população' ("Sertanistas lamentam a saída dos Villas e criticam a Funai", *O Estado de S. Paulo*, 07/02/1973).Em "O erro da Funai: não ouvir os sertanistas" (08/02/1973), produzida pela sucursal do Rio, a mesma fonte afirma ter se transformado em "coveiro de índio" e "administrador de cemitérios indígenas", numa crítica mais acentuada contra o governo. O jornal também abordou o processo de esvaziamento do órgão governamental. Embora não tenha sido escrito pelo autor premiado, reproduzimos o trecho abaixo para ilustrar a abordagem de aspectos da realidade brasileira em temáticas aparentemente não censuráveis:
>
> Do ano passado para cá, sete sertanistas se afastaram da Funai e outro foi praticamente encostado, após incomodar bastante a Presidência do órgão com denúncias públicas sobre erros que estão sendo cometidos na atual política indigenista brasileira. Esta evasão de experientes sertanistas, alguns com mais de vinte anos de dedicação à causa indígena é um sintoma claro de que não está existindo um entrosamento satisfatório entre eles e a Funai. O diálogo entre os homens de campo e a direção do órgão foi cortado definitivamente o ano passado, quando Apoena, Francisco Meirelles e Cotrim Neto propuseram a criação de um *Conselho de Serta-*

> *nistas, logo considerado pelo general Bandeira de Mello como uma 'organização subversiva, nos moldes das encontradas na União Soviética'* ("O erro da Funai: não ouvir os sertanistas", *O Estado de S. Paulo*, 08/02/1973, *grifo nosso*)

A Funai não se pronunciou nas matérias analisadas entre 06 e 11 de fevereiro de 1973. A declaração de Bandeira de Mello foi dada quando da proposta de criação do Conselho de Sertanistas, um ano antes. Entre as fontes oficiais, a política era a do "nada a declarar". Ninguém estava autorizado a falar em nome da Funai.

> Na Funai, foi aberto um inquérito para se descobrir quem prestava informações à imprensa e um radiograma foi passado para todas as unidades descentralizadas, postos indígenas, delegacias regionais proibindo qualquer pronunciamento em nome da Funai. Este foi o clima que imperou durante todo o ano de 1971 e 1972 na Funai ("O erro da Funai: não ouvir os sertanistas", *O Estado de S. Paulo*, 08/02/1973).

Para a comissão julgadora do Prêmio Esso de Jornalismo de 1973, era indiscutível a qualidade da série de *O Estado de S. Paulo*, tanto que não houve divergências no trabalho de avaliação. O júri foi composto excepcionalmente naquele ano por dois publicitários (Celso Japiassu e Roberto Dualibi) e dois representantes da ABL (Adonias Filho e Octávio de Faria). Zevi Ghivelder, da *Manchete*, era o único jornalista atuante em redação.

Em artigo escrito na edição comemorativa dos 25 anos do Prêmio Esso, o acadêmico Adonias Filho destacou que as reportagens deram "uma contribuição incomum à etnografia brasileira" (*A. Filho*, apud LUZ e BORGES, 1980, p. 109). Exaltou ainda a fidelidade do jornalista aos fatos observados no trabalho de campo e no diário de Cláudio Villas Boas:

> O repórter, deixando-se guiar pela experiência do sertanista, não sacrifica a própria percepção. Vê, anota, registra, comenta. Evita, porém, em consequência do roteiro e da linguagem – enxuta, precisa, direta –, o relatório que seria inevitável em colocação meramente descritiva (1980, p. 109).

Unidade temática: política internacional

Duas reportagens envolvendo questões de política internacional foram reconhecidas pelo Prêmio Esso no período definido para a análise: "Brasileiros, go home", da revista *Realidade*, vencedora em 1966, e "Volta ao ponto de partida", do *Jornal do Brasil*, escolhida pela comissão de julgadores o melhor testemunho jornalístico em 1974.

"Brasileiros, go home" (1966)

A matéria "Brasileiros, go home", de autoria do jornalista Luiz Fernando Mercadante, com fotos de Walter Firmo, mostra a participação dos militares brasileiros na Força Interamericana de Paz (FIP) na República Dominicana. Os jornalistas permaneceram três semanas em São Domingos, capital daquele país, para acompanhar o cotidiano dos soldados brasileiros.

A República Dominicana vivia um clima de instabilidade política em 1965. De um lado, estavam os partidários de Juan Bosch, que chegou ao poder em 1962 como o primeiro presidente a assumir o cargo por meio de eleições livres. Foi derrubado sete meses depois por um golpe militar. Do outro, os grupos de direita que promoveram o golpe e que também haviam sido afastados do poder por militares constitucionalistas, liderados por Francisco Caamaño Demo. O objetivo dos caamañistas era restabelecer a constituição democrática de Bosch, reempossá-lo e abrir o Congresso.[15]

15 A história da República Dominicana é marcada por conflitos armados e

O Brasil integrava a frente com outros quatro países da América Latina: Nicarágua, Honduras, Costa Rica e Paraguai. A formação da FIP havia sido aprovada pela Organização dos Estados Americanos (OEA) para reforçar o contingente de 30 mil soldados americanos na região. A presença norte-americana no país era justificada pelo temor de que a revolução liderada por Caamaño teria forte influência comunista. Mantendo a política de alinhamento com os Estados Unidos, o governo do marechal Castello Branco propôs e o Congresso Nacional aprovou a posição do executivo, autorizando, em maio de 1965, o envio de 1.100 soldados da Infantaria do Exército e do Corpo de Fuzileiros navais. Os militares brasileiros fizeram parte do Destacamento Brasileiro da Força Armada Interamericana (Faibras), formando o maior contingente de soldados entre os países latino-americanos.

No período em que permaneceram naquele país, os soldados entraram em confronto com os constitucionalistas e com movimentos estudantis. Para protestar contra a intervenção militar dos cinco países que compunham a FIP, os manifestantes dominicanos gritavam "*go home*" para os militares integrantes da chamada "força de paz". Os brasileiros participaram da FIP até a sua dissolução em setembro de 1966 após a posse do novo presidente eleito Joaquim Balaguer.

"Brasileiros, go home" foi publicada na edição de lançamento de *Realidade*, em abril de 1966. A revista dedicou pouco mais de oito páginas à cobertura sobre a presença dos soldados da Faibras

invasões. São Domingos esteve sob o domínio espanhol, foi colônia francesa e resistiu a uma invasão e anexação ao Haiti. Entre 1916 e 1924, os americanos assumiram o controle do país. A partir de 1930, passou por uma das mais longas e violentas ditaduras no hemisfério sob o regime do ex-sargento Rafael Trujillo, assassinado em 1961. Como informa Mercadante, autor da reportagem premiada de *Realidade*, o "drama que os dominicanos vivem hoje é produto dessa herança sinistra" ("A Ilha de sangue", *Realidade*, abril de 1966).

na República Dominicana. Na reportagem, o jornalista Luiz Fernando Mercadante procura mostrar a vida cotidiana dos militares utilizando um texto narrativo leve, em terceira pessoa, e também descritivo, particularizando os detalhes. Dessa forma o repórter apresenta a rotina dos militares, as horas de lazer, o carnaval e a prática de esportes:

> Às 9 horas e às 16, pracinha liga o transistor para ouvir a rádio das forças armadas norte-americanas, instalada em São Domingos. Tem programa brasileiro, produzido e transmitido pelo tenente Oliveira, que dedica as manhãs ao samba tradicional e as tardes à bossa nova. De manhã tem Ângela Maria. De tarde, Nara Leão. E, nas vitrolas automáticas dos bares da cidade, é fácil encontrar discos de Miltinho. Roberto Carlos ainda não entrou em São Domingos. De noite, há cinema no acampamento. O Brasil contribuiu com algumas comédias do tempo em que Oscarito era um jovem promissor. Os pracinhas protestaram. E agora só veem filmes americanos. Uma noite destas foi exibido *Intriga Internacional*, com Cary Grant, e, na seguinte, *O dia mais longo da história*, que conta a invasão da Normandia pelos aliados, em 1944. Foi um tiroteio do começo ao fim. O sargento Tavares, do pelotão de Saúde, reclamou: - Assim não dá. Filme de guerra é bom assistir na Cinelândia ("Um filme de guerra", *Realidade,* abril/1966).

A ênfase em focalizar a vida cotidiana dos personagens parece se relacionar com o ambiente de relativa tranquilidade na República Dominicana durante as três semanas de apuração da equipe de *Realidade*. O repórter não encontra naquele momento um país em clima de guerra civil. "Êta guerra murrinha – desabafa um pracinha. Vai dar bicho no cano do meu fuzil" ("Quando toca a perereca", *Realidade, abril/1966*). A "guerra" aparece apenas no relato sobre as operações de treinamento. O discurso combina o estilo narrativo com informações mais factuais acerca das manobras militares, como as simulações aerotransportadas:

> A operação básica consiste em embarcar ou desembarcar 7 homens do helicóptero em 5 segundos. O último tem que fechar a porta para proteger os pilotos dos tiros dos guerrilheiros. E isto carregando fuzis, uma bazuca e uma metralhadora média. Os brasileiros chegaram aos 5 segundos facilmente. Também, o helicóptero estava a 4 metros de altura é já havia gente pulando ("No ar e na selva", *Realidade*, abril/1966).

O tema "saudade" está presente em todo o texto. Por esse motivo aparecem várias referências sobre o Brasil, como a Praia de Copacabana, o samba e a culinária: "Mas pracinha faz festa é quando aparece uma lata de goiabada brasileira" (*"O cabo de Hollywood", Realidade, abril/1966*). O repórter Luiz Fernando Mercadante confere grande destaque ao contato dos soldados com seus familiares no Brasil, através do serviço de fonia e da troca de correspondências. Cartas, revistas, jornais e presentes eram transportados toda semana do Brasil para a República Dominicana por um avião da FAB apelidado de "Carcará" pelos militares: "Quando o vagão-voador prateado aparece no céu com seu nariz vermelho e o bojo recheado de notícias de casa, é uma festa" ("Domingo tem carcará", *Realidade,* abril/1966).

Embora a reportagem envolva uma temática de política internacional tratando de um conflito com motivações ideológicas no contexto da guerra fria, a recém-lançada publicação da Abril optou por apresentar aos leitores um trabalho que mais se aproxima de uma matéria de comportamento. Não há um posicionamento político no sentido de questionar a presença dos militares brasileiros na República Dominicana. Luiz Fernando Mercadante, autor da matéria, costumava escrever para *Realidade* perfis de presidentes militares. Como informa Moraes (2007), era considerado pelos colegas "o diplomata do grupo". O trecho mais "editorializado" da reportagem indica uma posição favorável em relação ao governo:

> Os pracinhas encontraram as paredes cobertas de xingamentos, o lixo apodrecendo nas ruas, os homens ameaçadores nos telhados, as mulheres vestidas de luto e até as crianças de punhos fechados. Ficaram tristes. Mas continuam cantando. *E, desde o primeiro dia até hoje, vêm cumprindo o seu dever com responsabilidade, dedicação e coragem exemplares: protegem os civis, patrulham as ruas e zelam pela ordem* ("Brasileiros, *go home*", *Realidade*, abril/1966, grifo nosso).

Opiniões favoráveis e contrárias sobre a participação brasileira na operação para reforçar o contingente dos Estados Unidos naquele país aparecem no box "Intervenção na República Dominicana: Sim ou não?". Foram citados os comentários de sete autoridades políticas do país (Castelo Branco, Jânio Quadros, Ademar de Barros, Costa e Silva, Vieira de Melo, Juraci de Magalhães e Juscelino Kubitscheck) e duas do exterior (Lyndon Johnson e Charles De Gaulle). Jânio Quadros, Vieira de Melo e De Gaulle condenaram a ação da FIP, a exemplo de Juscelino. O ex-presidente JK, apesar da crítica, ressalvou: "[...] Mas, consumado o fato, não se pode deixar de aprovar a participação do Brasil na organização de uma força de paz".

A esse respeito, o jornalista, escritor e político Barbosa Lima Sobrinho, ex-presidente da Associação Brasileira de Imprensa (ABI), afirmou em depoimento ao CPDOC que a participação brasileira na República Dominicana foi "uma das páginas mais tristes da história política do Brasil". Lima Sobrinho, intelectual nacionalista, recorda que a opção de Castelo Branco em enviar tropas para aquele país mostrava claramente o alinhamento do Brasil aos Estados Unidos durante a "Guerra Fria":

> Castelo Branco também estava convicto disso. Todos estavam dentro daquela tese da guerra fria, que não colocava alternativa: ou o Brasil se entregava totalmente aos Estados Unidos, ou estaria indiretamente apoiando a União Soviética. Então, para dar uma demonstração de que nessa alternativa eles não tinham nenhuma hesitação, eles apoiavam integralmente os Estados Unidos até o ponto de mandar um corpo militar para a República Dominicana (B. Lima Sobrinho/ *CPDOC*).

Uma particularidade do concurso, na edição de 1966, é que não houve vencedores na categoria principal, o que gerou, à época, certo mal estar entre os pares. A matéria "Brasileiros, go home" ganhou na categoria Reportagem, prêmio instituído naquele ano representando na prática um reconhecimento ao segundo trabalho jornalístico mais importante na hierarquia do concurso. Foi a única vez em toda a história do programa da Esso que a comissão optou por não conceder a láurea máxima. O júri era formado pelos jornalistas Guimarães Padilha (*Tribuna da Imprensa*), Paula Patarra (Realidade) e Pedro Jorge de Andrade (*Jornal do Commercio* – Recife).[16]

Padilha reforça que a decisão foi a forma encontrada pelos julgadores para denunciar a falta de liberdade de imprensa no país. No artigo escrito para a edição comemorativa dos 25 anos do programa da Esso, o jornalista da *Tribuna da Imprensa* expunha esse raciocínio ao afirmar que "não poderia, de sã consciência, conferir um prêmio (principal) que, a curto ou longo prazo, pu-

16 Além da comissão que avaliava o prêmio nacional, havia três comissões regionais (Rio de Janeiro, São Paulo e Recife) para julgar os melhores trabalhos jornalísticos em outras categorias.

desse reverter em detrimento do próprio prestígio da imprensa" (PADILHA, apud LUZ e BORGES, 1980, p. 78).

Não havia no regulamento a possibilidade de a comissão não conceder o prêmio na categoria principal, mas a empresa promotora, afirma Padilha, também não interferiu no resultado. Segundo ele, o "dilema de conferir um prêmio apenas por concedê-lo à melhor matéria concorrente não se apresentou ante a comissão julgadora" (1980, p. 79). O relato de Guimarães Padilha publicado no livro institucional da Esso não apresenta a avaliação da comissão sobre o trabalho "Brasileiros, *go home*", de Luiz Fernando Mercadante.

No decorrer dos anos, a conquista nesta categoria se converteu em acúmulo de capital específico quase tão importante, do ponto de vista simbólico para os vencedores, quanto à consagração na categoria principal – o Prêmio Esso de Jornalismo. A reportagem parece manter um estatuto diferenciado dentro do concurso jornalístico. Enquanto os julgadores concedem o Prêmio Esso de Jornalismo ao trabalho de melhor qualidade dentre todos os inscritos, o Esso de Reportagem transforma-se em uma categoria que representa, de certa forma, a essência da atividade jornalística. A leitura dos regulamentos do concurso demonstra como os valores construídos em torno da ideia do repórter como aquele que descobre as novidades e denuncia as mazelas da sociedade são reconhecidos pelo campo e contribuem para a formação de uma certa identidade profissional. O regulamento de 2014, por exemplo, descreve que o objetivo é reconhecer a "coragem, determinação, perseverança, senso de oportunidade e isenção", dentre outras virtudes pessoais e profissionais do repórter.

Volta ao ponto de partida (1974)

A série de cinco matérias "Volta ao ponto de partida" foi publicada no *Jornal do Brasil* entre 10 e 14 de março de 1974. O jornalista Humberto Borges, autor do trabalho, relata a aventura vivida por ele e pelo piloto Fernando Faria, que trabalhava numa companhia aérea brasileira, durante uma viagem a bordo da embarcação "Lisa". A ideia era sair do porto de Miami (EUA) com destino ao Brasil, mas uma tempestade em alto-mar acabou arrastando o veleiro para a baía de Banes, costa Oeste de Cuba. Detidos na ilha, os dois foram alvo de investigação das autoridades cubanas. O governo de Fidel Castro, que mantinha um intenso controle em suas águas territoriais pela proximidade com os Estados Unidos no contexto da Guerra Fria, queria confirmar se Borges e Faria eram mesmo náufragos ou agentes de uma missão secreta contra o regime comunista. Permaneceram 36 dias em Cuba, dos quais 24 sob vigilância de militares.

Enquanto esteve no país, o repórter observou o cotidiano de moradores, registrou particularidades e abordou, sem a pretensão de fazer um texto analítico, a conjuntura política e econômica da ilha. Optou por uma narrativa em 1ª pessoa ou "reportagem de vivência", modelo no qual o repórter torna-se personagem principal das matérias, transmitindo impressões pessoais sobre fatos por ele presenciados. Os dois foram detidos para interrogatório na base naval de Banes em 26 de janeiro de 1974. A passagem involuntária por Cuba coincidiu com o desembarque, dois dias depois, do líder soviético Leonid Brejnev. Se por um lado, a visita do chefe de Estado aliado de Castro aumentou a apreensão do jornalista estrangeiro, por outro enriqueceu a reportagem do *JB*. Borges relatou o clima na ilha com a chegada de Brejnev e como os cubanos recebiam as informações por meio das transmissões oficiais.

Apesar de ter sido consagrada com o título "Volta ao ponto de partida", a série intitula-se na verdade "Prisão e suspeita em Cuba". Humberto Borges optou por estruturar o texto cronologicamente. Assim, a primeira matéria "Prisão e suspeita em Cuba, a rota que evitou um naufrágio" (10/03/1974) apresenta os preparativos da viagem, ainda nos Estados Unidos, com a programação de chegada no Brasil, os primeiros dias da travessia e a forte tormenta que os levou à costa cubana. Na abertura da reportagem, ele narra como foi o primeiro interrogatório, dando ênfase à particularização dos detalhes e reproduzindo os diálogos que manteve com o oficial cubano.

> Antes que meus pés secassem a água do mar das caraíbas, *me mandaram sentar diante de uma cadeira vazia e de O capital. Marx e Engels, perfis graves sobre fundo vermelho, presentes ao interrogatório.*
>
> – Nome, idade e profissão. Nacionalidade.
>
> O oficial que entrou e sentou se chama Bettencourt, tem um olho mais escuro que o outro. Abriu meu passaporte na página do carimbo *não é válido para Cuba.* Apontou, eu li e ele disse:
>
> – O que vocês vieram fazer em Cuba.
>
> Eram 11 horas da noite de 26 de janeiro.Eu estava salgado e esfolado na imobilidade da saleta da Base Naval de Banes, Província Oriental. *Minha cadeira era mais baixa que a do interrogador*, e respondi:
>
> – Em princípio me declaro náufrago. Nós não viemos deliberadamente a Cuba. Fomos trazidos por uma tempestade. As ondas eram mais altas que o mastro, o vento soprou quatro dias. O indicador marca 60 nós (108 km) e o ponteiro topava no fim da escala. Buscamos refúgio aqui para salvar a vida ("Prisão e suspeita em Cuba, a rota que evitou um naufrágio", *Jornal do Brasil*, 10/03/1974, grifos nossos)

Além da particularização dos detalhes, a narrativa apela também para uma certa ironia, por exemplo "Marx e Engels [...] presentes ao interrogatório". Há várias passagens em que o autor utiliza esse recurso para quebrar a dramaticidade dos momentos de apreensão vividos em Cuba, como na continuação do diálogo entre o repórter e o interrogador: "O Caribe, o senhor deve conhecer, é um mar traiçoeiro. É como uma mulher muito bonita: perigosíssima" ("Prisão e suspeita em Cuba, a rota que evitou um naufrágio", *Jornal do Brasil*, 10/03/1974).

Borges confere sentido de coesão à série encerrando a reportagem sempre com um determinado tema a ser explorado na edição seguinte. Um exemplo foi o relato sobre a arma *Remington* 30.60, com mira telescópica, réplica da que matara John Kennedy, que os dois carregavam no barco. Eles haviam jogado a arma na água quando entravam baía de Banes, antes da abordagem dos militares cubanos. "Se tivessem descoberto, talvez ninguém desse esse relato", descreve o repórter. O episódio encerra a matéria "Prisão e suspeita em Cuba, a rota que evitou um naufrágio" (10/03/1974) e serve de mote para a abertura da segunda matéria "Bandeira brasileira na baía de Banes" (11/03/1974).

A narrativa prossegue com os fatos sendo apresentados gradualmente até a liberdade dos dois estrangeiros pelo regime cubano e o retorno ao "ponto de partida": o porto de Miami (EUA). Nessa lógica, o público acaba se inserindo no drama do jornalista e do piloto brasileiros. Os títulos das matérias sugerem essa intenção: "Prisão e suspeita em Cuba, a rota que evitou um naufrágio" (10/03/1974), "Bandeira brasileira na baía de Banes" (11/03/1974), "Greve de fome contra o tédio socialista" (12/03/1974), "É proibido passar fome" (13/03/1974) e "Volta ao ponto de partida" (14/03/1974).

Após os primeiros interrogatórios na vila de Banes, Borges e Faria foram transferidos até Santiago numa viagem de cerca de 200 quilômetros. No caminho, o repórter relata em texto descritivo suas impressões sobre a ilha, apresentando um viés crítico sobre o regime socialista:

> Canaviais em ambas as margens do caminho, cana alta e muito verde. Cartazes incitando à produção, à colheita, ao transporte. O oficial apontava as 'conquistas da revolução': uma granja, um asilo, uma escola que fornecia informações doutrinárias. Ele mostrava as plantações confiscadas à *United Fruit*, falava do fim da prostituição e do jogo, e aguardava nossos comentários. Mostrou a Igreja da Virgem do Cobre e disse que a religião estava quase extinta, embora o Governo desse liberdade de culto. Aí desancou a religião e os fieis que 'antes da revolução faziam peregrinações de joelhos'.[...] De perto Santiago tem aspectos familiares aos brasileiros, mas é nítida a influência espanhola. [...] Os carros que passavam por nós eram muito velhos, remendados na maioria ("Bandeira brasileira na baía de Banes", *Jornal do Brasil*, 11/03/1974).

Sobre a bandeira brasileira a que se refere o título da reportagem, o jornalista exalta na matéria que o seu gesto representou uma pequena demonstração, informal, de reconciliação com a ilha comandada por Castro: "Foi a primeira bandeira brasileira a subir em Cuba desde que as relações com o Brasil foram rompidas, há 10 anos" ("Bandeira brasileira na baía de Banes", *Jornal do Brasil*, 11/03/1974). O governo militar brasileiro rompera em 1964 as relações diplomáticas e comerciais com Cuba, pois o regime castrista representava a ameaça de expansão do comunismo na América. Em 1973, alinhado ao bloco capitalista liderado pelos Estados Unidos durante a Guerra Fria, o Brasil votou contra a reintegração de Cuba à Organização dos Estados Americanos (OEA). O reatamento só ocorreu em 1985 no governo José Sarney, após o fim do ciclo militar.

Os dois brasileiros estavam sob vigilância do governo cubano, mas o local onde estavam detidos não era propriamente uma prisão. Passaram a maior parte do tempo numa casa, nº 181 da Carretera Caney, em Santiago, com geladeira e uma televisão onde assistiam "os programas de doutrinação, os noticiários sobre a safra de cana, as reuniões dos Comitês de Defesa da revolução, que às vezes, para nossa alegria, apresentavam surpresas sensacionais", conforme informa Borges na matéria "Greve de fome contra o tédio socialista" (*Jornal do Brasil*, 12/03/1974). Ele prossegue descrevendo os programas, incluindo os desenhos do gato Félix e do pica-pau e filmes científicos alemães: "Vimos *Testemunhas de acusação*, uma série de filmes famosos do gênero bangue-bangue, observando que os guardas vibravam de pular nas cadeiras nas cenas de *pinhaços* (murros)" ("Greve de fome contra o tédio socialista", *Jornal do Brasil*, 12/03/1974).

A série do *JB* privilegia a pauta de comportamento, com as curiosidades e os fatos amenos do cotidiano dos moradores. São reproduzidos diálogos com soldados, com o camponês Manuel Fernandes, com o cozinheiro cujo nome não foi identificado e, de forma frequente, com o interrogador Bettencourt, aquele com "um olho mais escuro que o outro". Porém, a abordagem crítica sobre o regime liderado por Fidel Castro também está presente no trabalho do *Jornal do Brasil*. O termo "paredão" e o verbo "fuzilar" são citados diversas vezes na série. O medo é expresso principalmente quando o repórter cita declarações do companheiro de viagem, Fernando Faria. A questão da repressão política permeia a narrativa, como na passagem abaixo:

> Fernando me olhava e dizia: para com isso, *esses caras vão acabar fuzilando a gente* por tua causa. Mas as provocações surtiam efeito. Foi defendendo o capitalismo que consegui com que eles explicassem o que ocorreu em Cuba em 15 anos de revolução ("Greve de fome contra o tédio socialista", *Jornal do Brasil*, 12/03/1974, grifo nosso)

Há apenas uma referência, em um dos parágrafos, sobre os avanços na área da saúde e educação, considerados "conquistas" do regime cubano. A série foi publicada sem enfrentar maiores problemas com os órgãos de censura no Brasil. As reportagens mantêm um tom de ironia quanto aos exageros da propaganda estatal:

> A visita de Brejnev ocupou pelo menos 70% do tempo de programação, durante os sete dias que o primeiro-secretário do Partido Comunista Soviético esteve lá.
>
> – Salve a inquebrantável amizade entre os povos cubano e soviético.
>
> – Viva Brejnev, viva Fidel.
>
> A multidão foi calculada em um milhão de pessoas, entre o percurso e a Praça da Revolução. [...] A transmissão era maçante. Os locutores pregavam a revolução como se ela ainda estivesse por ser feita ("Greve de fome contra o tédio socialista", *Jornal do Brasil*, 12/03/1974)

O repórter e o piloto foram liberados pelas autoridades cubanas no 24º dia após a chegada na ilha, porém as más condições do tempo impediram a dupla de seguir imediatamente para Miami. Eles aguardaram mais oito dias na baía de Banes. Receberam autorização para partir a bordo do veleiro "Lisa" no dia 20 de fevereiro. Após iniciarem a viagem, precisaram retornar devido a problemas mecânicos na embarcação. Depois de nova autorização, a dupla deixou a costa cubana e relatou ter enfrentado uma tempestade mais violenta do que a tormenta encontrada no trajeto de ida. No dia 26 de fevereiro, o barco desgovernado foi lançado aos arrecifes de coral de Cayo Conflite (Ilha Bombon). "Foi a coisa mais selvagem que vi na vida, e desta vez a morte realmente nos poupou", descreveu o jornalista na última matéria da série "Volta ao ponto de partida" (14/03/1974). A narrativa mostra que os maiores riscos não ocorreram em Cuba, enquanto os dois permaneceram detidos na ilha, mas durante a travessia, principalmente no retorno a Miami.

Borges e Faria foram salvos pela torpedeira 020 da Marinha Cubana, que fazia a patrulha e costumava realizar salvamentos de embarcações encalhadas nas ilhotas da região, conhecida pelo histórico de naufrágios. O veleiro foi rebocado para um local de águas abrigadas. Os brasileiros receberam suporte dos tripulantes cubanos para o reparo das avarias no motor e no leme. O "Lisa" foi autorizado pelo comandante da torpedeira a seguir viagem no dia 2 de março. A narrativa mantém uma estrutura cronológica dos fatos e reserva para o final o relato sobre o retorno a Miami:

> Foi voo de gaivota por três dias seguidos. A proximidade do sossego nos dava forças e revesávamos de duas em duas horas ao leme, tendo a corrente a nosso favor. Na madrugada do dia 5 de março avistamos o clarão de Miami e quando o sol luziu no azul inigualável da *Gulf Stream*, divisamos a linha serrilhada dos arranha-céus brancos no horizonte. Acabara-se a aventura, mas não as surpresas. Atracamos no porto e pedimos imigração. O funcionário foi logo ouvindo que estivéramos 36 dias em Cuba, mas não quis saber de detalhes. Pediu os passaportes, verificou que as vias estavam em dia e disse: 'Está bem, estão liberados' ("Volta ao ponto de partida", *Jornal do Brasil*, 14/03/1974).

A comissão julgadora do Prêmio Esso de Jornalismo em 1974 decidiu conceder o prêmio a Humberto Borges por considerar o trabalho um exemplo de como um repórter se comporta diante de uma situação imprevista. Murilo Melo Filho, um dos integrantes do júri naquele ano, apontou como justificativa na edição comemorativa dos 25 anos do prêmio o "arrojo da iniciativa" do jornalista do *Jornal do Brasil* (M. FILHO, apud LUZ e BORGES, 1980, p. 113).

Unidade temática: esportes

Duas reportagens sobre futebol foram premiadas com o Esso nacional no período definido para a análise (1964-1978): "O futebol brasileiro: o longo caminho da fome à fama", do *Jornal do Brasil*, vencedora em 1967, e "Juiz, ladrão e herói", de *O Estado de S. Paulo*, que conquistou a premiação na categoria principal em 1968.

O futebol brasileiro: o longo caminho da fome à fama (1967)

Redator do departamento de pesquisa do *Jornal do Brasil*, João Máximo foi um dos jornalistas brasileiros que presenciou na Inglaterra a eliminação da seleção brasileira de futebol na primeira fase da Copa do Mundo de 1966. Era grande a expectativa por um tricampeonato da equipe, formada por Djalma Santos, Bellini, Pelé e Garrincha, mas em campo foram duas derrotas em três jogos.[17] Ao retornar ao Brasil, o jornalista sustentava a tese de que o principal fator para a péssima campanha da seleção era o (mau) preparo físico dos jogadores em comparação com os atletas europeus. Grande parte do problema não era responsabilidade apenas dos clubes. A falta de condições ideais para a prática do futebol começava na formação dos jogadores, muitos acometidos por doenças provocadas pela desnutrição e outros males do subdesenvolvimento. Máximo tinha a ideia de fazer uma investigação social sobre a origem e as dificuldades que enfrentava o brasileiro com o sonho de brilhar nos gramados. Daí surgiu a pauta "Fute-

17 O Brasil venceu a Bulgária na estreia por 2 a 0, mas foi derrotado em seguida pelas seleções da Hungria e Portugal por 3 a 1 no estádio Goodison Park (Liverpool).

bol brasileiro: o longo caminho da fome à fama", trabalho jornalístico vencedor em 1967 do Prêmio Esso nacional.

O departamento de pesquisa do *Jornal do Brasil*, que tinha como editor Antônio Beluco Marra, teve papel importante na produção da matéria. O setor não servia apenas como suporte para os jornalistas da redação produzirem conteúdo mais contextualizado aos leitores; a própria equipe de pesquisa também realizava reportagens para o jornal. João Máximo trabalhava na editoria de Esportes das 17 às 22 horas, mas realizou a matéria pelo departamento de pesquisa, onde atuava como redator das 12 às 17 horas.

A etapa de apuração durou cerca de três meses. Para obter os dados, Máximo encaminhou cartas para os médicos de grandes clubes do Rio de Janeiro, São Paulo, Minas Gerais, Rio Grande do Sul e Pernambuco. O objetivo era coletar casos de jovens que chegavam ao clube já com algum tipo de doença. A matéria foi construída com base nas respostas dos profissionais de departamentos médicos de Flamengo, Fluminense, Palmeiras, Corinthians, Cruzeiro, Atlético Mineiro, Grêmio, Internacional e Náutico.

O contraste "fome" e "fama" expresso no título da matéria conduz também a narrativa. A ênfase nesse tipo de dualidade transparece na abertura da matéria em que o repórter personifica a imagem da miséria e da glória no futebol, respectivamente, nas figuras dos jogadores Ivã Pelé, que morreu devido a problemas de saúde, e Bellini, capitão da seleção brasileira que conquistou a Copa do Mundo em 1958 na Suécia.

> Um jovem jogador, conhecido por Ivã Pelé, morre com os pulmões minados, sem realizar o seu sonho de craque, mas Hilderado Luís Bellini ergue uma taça de ouro, criando para o mundo a imagem olímpica do atleta brasileiro. Entre um e outro está o caminho longo, que separa a fome da fama, mas a eterna fantasia do futebol faz cair no esquecimento o fim trágico do primeiro e perpetua numa estátua

> de bronze a pose heroica do segundo. A questão é saber qual dos dois reflete uma realidade. Os que vivem a intimidade do futebol brasileiro, sabendo a distância que vai do primeiro chute num terreno baldio ao fim de uma carreira de vitórias concordam em que Ivã Pelé e Bellini são dois símbolos falsos: ao atleta brasileiro, nem está reservado o destino sem glória de um, nem a grandeza quase épica de outro [...] ("Futebol brasileiro: o longo caminho da fome à fama", *Jornal do Brasil,* 30/08/1967).

Os nomes dos jogadores de "destino sem glória", obtidos pelo jornalista através dos médicos consultados, foram suprimidos na reportagem. João Máximo apresenta apenas as características de jovens promessas obrigadas a interromper a carreira em razão de algum tipo de doença típica de países subdesenvolvidos: "Vinte anos, ponta-de-lança de temperamento vibrante, então rompedor de áreas. Todo o seu ímpeto morreu no dia em que descobriram nele uma úlcera duodenal. Não podendo fazer dieta, largou o futebol" ("Futebol brasileiro: o longo caminho da fome à fama", *Jornal do Brasil,* 30/08/1967).

Como os dados da matéria se baseiam no relato por escrito dos médicos dos clubes, o trabalho não apresenta a "voz" dos personagens, o contexto em que os jogadores viviam, os dramas pessoais. Assim, sobressaem termos técnicos sobre os tipos de doenças (verminose, esquistossomose, raquitismo, tuberculose, anemia, avitaminose, ancilostomose, sífilis etc). Além dos médicos, foi ouvido o ex-jogador Evaristo de Macedo, na ocasião técnico do América (RJ). A reportagem também divulga estudos internacionais sobre o quadro clínico de jogadores europeus e um levantamento do Escritório de Pesquisa Econômica Aplicada sobre a questão alimentar no Brasil.

> Desnecessário dizer que a verminose acompanha de perto o quadro da subnutrição, como outras infestações e infecções encontram no organismo mal alimentado uma espécie de convite. No futebol brasileiro, todas as doenças ligadas ao subdesenvolvimento, de um modo geral, já foram anotadas na experiência diária dos clubes ("Futebol brasileiro: o longo caminho da fome à fama", *Jornal do Brasil,* 30/08/1967).

Na mesma reportagem, Máximo revela a incidência de parasitose entre os jogadores, inclusive os da seleção brasileira:

> Não há doença que atinja mais o jogador de futebol do que a parasitose em seus mais variados tipos. O médico do Internacional calcula em 70% a incidência no seu clube; o do Náutico em 80%. Entre o Norte e o Sul, estados como Rio, São Paulo e Minas Gerais não oferecem um quadro melhor: a cropologia funcional, nos dias atuais, é uma exigência que se faz tão logo o jogador chega ao clube, tendo a mesma prioridade dos exames de sangue e radiográficos. Na última seleção brasileira - que reunia a elite do nosso futebol - o índice foi de 15%, Pelé entre os infestados ("Futebol brasileiro: o longo caminho da fome à fama", *Jornal do Brasil,* 30/08/1967).

A reportagem saiu nas páginas 4 e 5 do Caderno B em 30 de agosto de 1967. Foi publicada no Caderno B porque não havia página dupla na seção de esportes. Para o relator do Prêmio Esso de Jornalismo em 1967, o jornalista Zuenir Ventura (VENTURA, apud LUZ e BORGES, 1980, p. 82), apesar da falta de aprofundamento em algumas passagens, o mérito da reportagem de João Máximo residiu no ineditismo do tema. Segundo Ventura, a matéria do *Jornal do Brasil* foi a primeira abordagem social do futebol, uma "metáfora da realidade brasileira, onde riqueza e miséria convivem" (1980, p. 83). O tumultuado contexto político, um ano antes da edição do AI-5, pode ter influenciado na escolha na medida em que os jornais já sofriam pressão do Estado, ainda nem tão acentuada como viria a ser no pós-1968. O relator levanta essa possibilidade: "Estranho que o esporte e não a política tenha merecido a preferência do júri. Ou terá sido, não essa preferência, mas a ausência de bons trabalhos políticos a razão da escolha?" (1980, p. 81).

No início de 1967, Castelo Branco impôs por decreto a Lei de Segurança Nacional (LSN) para combater o "inimigo interno". Assim, delegava a qualquer cidadão a responsabilidade pela defesa da segurança nacional do país. Costa e Silva, que assumiu o cargo de presidente em março daquele ano, teve uma gestão marcada por um período de forte agitação política na sociedade.

A despeito do crescente agravamento da crise institucional no país, Ventura ressalta a credibilidade do resultado: "Especulações à parte, uma coisa é certa: a premiação a João Máximo não foi nem protesto nem consolo. Ganhou quem, como se diz no esporte, se apresentou em melhor forma naquele momento" (1980, p. 82).

Juiz, ladrão e herói (1968)

Com a conquista de "Juiz, ladrão e herói", de *O Estado de S. Paulo*, o concurso consagrava, pelo segundo ano consecutivo, uma matéria esportiva. A série, publicada entre setembro de 1967 e janeiro de 1968, denunciava um esquema de favorecimento envolvendo juízes de futebol, que aceitavam suborno para manipular o resultado de partidas no Campeonato Paulista. Nesse período, o país vivia um clima de efervescência política e aumento das tensões sociais por conta do fechamento do regime, às vésperas da edição do Ato Institucional nº 5.

Em 28 de março de 1968, uma invasão policial-militar no refeitório universitário Calabouço resultou na morte do estudante Edson Luís de Lima Souto. Seu corpo foi conduzido para a Assembleia Legislativa, onde foi organizada uma vigília. No dia 4 de abril, após a realização de uma missa em homenagem a Edson Luís, a multidão foi surpreendida pela polícia montada. O episódio gerou reação de entidades da sociedade civil, que mobilizaram em junho de 1968, no Centro do Rio de Janeiro, a chamada Passeata dos Cem Mil, uma grande manifestação de oposição aos militares. Em agosto, a Universidade Federal de Minas Gerais foi fechada e a Universidade de Brasília, invadida pela Polícia Militar. Em outubro daquele ano, estudantes da Faculdade de Filosofia da Universidade de São Paulo (USP) e a direita universitária ligada ao Comando de Caça aos Comunistas (CCC) dos alunos do Mackenzie também entraram em confronto na cidade. Neste mês, 739 universitários foram presos pelas forças de segurança no 30° Congresso da União Nacional dos Estudantes (UNE), em Ibiúna, na Bahia.

A tensão social e os conflitos com as tropas de choque da Polícia Militar não ficaram restritos ao meio universitário. Nos meses de abril e julho, metalúrgicos de Contagem, em Minas Gerais, e trabalhadores da região de Osasco, em São Paulo, respectivamente, organizaram as primeiras greves operárias desde o golpe de 1964. Apesar do declínio inflacionário – de 100% em 1964 para 25% em 1967 (SKIDMORE, 1988, p. 141) – o ortodoxismo econômico mantido pelo ministro Defim Neto provocava forte queda no salário real dos trabalhadores.

A Igreja também passou a adotar uma postura mais crítica em relação aos militares. O principal representante da ala "progressista" era Dom Helder Câmara, arcebispo de Olinda e Recife, para quem as políticas do governo aprofundavam as injustiças sociais. A tentativa do Governo de controlar todas as instituições da sociedade civil levou a Conferência Nacional dos Bispos do Brasil (CNBB) a divulgar um documento, em julho de 1968, denunciando as arbitrariedades da Doutrina de Segurança Nacional.

A crescente onda de manifestações apoiadas por segmentos da classe média e da igreja contra a ditadura, as greves e a articulação dos políticos de oposição movimentaram os setores identificados com a "linha dura", a ala mais radical dos militares. O Serviço Nacional de Informações (SNI), então chefiado pelo general Emílio Garrastazu Médici, passou a defender uma resposta mais firme aos protestos, algo semelhante ao que ocorrera em 1964. Declaração do ministro de Exército, Aurélio de Lira Tavares, alegava que havia no país "um processo bem adiantado de guerra revolucionária" (CPDOC/FGV), unindo oposição e o comunismo. A "linha dura" do regime também temia a influência da onda de protestos que ocorria em outros países, que estaria fortalecendo os movimentos de oposição no Brasil. Na França, os estudantes se aliaram aos trabalhadores para reivindicar melhores salários e qualidade na educação. Protestos nos Estados Unidos contra a guerra do Vietnã também faziam parte daquele conturbado contexto político em 1968.

As matérias que concorreram ao Prêmio Esso de Jornalismo em 1968 estão inseridas nesta conjuntura histórica mas com ela não dialogaram. Para um dos membros da comissão, José Itamar de Freitas, da Enciclopédia Bloch, o trabalho de *O Estado de S. Paulo* se destacou entre os "assuntos permitidos na época" (FREITAS, apud LUZ e BORGES, 1980, p. 86).

> Para os repórteres de 'Juiz, ladrão e herói', o incentivo de saber que vale a pena denunciar; que a denúncia bem fundamentada continua a ser um serviço público e o bê-á-bá do bom jornalismo. Para a empresa vencedora, a lição de que vale a pena investir em denúncias: pelo menos rende prestígio (1980, p. 86).

A série, produzida pelos repórteres Vital Battaglia e Hedyl Valle Jr, revelou que juízes de futebol aceitavam suborno de dirigentes de clubes e interferiam diretamente no resultado das partidas.[18] Havia informações não confirmadas sobre a atuação de uma máfia da arbitragem, comandada por um alto dirigente da Federação Paulista de Futebol, com pretensões políticas, favorecendo resultados de clubes do interior. Para obter a denúncia envolvendo a corrupção de juízes, um dos repórteres teria se apresentado como árbitro no jogo entre Linense e Noroeste e, assim, ter contato com o intermediário da negociação criminosa. Documentos comprobatórios e fontes em *off* também foram recursos utilizados pelos jornalistas para comprovar as fraudes ou mesmo indicar novos caminhos no processo de apuração. Um dos documentos teria revelado um acerto entre Guarani e Palmeiras para que este último não fosse rebaixado para a 2ª divisão.

Semanalmente eram publicadas duas páginas da série, porém não foi possível localizar material original ou cópia da série de *O Estado de S. Paulo* nas bibliotecas ou no setor de arquivo do jornal premiado, apesar de várias solicitações.

Análise sintética dos aspectos editoriais e gráficos

A reflexão sobre diferentes etapas de produção jornalística (apuração, redação e edição) das matérias premiadas entre 1964-1978 levou em consideração a participação do repórter como personagem ou narrador em 3ª pessoa, o estilo do texto, a relação com as fontes, os gêneros ou formatos de reportagem e o tratamento visual, dentre outros atributos. As diferenças verificadas se relacionam menos com a divisão por unidades temáticas e mais com as

18 Esquemas de corrupção envolvendo juízes de futebol não chegam a ser novidade no futebol brasileiro. Casos de favorecimento ganharam destaque em 2005 na imprensa, envolvendo o árbitro Edílson Pereira de Carvalho. O juiz foi preso em setembro daquele ano por manipular resultados de partidas no Campeonato Brasileiro. Suas atuações favoreciam empresários que participavam de apostas milionárias em sites de apostas na Internet.

características editoriais de cada meio (jornal ou revista) e dos veículos específicos. A leitura e análise das 15 reportagens premiadas apontam para algumas características gerais sobre o fazer jornalístico na ótica do tradicional programa de reconhecimento da Esso.

Um atributo que aproxima os trabalhos vencedores é a opção pelo formato de série, à exceção dos trabalhos produzidos pelas revistas *Realidade* (1966 e 1972) e *Veja* (1977). A reportagem sobre os índios kranhacarores, de *O Estado de S. Paulo* (1973), e a entrevista com o presidente Figueiredo, da *Folha de S. Paulo* (1978), também não foram idealizadas com esse formato, embora tenham sido publicadas em mais de uma edição.

Em relação as aspecto visual, a maior parte das matérias se caracteriza por grande volume de texto em detrimento da imagem e apresenta poucos recursos gráficos. Percebe-se um equilíbrio maior entre o espaço dedicado ao texto e o reservado para o fotojornalismo nos trabalhos publicados em revistas: *Realidade* (1966 e 1972) e *Fatos e Fotos* (1965).

Em "Brasileiros, go home", *Realidade* publicou um total de 14 fotos ocupando sempre as páginas ímpares da revista. O fotógrafo Walter Firmo registrou as manobras dos soldados em São Domingos, o ambiente de tensão entre moradores e militares na selva. Outras imagens acompanham a narrativa dos personagens e das situações apresentadas no texto.

Na edição sobre a Amazônia, a equipe da revista trouxe mais de 30 mil fotografias. Foram editados alguns ensaios que confirmam o destaque que *Realidade* conferia ao fotojornalismo, dentre eles o documento fotográfico "Imagens de um massacre", que registra cenas da morte de macacos, onças, jacarés e peixes-boi. A publicação também fez uma seleção das melhores imagens sobre os rios, a fauna e a flora da região e produziu um ensaio fotográfico sobre a beleza indígena na matéria "A última chance dos últimos guerreiros".

É possível perceber uma valorização da imagem em outras reportagens da unidade temática "Questões sociais", como em outro trabalho de Walter Firmo sobre a Amazônia pelo *Jornal do Brasil* (1964). Foram publicadas duas páginas por edição, sendo obedecido o critério de uma página de texto e outro inteiramente de imagens. Tal divisão aparece até nos créditos: na primeira, Firmo assina como repórter e, na segunda, como fotógrafo. O texto geralmente ocupa quatro das seis colunas, que são separadas por fios. Na página de texto, também há sempre uma pequena foto sobre o título da matéria, valorizando a parte gráfica. Analisada em conjunto, a série "Cem dias na Amazônia de ninguém" é bastante visual. Foram publicadas 22 fotos – uma média de quatro, por edição – de grandes dimensões e diferentes formatos (horizontal e vertical).

O trabalho de fotojornalismo sobre os índios kranhacarore em *O Estado de S. Paulo* (1973) ficou a cargo do próprio repórter José Marqueiz. A valorização da imagem se deve ao caráter de registro histórico das fotos. Pela primeira vez, uma reportagem conseguiu fotografar um índio da tribo. São quatro fotos que mostram a sequência da ação, nessa ordem: "De canoa, os Villas acenam, como amigos", "Levando presentes, para facilitar aproximação", "Já sem medo, ele faz gestos: quer mais presentes" e "No meio da selva, antes seu reduto intocado, o kranhacarore espera pelo branco e sua máquina", as duas últimas mostrando nitidamente o aspecto físico de um kranhacarore.

A série "Receita para São Paulo", do *Jornal da Tarde* (1971), destaca-se pelo projeto gráfico inovador. Os títulos tinham grande destaque no vespertino: de diferentes tamanhos e formatos, eram criativos, sem verbos de ação no presente, alguns formados por uma única palavra. A edição das fotos representava outro diferencial do diário. Com pouco mais de cinco anos de existência, o *Jornal da Tarde* era conhecido por utilizar o recurso gráfico que consistia em "sangrar" as imagens, fazendo com que elas invadissem as margens da página. Outras eram recortadas, dando um efeito de ilustração às fotos de especialistas ouvidos na reportagem. O jornal também estampou em todas as páginas um desenho que funcionou como identificação da série. A figura, que não ocupava espaços fixos, trazia um sol nascendo "sorridente" entre os arranha-céus da metrópole, sugerindo o surgimento de um novo momento para a cidade.

O exame do aspecto gráfico do *Jornal da Tarde* permite outras considerações. Não havia padronização em relação ao número de colunas. O texto era diagramado em colunas de diferentes tamanhos, separadas por fios, mas sempre valorizando os "clarões" (espaços em branco). O tema principal também não se localizava necessariamente no alto da página. A diagramação arrojada subvertia assim a hierarquia dos assuntos, sem tornar a organização das matérias confusa para os leitores.

Outras coberturas jornalísticas premiadas exploraram, ainda de forma tímida, recursos de edição hoje largamente empregados nos veículos impressos. Na reportagem "Exclusivo: fala Figueiredo", da *Folha de S.Paulo* (1978), um dos elementos utilizados foi o "olho".[19] Na entrevista com o general, destacam-se as frases que sintetizam ideias reacionárias da fonte no contexto em que o país discutia o processo de abertura política: "Estado precisa defender-se contra os extremistas", "Há muita gente hoje fantasiada de democrata", "Vocês não vão me convencer a derrubar o regime", "Me digam: o povo está preparado para votar?", "Se o MDB vence e vem com constituinte, aí a coisa explode", "De que adianta um

19 Elemento de edição usado para dar destaque "para anunciar os melhores trechos de textos longos e arejar sua leitura", como informa o manual de redação do jornal (1992). "Em geral, tem apenas três linhas de texto centralizadas, nas quais se destacam frases relevantes e sugestivas do artigo, entrevista ou transcrição" (1992, p. 158).

nome competente se perder a eleição?" e "É mentiroso me atribuir condição de torturador".

A série "Psicanálise: remédio ou vício?", do jornal Última Hora (1969), também usava um eficiente recurso estético informativo que consistia em destacar no alto de página chamadas anunciando sempre a próxima reportagem da série. Além disso, pequenos boxes explicativos complementavam as matérias, como "Dicionário da neurose" e o "ABC-G da Neurose" (jargões usados em análises de grupo).

A utilização de infográficos ainda era um recurso incipiente no *Jornal do Brasil* quando foi publicada a série "As drogas", vencedora do Prêmio Esso em 1975. Em três edições, no lugar das fotos, o jornal recorreu a desenhos e gráficos simples para ilustrar as rotas do tráfico de maconha, cocaína e psicotrópicos e os resultados da pesquisa sobre abuso de drogas entre universitários mineiros.

O estilo narrativo – que particulariza os detalhes, segue uma estrutura romanceada (auge e declínio da ação) e apela a valores duais – não está presente apenas em temáticas sociais. Matérias com viés político também apresentam textos construídos com base nestas estratégias discursivas. A série de *O Globo* (1970) sobre o presidente Costa e Silva ilustra bem o domínio dessa técnica pelo jornalista Carlos Chagas. Adotando um tom descritivo, em 1ª pessoa, Chagas valoriza principalmente suas impressões, o que pôde constatar ao vivenciar a rotina do presidente, os detalhes da fisionomia de Costa e Silva ao adoecer, o ambiente tenso formado em torno da sucessão presidencial e a reação que teve diante da morte do seu assessorado:

> Estou ao lado de sua cama. Sua fisionomia é tranquila. As mãos cruzadas sobre o peito, cabelos um pouco despenteados. E o bigode branco dos últimos tempos. [...] O Dr. Hélcio assina o atestado de óbito. O Presidente morreu

> de um enfarte fulminante, às 15h40m. O mal sobreveio às 15h30m, e ele perdeu a consciência quase imediatamente, apesar da medicação urgente, injeções e massagens. Seu sofrimento, ao menos na hora da morte, não terá sido tão grande. [...] A ninguém será lícito afirmar que o Presidente queria morrer, mas estava evidente que perdera todo o amor pela vida ("Enfarte fulminante em dez minutos mata Costa e Silva", *O Globo*, 06/02/1970).

Outras três séries jornalísticas também optaram por uma narrativa em 1ª pessoa dentro de um modelo conhecido como "reportagem de vivência", projetando o jornalista como personagem dos acontecimentos. Foi o caso das matérias sobre a psicanálise, da Última Hora (1969), Amazônia, de *Realidade* (1972), e prisão e suspeita em Cuba, do *Jornal do Brasil* (1974). Através desse recurso, uma influência do *new journalism* americano, o repórter transmite impressões pessoais sobre fatos por ele presenciados em linguagem normalmente leve e bem humorada. Um bom exemplo desse modelo está na matéria em que os repórteres Octávio Ribeiro e Jean Solari acompanham um grupo de caçadores para a edição sobre a Amazônia:

> Estirada de comprido no chão, a cabeça virada para o poente, morta está uma esplendida onça-pintada. [...] Melquíades, uma faca na mão e uma espécie de cuíca na outra, de pé ao lado da onça, olha nervoso para um ponto fixo da mata. *Jean Solari e Octávio Ribeiro, costas coladas, revólveres nas mãos, olham em todas as direções.* Os grandes olhos amarelos da onça morta estão abertos, parados ("Rrrooommm...rrrooom...room: Melquíades chama o amigo da onça morta", *Realidade*, nº 67, outubro/1971, grifos nossos)

A mesma matéria demonstra a habilidade dos repórteres de *Realidade* em construir linhas de história baseadas no uso do suspense, controlando muitas vezes a capacidade de reação do público ao combinar auge e declínio da ação. Através dessa estratégia discursiva, os acontecimentos se sucedem até atingir o seu clímax:

> A área do Piraiauara – 62 lagos ligados uns aos outros por densa rede de canais – é de propriedade de uma família de Manaus, que a arrendou aos moradores. Sua flora aquática é a comida do peixe-boi. O pescador que Octávio acompanha, Rodrigues Simões, 29 anos, calmo e franzino, viu um *bezerro*, um filhotão do peixe-boi boiando ao sol da manhã. [...] *Agora tudo que Octávio e Rodrigues terão de fazer é esperar em silêncio.* [...] De repente, com uma onda de bolhas e espuma, sobe à tona o focinho avermelhado e logo as costas cinzentas de um estranho animal, mal visto de relance. Rodrigues dispara o arpão. A comprida vara com uma fisga metálica na ponta acerta as costas do animal. [...] A caçada ao peixe-boi, embora proibida pelas leis de proteção às espécies ameaçadas de extinção, é o momento mais tenso e épico da vida de Rodrigues Simões e de toda a gente daquela região [...] ("Rrrooommm...rrrooom... room: Melquíades chama o amigo da onça morta", *Realidade*, nº 67, outubro/1971).

Elizabeth Bird e Robert Dardenne (1993), ao analisar as qualidades narrativas dos textos jornalísticos, afirmam que relatar notícias significa, de fato, construir estórias. Segundo os autores, o enquadramento dramático das matérias resgata antigas formas de contar estórias, reforçando a ideia da notícia como "narrativa mitológica". "Muita da qualidade mítica das notícias deriva de uma tal 'ressonância' – a sensação de termos escrito ou lido as mesmas 'estórias' repetidas vezes" (1993, p. 268). A narrativa como procedimento jornalístico obedeceria assim a sistemas simbólicos e processos de longa duração, cujos temas são familiares e bem compreendidos pelo público. "As notícias, enquanto abordagem narrativa, não negam que as notícias informam [...]. No entanto, muito do que aprendem pode ter pouco a ver com os fatos, nomes e números que os jornalistas tentam apresentar com tanta exatidão" (1993, p. 265).

A ênfase em valores duais também integra esse conjunto de estratégias narrativas que facilita a identificação dos leitores com as reportagens. A oposição entre a cultura indígena e a cultura branca, o atraso e o progresso ou o velho e o novo permeia a mesma cobertura da revista *Realidade*. Nesse sentido, a cidade de Belém representa a "civilização", a "Manhattan dos trópicos", contrapondo-se aos perigos e mistérios da selva. Os trechos, a seguir, reproduzem alguns exemplos dessas dualidades:

> Com 633.749 habitantes, congestionamento, arranha-céus, Belém é o ultimo porto da civilização branca antes do mundo verde. [...] A apenas 160 quilômetros (ao Sul) da Linha do Equador, Belém é a união dos extremos. O início da selva, o último baluarte da civilização branca, a Manhattan dos trópicos, o encontro de dois mundos ("Os insetos, o calor, a chuva". *Realidade,* nº 67, outubro/1971)

> Se vale filosofar, Belém é o encontro do velho e do novo. – Esse encontro não se faz sem choques – diz o poeta de Belém, João de Jesus Paes Loureiro. – O forte regionalismo nosso está sendo atingido pelo violento impacto dos meios de comunicação. Vivemos o choque. É a canoa de remo contra a nave espacial. É o recado de comadres contra a Embratel. É o isolamento endêmico contra a nova tribalização, mcluhiana [...] ("As cidades, as civilizações". *Realidade,* nº 67, outubro/1971)

Quanto aos gêneros jornalísticos, os trabalhos sobre a Amazônia (1964) e o futebol brasileiro (1967), ambos do *Jornal do Brasil,* têm características mais próximas de um ensaio do que propriamente de uma reportagem. A narrativa de Firmo, no primeiro caso, é marcada por adjetivações, frases longas e estilo rebuscado, características que seriam incompatíveis com os rituais estratégicos de objetividade,[20] conforme descritos por Tuchmam (1993), a despeito de o texto final ter passado por revisões de um copidesque para se adequar ao projeto editorial do jornal:

> Os brasileiros de outras regiões, principalmente os do Sul, ignoram inteiramente as agruras, as cenas terríveis e emocionantes que sofrem seus irmãos da Amazônia, numa dor silenciosa e constante, nessa epopeia muda, sem um gemido, sem um grito, com resignação. Com a superfície a emergir, numa eclosão de gêneses, contaminada de detritos, folhas, galhos, raízes, cascas, carne de animais em decomposição, expostos à luz forte, a terra fermenta, apodrece e as exalações de péssimo odor espalham as febres palustres ("O pesadelo da seca e da cheia", *Jornal do Brasil*, 07/01/1964).

As poucas citações não são acompanhadas por nome, profissão ou idade dos depoentes. O verbo declarativo, muitas vezes carregado de intencionalidade por parte do repórter, aparece normalmente na 3ª pessoa do plural, como, por exemplo, nos trechos: "– Foi a vontade de Deus – dizem" ou "Seus habitantes [...] naquela linguagem pura e tranquila, característica do homem ribei-

20 Tuchman (1993) reflete sobre o significado do emprego de técnicas por ela descritas como "rituais estratégicos de objetividade", como o uso da pirâmide invertida, concentrando todas as informações importantes no lead, e o sistema de citações. Segundo a autora, o ideal de objetividade surge como instrumento estratégico que autoriza os *media* a produzir sentidos, enquadrar as ocorrências e reinterpretar a realidade, projetando no jornalista a imagem de profissional isento e livre de manipulações. As rotinas de produção também protegem as empresas de comunicação das acusações de parcialidade, dos erros de apuração e das críticas daqueles que possam se sentir prejudicados pela reportagem. Os rituais de objetividade, como consequência, acabam por legitimar a imprensa como instituição de poder no campo social.

rinho, *vociferam:* – Agora estamos ficando acordados" ("O pesadelo da seca e da cheia", *Jornal do Brasil*, 07/01/1964, grifo nosso).

A edição especial sobre a Amazônia, de *Realidade* (1972), reúne uma combinação de vários gêneros (entrevistas, perfis, serviços, artigos etc). Já o prêmio para a matéria da *Folha de S.Paulo* (1978) sobre o presidente Figueiredo foi o único no período (1964-1978) conferido para uma entrevista. De todos os trabalhos premiados, a série sobre o presidente Costa e Silva tem a particularidade de pertencer ao formato de depoimento.

As fontes em "off" assumem um papel preponderante especialmente nos trabalhos sobre os "superfuncionários" públicos, de *O Estado de S. Paulo* (1976), e o assassinato de Cláudia Lessin, da revista *Veja* (1977). As duas matérias, publicadas no contexto da abertura política, destacam o empenho pessoal do repórter ou da equipe em obter informações sigilosas. Ressaltam ainda a impossibilidade de acesso a dados oficiais. No caso do assassinato de Cláudia Lessin, a revista manteve no anonimato os nomes de 18 personagens para construir uma única matéria ("A ascensão da cocaína").

Em quatro trabalhos premiados, predominam a observação direta e o esforço memorialístico do jornalista, reduzindo a participação das fontes. Foi o caso da reportagem-ensaio sobre a Amazônia, do *Jornal do Brasil* (1964), da reportagem-depoimento sobre o presidente Costa e Silva, de *O Globo* (1970), da matéria sobre os índios kranhacarores, de *O Estado de S. Paulo* (1973), e da entrevista com o presidente Figueiredo, da *Folha de S.Paulo* (1978).

Na unidade "Política internacional", as séries valorizam o depoimento de personagens comuns. Em "Brasileiros, go home", por exemplo, cada intertítulo apresenta a história de um personagem: "O comandante e os tiros", "O menino corneteiro" e "O cabo de Hollywood". Na apresentação do soldado corneteiro Itamar, a narrativa segue uma estrutura romanceada. Assim, o leitor, por mais afastado que esteja do objeto noticiado, acompanha o enredo e familiariza-se com os personagens. Importa transportá-lo para a cena do acontecimento:

> Mas a grande alegria de Itamar, confessada quase com lágrimas, será o dia de voltar ao Brasil, beijar os pais e os irmãos e *mergulhar despreocupadamente em Copacabana*, longe do conflito que não consegue entender. *Se ao menos pudesse sair com Dolores, a morena de olhos grandes que flerta com ele nas calçadas da avenida Independência.* Mas Dolores tem medo, pois os tigres estão vigilantes, prontos para raspar a cabeça das moças que namoram soldados da FIP. *E Itamar olha de longe, quase com carinho, os longos cabelos da moça Dolores.* Se insistisse, ele talvez arriscasse. Mas Itamar prefere não insistir: - Gosto dela o bastante para protegê-la. E, por um instante, parece um velho aquele menino de 19 anos ("O menino corneteiro", *Realidade,* abril/1966, grifos nossos).

Realidade utiliza neste trabalho mais de duas dezenas de fontes, a maior parte delas identificadas pelo autor, para construir um relato humanizado sobre a participação da tropa brasileira na FIP. O texto não prioriza a fala de oficiais em relação aos depoimentos fornecidos por cabos e soldados, até porque as declarações são apenas ilustrativas do clima e da convivência amistosa entre os militares de diferentes patentes.

A diversidade de fontes se verifica também no trabalho sobre a psicanálise, da *Última Hora* (1969), e na edição especial sobre a Amazônia, de *Realidade* (1972). No caso de *Última Hora*, o repórter Luís Edgar de Andrade entrevistou cerca de 50 pessoas, entre psicanalistas, personalidades e pacientes desconhecidos. A cantora Nara Leão e a atriz Odete Lara permitiram que suas imagens fossem publicadas. Coube a Joel Maia a elaboração do roteiro fotográfico. Muitas fontes, porém, foram identificadas por pseudônimos ou apenas pelo primeiro nome, pois o tema psicanálise ainda era considerado tabu na época.

Em "Política nacional", as matérias, ao contrário, privilegiam o uso de fontes oficiais e especialistas. Na unidade "Questões sociais", parte dos trabalhos consagrados pelo Prêmio Esso também valoriza entrevista com autoridades ou *experts*. Uma análise mais detalhada da série "Receita para São Paulo", do *Jornal da Tarde* (1971), revela que as características editoriais do trabalho não condizem com o relato da edição comemorativa dos 50 anos do Prêmio Esso (BELOCH e FAGUNDES, 2006). A publicação institucional assinala que, a partir das questões discutidas no Seminário sobre Problemas Municipais, os repórteres complementaram as matérias com reportagens de campo, ouvindo moradores e observando *in loco* as deficiências nos serviços públicos. A fala dos moradores (personagens comuns), contudo, não está representada na série. Ao contrário, as reportagens acentuam a autoridade das fontes.

As matérias foram construídas a partir das apresentações feitas no seminário e nas conclusões contidas nos relatórios dos especialistas convidados a participar do projeto. Por exemplo, na edição que discutiu o tema "Escoamento de águas", o jornal ouviu professores da USP e um diretor de Obras da Prefeitura de São Paulo. Ao tratar do tema "Uso do solo", foram consultados engenheiros e arquitetos daquele grupo de trabalho. Não obstante, as declarações acabaram sendo atribuídas ao grupo e não a uma fonte específica.

O trabalho jornalístico de Juarez Bahia "As drogas" (1975), publicado no *Jornal do Brasil*, também ilustra o predomínio das fontes "autorizadas" (autoridades e especialistas) em relação aos personagens comuns (dependentes, menores infratores e traficantes). Ao longo da série, foram ouvidos, dentre outras fontes, juízes, representantes da Associação Brasileira de Psiquiatria e do grupo de trabalho criado pelo Ministério da Justiça para levantar os problemas do controle e repressão ao tráfico, o chefe do Serviço de Liberdade Assistida (SLA) do Juizado de Menores e professores do Departamento de Psicobiologia da Escola Paulista de Medicina e da Faculdade de Farmácia da Universidade Federal de Minas Gerais (UFMG), esta última responsável por uma pesquisa de opinião sobre abuso de drogas entre 536 universitários de Belo Horizonte. As declarações das fontes oficiais se sobrepõem ao texto do próprio repórter: dos dez parágrafos da reportagem "Uma vaga para a escola preencher" (23/07/1975), oito são citações do professor Carlos Meirelles, chefe do SLA do Juizado de Menores.

De todas as matérias, apenas três são baseadas no relato de personagens comuns, ou seja, pessoas que se envolveram com as drogas, nenhuma delas identificadas: "J.S., evitar o salto para o tráfico maior" (23/07/1975), "M.D.J., um processo de bom resultado final" (23/07/1975) e "'Eu fui um escravo da droga, agora tento libertar-me'" (24/07/1975). Entre os menores de 18 anos, o jornal usou apenas as iniciais do nome. Nos dois primeiros casos, Bahia ouviu, respectivamente, um adolescente infrator da classe baixa e um viciado em drogas da classe média alta. Na terceira matéria, que inclui o depoimento de um dependente químico adulto, a fonte aparece com o pseudônimo "Silvio".

O jornalista praticamente não recorre ao uso do "off". Excepcionalmente na matéria "O pai, entre a polícia e a justiça" (25/07/1975), Bahia constrói o texto com informações prestadas por fontes (uma autoridade do judiciário e um informante policial) que aceitaram fornecer declarações ao jornal sob a condição de não serem identificadas. Este procedimento se verifica também no relato do pai de uma jovem dependente, na mesma reportagem. Ele denuncia a prática de extorsão para que sua filha, acusada de porte de drogas, possa responder o processo em liberdade.

> – A coação é de tal forma que você parte para qualquer sacrifício pecuniário. [...] Há sempre um funcionário, mais

> ou menos qualificado no cerco da coação, que lhe diz: – O sr. precisa ter pressa, não há tempo, o julgamento é sumário. Eu perdi 24h correndo daqui pra lá, de lá pra cá, vendendo meus quadros, falando com amigos. Nas primeiras 24 horas, o assunto se resolve com 10 mil, 20 mil ou 30 mil cruzeiros, se é maconha, bem entendido. Se é cocaína, o preço é outro. Ou se é LSD, como pagou um amigo meu, o preço pode ir até Cr$ 280 mil ("O pai, entre a polícia e a justiça", *Jornal do Brasil*, 25/07/1975).

Finalmente, observamos uma tendência quanto ao tempo médio de apuração dos trabalhos premiados: de dois a três meses. Esse dado confirma a valorização da apuração verticalizada, com prazo de produção das matérias bem superior ao dispensado pelas redações para a cobertura do dia-a-dia, do *hard news*. A edição sobre a Amazônia da revista *Realidade* (1972) levou nove meses para ficar pronta, sendo cinco de viagem, resultado de um trabalho coletivo. A série sobre os "superfuncionários" públicos, de *O Estado de S. Paulo* (1976), também foi realizado em equipe. As demais foram produzidas por um repórter ou, no máximo, por uma dupla de profissionais.

6. Os julgadores

Essa parte se dedica a examinar o peso da participação das organizações noticiosas nas comissões julgadoras e os principais mercados em que atuavam os jornalistas-jurados no período 1964-1978. Procuramos identificar também neste momento histórico o conjunto de valores que guiavam o julgamento do prêmio. Para verificar os critérios adotados para avaliação das reportagens, foram utilizados como material empírico os artigos dos jurados que justificam as escolhas das matérias vencedoras na categoria principal. Os textos estão reunidos na edição comemorativa lançada pela empresa Esso por ocasião dos 25 anos do concurso. Tais relatos resgatam o passado, apresentando um afastamento em relação ao tempo vivido pelos agentes que participaram das comissões julgadoras. As primeiras atas, que podem ser apontadas como "testemunhos atuais" dos jornalistas-julgadores, só foram produzidas a partir do Prêmio Esso de 1977, portanto, no final do período definido para a análise. Decorre daí a preocupação em tomar os depoimentos como versões provisórias sobre determinados acontecimentos.

A composição do júri

As comissões julgadoras do Prêmio Esso de Jornalismo são formadas tradicionalmente por cinco jornalistas oriundos dos principais veículos da grande imprensa do país. Algumas edições do concurso, no entanto, apresentaram outra configuração. No início da década de 60, havia, por exemplo, comissões para avaliar categorias específicas.[1] Outro dado que chama atenção é que, embora a empresa promotora enfatize a presença exclusiva de jornalistas na composição do júri, com o propósito de dar ao resultado um caráter de isenção em relação aos patrocinadores do prêmio, houve exceções na trajetória do programa.

As primeiras mudanças ocorreram em 1961 e 1962, quando foi criado um júri específico para avaliar os melhores trabalhos fotográficos. A edição de 1961 marcou o primeiro ano do Prêmio Esso de Fotografia, concedido ao repórter fotográfico Sérgio Jorge, da revista *Manchete*. Já durante o regime militar, entre 1964 e 1967, o concurso desmembrou ainda mais as comissões. Além da existência de um corpo de jurados na categoria principal, havia em 1964 e 1965 as comissões de fotografia e reportagem esportiva. Em 1966 e 1967, foram criadas comissões regionais para selecionar reportagens produzidas no Rio de Janeiro, São Paulo e Recife. A partir de 1968, o Prêmio Esso voltou a sua formatação original, ou seja, com uma comissão única formada por cinco integrantes – em sua maioria, mas não exclusivamente, jornalistas.

Mas quem são esses profissionais selecionados pela empresa para julgar seus pares e hierarquizar os trabalhos? Já observamos anteriormente, na lista de avaliadores, a presença de repórteres que haviam se consagrado em edições anteriores no programa da

1 A partir dos anos 1990, esse modelo foi reincorporado ao regulamento da premiação.

Esso. A experiência adquirida como vencedor da premiação pode ser considerada como critério para composição da banca?

Como opção metodológica, realizamos o fichamento no período 1964-1978 englobando as comissões julgadoras apenas na categoria principal, como procedemos em outros capítulos. A análise não inclui, portanto, os júris formados para selecionar os melhores trabalhos em categorias específicas. Procuramos quantificar a participação de jornais e revistas nessas comissões e sua distribuição por estados da Federação.

No período 1964-1978, participaram 67 profissionais de 28 veículos, sendo 21 jornais e sete revistas. Dentre os diários, os veículos com maior número de julgadores foram, em ordem decrescente: *Jornal do Brasil* (9), Folha de S.Paulo (6), *Jornal da Tarde* (5), *O Estado de S. Paulo* (4), *Correio da Manhã* (3), *O Globo* (3), *Jornal do Commercio* - Recife (2), *A Tarde* - Salvador (2) e *Correio Braziliense* (2). Outros jornais regionais ou grupos de comunicação tiveram ao menos um representante na banca de jurados: *Correio do Povo* - Porto Alegre, *Diário de São Paulo*, *Tribuna da Imprensa*, *Última Hora* – São Paulo, *Diários Associados*, *O Paiz*, *Diário de Pernambuco*, *Folha da Tarde*, *Diário de Notícias*, *Estado de Minas*, *O Povo* – Fortaleza e *O Estado do Paraná*. No caso das revistas ou editoras, temos a seguinte classificação: *Manchete* (7), *Realidade* (4), *Bloch Editores/ Enciclopédia Bloch* (3), *Visão* (2), *Fatos e Fotos* (1), *Cruzeiro* (1) e *Editora Abril* (1).

A maior parte dos veículos se concentra, com base nos dados acima, no eixo Rio de Janeiro – São Paulo. A análise do prêmio confirma o peso que as duas capitais exercem no cenário jornalístico brasileiro. Das 28 publicações, 11 têm ou tinham sede no Rio e nove em São Paulo, representando 71,42% do total. Os outros estados representados nas comissões julgadoras são: Pernambuco, Minas Gerais, Paraná, Bahia, Ceará e Rio Grande do Sul, além do Distrito Federal.

É interessante observar que muitos profissionais eram convidados a integrar o júri em mais de uma edição do concurso. No período 1964-1978, os jornalistas Luiz Orlando Carneiro, do *Jornal do Brasil*, e Murilo Melo Filho, da revista *Manchete*, foram os julgadores com maior número de participações: Carneiro atuou em 1971, 1974 e 1975 e Melo Filho nos anos de 1974, 1976 e 1977. Outros seis jornalistas fizeram parte da comissão em duas edições: Wilson Figueiredo (1964 e 1977), Arnaldo Niskier (1965 e 1975), Zuenir Ventura (1965 e 1967), José Hamilton Ribeiro (1971 e 1972), Zevi Ghivelder (1972 e 1973) e Oliveiros S. Ferreira (1975 e 1977).

O ano de 1973, auge da repressão militar no Brasil, representou uma excepcionalidade na formação do júri. Naquele ano, apenas a revista *Manchete*, representada por Zevi Ghivelder, compunha, como veículo jornalístico, a comissão julgadora. Dois membros – Adonias Filho e Octavio de Faria – eram representantes da Academia Brasileira de Letras (ABL) e, de forma inédita na história do concurso, os outros dois julgadores eram representantes de duas das maiores agências de publicidade do Brasil: Roberto Dualibi, da *DPZ*, e Celso Japiassu, da *Denison Propaganda*.

A *DPZ*, com sede em São Paulo, ocupava a nona posição, com faturamento de Cr$ 90,9 milhões e 155 funcionários. Já a *Denison*, também de São Paulo, tinha 199 funcionários e cinco escritórios no país. Em 1974, a agência obteve faturamento de Cr$ 122 milhões, ocupando o sexto lugar no ranking das maiores empresas de publicidade, segundo a *Revista Propaganda* (nº 222, de janeiro de 1975). Celso Japiassu, que chegou a atuar em redações de jornais e revistas na área econômica, consolidou sua carreira profissional na *Denison Propaganda*, onde foi de redator a presidente da empresa.

Não foi possível identificar nos relatos escritos – artigos, biografias, edições comemorativas – os motivos pelos quais a organização resolveu restringir a atuação de jornalistas na composição da banca de jurados em 1973. Vale lembrar que a formação de comissões compostas por profissionais de imprensa contribuiu historicamente para a legitimidade do concurso.

Importa notar que os anos 1970 marcam a ascensão das agências de publicidade no Brasil. É neste período que os profissionais passaram a desenvolver uma linguagem mais criativa, sob a influência da publicidade americana. Além disso, era crescente na imprensa a veiculação de anúncios, que se consolidava como uma das mais importantes receitas das empresas jornalísticas.

Os critérios de julgamento

A partir dos relatos dos julgadores ao justificar a escolha dos premiados foi possível reunir os principais atributos valorizados pelo concurso no período 1964-1978. Tais valores dizem respeito ao assunto abordado, mas principalmente ao modo de atuação do repórter e a qualidade do texto. Vale observar que muitos dos critérios defendidos pela comissão neste recorte temporal orientaram o julgamento após o processo de redemocratização. A análise identificou os seguintes requisitos exigidos aos concorrentes: pertinência e ineditismo do tema; interesse público; boa técnica de redação e apresentação geral da matéria; arrojo e iniciativa do repórter; condições em que o trabalho foi realizado; seriedade profissional e competência intelectual e cultural; veracidade da informação; método de apuração (esforço de memorização); apresentação de matéria em formato de série; repercussão; objetividade e ética.

Em relação à apreciação do interesse público contido na reportagem, há uma tentativa de avaliar, como informa o jornalista da *Tribuna da Imprensa* Guimarães Padilha, membro da comissão em 1966, a contribuição social e o sentido construtivo do tratamento dispensado ao tema (LUZ e BORGES, 1980, p. 77). Quanto ao aspecto redacional, o jornalista do *Jornal do Brasil* Carlos Lemos, integrante do júri em 1969, afirma que um bom texto deve reunir diferentes ferramentas, tais como "a descrição, a entrevista, o testemunho pessoal, o depoimento, a pesquisa, o diálogo, os testemunhos contra, os a favor" (1980, p. 89). Percebe-se que a apresentação de duas versões diferentes do fato, uma das estratégias de objetividade do texto jornalístico, está presente como valor importante para avaliação das reportagens. Lemos corrobora a visão do texto como "retrato" da realidade: "Uma reportagem não é contra nem a favor. Ela tem que ser retrato. Um retrato completo, sem faltar nenhum ângulo" (1980, p. 89).

Já a justificativa apresentada pela comissão julgadora em 1977, quando foi premiada a matéria "O assassínio de Cláudia Lessin Rodrigues", da *Veja*, é emblemática no sentido de mostrar o peso que assumem o arrojo e a iniciativa pessoal do repórter nos critérios de julgamento. Os avaliadores ressaltam a "perspicácia", "versatilidade", "coragem" e "persistência" dos repórteres Valério Meinel e Amicucci Gallo. Mais do que simplesmente informar o acontecimento ou reproduzir a versão oficial, eles teriam contribuído decisivamente para elucidação do caso. Dentre os 240 trabalhos inscritos naquele ano, a reportagem da revista se diferenciou por "auxiliar a apuração dos fatos circunscritos à pequena parcela de interessados em detrimento da verdadeira justiça a serviço da comunidade" (1980, p. 124).

> A Comissão [...] decidiu distinguir o esforço daqueles que buscam fazer com que a imprensa traduza a realidade da vida nacional e oponha a informação à desinformação. Buscou assim realçar a dignidade profissional, o trabalho do jornalista voltado para os diferentes problemas que afetam a sociedade [...]. A Comissão reconheceu objetivamente e sem preconceitos que a sociedade brasileira pode encontrar na imprensa, que não se demitiu *o intérprete de seus reclamos e aspirações* [...], reivindicando a liberdade e assumindo responsabilidade, suscitar problemas gerais, apontar erros na

> condução da coisa pública e denunciar atrasos e desvios na administração da Justiça. A Comissão deseja tornar público que esta é a *missão da imprensa capaz de situar-se acima da circunstância da posição social ou política dos atores do drama humano* que busca retratar com independência [...] (*Correio Braziliense*, 09/12/1977, grifos nossos)

A valorização do traço investigativo contribuiu para preencher uma lacuna identitária provocada pelo esvaziamento do debate político na imprensa diante das diversas formas de censura durante o período autoritário. A nota explicativa da comissão, publicada pelo *Correio Braziliense*, ratifica esse raciocínio.

O método de apuração foi uma característica importante apontada pelos julgadores especialmente na edição do concurso em 1978, quando a *Folha de S.Paulo* recebeu o Prêmio Esso de Jornalismo pela matéria "Exclusivo: fala Figueiredo", uma entrevista revelando o perfil político, o linguajar e o temperamento do general João Batista Figueiredo, candidato oficial à sucessão do presidente Ernesto Geisel. É curioso observar que, para além do impacto da matéria no período de abertura política, ganhou repercussão no meio jornalístico o esforço de memória dos repórteres Getúlio Bittencourt e Haroldo Cerqueira Lima. Isso porque o candidato proibira os profissionais de fazer anotações ou usar gravadores. "Vinte minutos após o término do encontro, os repórteres já estavam em sua redação, passando para a máquina os detalhes que lhes ocorriam, confrontando textos, avivando um a memória do outro", relata o jornalista Luiz Carlos Lisboa, membro da comissão julgadora daquele ano (1980, p. 130). Figueiredo não contestou a exatidão com que suas afirmações foram transcritas, embora tenha comentado, segundo assessores, que não sabia que se tratava de uma entrevista.

A maior parte dos trabalhos analisados também apresenta o formato de série, ou seja, as matérias foram publicadas em capítulos numerados, mantendo o título principal, por exemplo: "Psicanálise, remédio ou vício? 1", "Psicanálise, remédio ou vício? 2" ou "100 dias na Amazônia de ninguém I", "100 dias na Amazônia de ninguém II" e assim por diante.

As repercussões geradas pela reportagem, ou seja, os desdobramentos do assunto e o impacto da matéria perante a opinião pública em nível nacional, também aparecem como critério importante para a concessão da láurea máxima.

Claro está que certos critérios apresentam caráter subjetivo, não sendo possível avaliá-los do ponto de vista técnico. É o caso de atributos como pertinência do tema e seriedade profissional. Na impossibilidade de as comissões aplicarem uma metodologia precisa para selecionar os melhores trabalhos jornalísticos, as justificativas dos jurados reforçam o caráter consensual da escolha. Enfatizam a unanimidade na decisão, que se sobrepõe a qualquer tipo de divergência. O resultado, muitas vezes, prescinde até da realização de uma votação, pois não se contesta o mérito do trabalho vencedor. A questão do consenso aparece de forma contundente em seis edições do prêmio: 1968 ("Juiz, ladrão e herói", de *O Estado de S. Paulo*), 1969 ("Psicanálise: remédio ou vício?", de *Última Hora*), 1973 ("Expedição de contactação dos índios Kranhacarore", de *O Estado de S. Paulo*) 1974 ("Volta ao ponto de partida", do *Jornal do Brasil*), 1975 ("As drogas", do *Jornal do Brasil*) e 1977 ("O assassínio de Cláudia Lessin Rodrigues", de *Veja*).

O argumento apresentado pelo julgador Oliveiros S. Ferreira, de *O Estado de S. Paulo*, para a escolha de "As drogas", em 1975, sintetiza esse pensamento. Reproduzimos a seguir uma parte do seu depoimento em que reconhece a dificuldade de explicar o resultado por critérios técnicos:

> Participei de duas comissões julgadoras do Prêmio Esso, número que se não é suficiente para falar sobre os critérios

> de premiação, pelo menos permitiria dizer alguma coisa sobre critérios. A tarefa, no entanto, é difícil, pois nas duas vezes *a comissão, distintamente composta, chegou a seus resultados por obra de um consenso que se estabeleceu sem que ninguém suscitasse, em reuniões prévias ou durante os trabalhos de julgamento, que tipo de critérios deveríamos adotar* para cumprir a dura tarefa de selecionar entre os bons os melhores, e entre os melhores o excelente. É por isso que se torna difícil, passados tantos anos, dizer *porquê premiamos – e digo no plural, pois não houve sequer votação, o trabalho vencedor aparecendo naturalmente como o mais destacado – as reportagens de Juarez Bahia sobre o problema das drogas* (1980, p. 117, grifos nossos)

Nas justificativas dos julgadores, há também algumas referências em relação ao contexto político-social marcado pelo controle do Estado sobre a produção da imprensa no período 1964-1978. Importa lembrar que os artigos dos membros do júri foram publicados em 1980, quando o país atravessava um momento de transição e liberalização política. No final dos anos 1970, o regime militar já havia retirado a censura prévia de jornais e revistas e revogado o Ato Institucional nº 5.

Os depoimentos extraídos da edição comemorativa dos 25 anos do prêmio, portanto, são reconstruções de sentido feitas a posteriori e não testemunho do que efetivamente se passou quando da avaliação das reportagens vencedoras. Resultam de uma reinterpretação do passado e, como tal, produzem uma versão provisória sobre determinado acontecimento. É preciso ter em mente que as justificativas foram construídas em referência à posição que os julgadores ocupavam num momento histórico de abertura política, um cenário bem diferente se comparado ao período de repressão e censura no final dos anos 1960 e início da década de 1970.

A decisão de consignar em ata as razões da escolha das matérias premiadas foi tomada apenas a partir de 1977. A ideia partiu do julgador Oliveira S. Bastos, jornalista do *Correio Braziliense* e membro da comissão naquele ano, como informa Oliveiros S. Ferreira (1980, p. 118). O fato de os testemunhos apresentarem um distanciamento em relação ao momento realmente vivido, pressupondo esquecimentos de determinados aspectos do passado, não compromete a análise. Os silêncios, tão relevantes quanto às lembranças, fazem parte dos trabalhos de memória. Deve-se levar em conta, portanto, o significado que os não ditos também assumem na exposição de motivos dos julgadores.

Por outro lado, o que as narrativas dos que participaram das comissões julgadoras podem informar sobre o lugar que certos fatos ocupavam no contexto histórico e social dado? O reconhecimento da pluralidade e diversidade de versões permite uma reflexão ampla sobre o objeto estudado, sem a pretensão de esgotar todas as possibilidades de interpretação. Afinal é a partir das demandas construídas no presente, com questões inerentes às especificidades da pesquisa, que o pesquisador deve interrogar o passado.

Na maior parte dos artigos analisados, a qualidade dos trabalhos vencedores, segundo os critérios de julgamento já apontados, parece se sobrepor a circunstâncias políticas. Assim, a comissão destacava, principalmente até 1968, que a escolha não era condicionada ao contexto social e político imediato. As justificativas demonstram a tentativa de dissociar o resultado do prêmio das lutas externas travadas por alguns segmentos da sociedade civil, descontentes com os rumos que seguia o país em direção ao autoritarismo, com aumento gradativo das restrições às liberdades individuais.

Em 1965, a comissão de julgadores, da qual fazia parte o jornalista Arnaldo Niskier, consagrou a série de reportagens da revista *Fatos e Fotos*, intitulada "Os filhos proibidos". Ao justificar a concessão do prêmio, Niskier adota uma posição de neutralidade política: "Era ainda cedo para que se assentasse a poeira levantada pela mudança ocorrida em março de 1964. Visava-se ao equilíbrio da economia, mas os assuntos de natureza social tinham a sua importância (como sempre tiveram) e galvanizavam o interesse público" (NISKIER, apud LUZ e BORGES, 1980, p. 73).

A partir de 1966, surgem algumas referências aos atos arbitrários do governo como forma de justificar o afastamento do debate político. O julgador Guimarães Padilha, que presidiu a comissão naquele ano, reconhece "que as dificuldades econômico-financeiras e as múltiplas e variadas formas de cerceamento com que muitas vezes se procurava tolher a imprensa, eram seríssimos problemas" (Padilha, apud LUZ e BORGES, 1980, p. 78). Além da censura, outros motivos são relacionados pelo jornalista da *Tribuna da Imprensa*, como a falta de estrutura das empresas noticiosas e o problema da precária formação dos jornalistas.

> Não posso deixar de reconhecer – e isso, evidentemente, se fez sentir de forma acentuada no conjunto dos trabalhos apresentados – que a imprensa, a despeito de todo o seu entusiasmo e espírito de renovação, vinha enfrentando, na época, problemas, alguns independentes da sua vontade, outros provocados pela própria *falta de estrutura das empresas* [...]. O que se observava quase sempre era o desprezo pela notícia. [...] *Era comum o aparecimento nos jornais de estagiários, egressos de faculdades, que insistiam em querer trabalhar em matérias de caráter opinativo [...]. Também não posso deixar de reconhecer que as dificuldades econômico-financeiras e as múltiplas e variadas formas de cerceamento com que muitas vezes se procurava tolher a imprensa, eram seríssimos problemas* (1980, p. 77-78, grifos nossos)

Em meio a um conturbado contexto político, duas matérias esportivas, como já foi visto, foram consagradas em 1967 e 1968. Relator da comissão julgadora em 1967, Zuenir Ventura, então jornalista da revista *Visão*, admite sua estranheza quanto ao fato de que "o esporte e não a política tenha merecido a preferência do júri" (VENTURA, apud LUZ e BORGES, 1980, p. 81). Naquele ano, foi premiado na categoria principal o trabalho do *Jornal do Brasil* "O futebol brasileiro: o longo caminho da fome à fama", de autoria de João Máximo. O julgador lança algumas hipóteses, dentre elas a possibilidade de a reportagem política não ter conseguido avaliar "o passado recente nem projetar o futuro imediato – pelo menos não soube fazê-lo a ponto de merecer um prêmio" (1980, p. 82). Em seu relato, Ventura aborda as limitações impostas pelas tentativas de cerceamento da informação por parte do governo, no entanto a censura não aparece como fator preponderante: "Outra possibilidade é a de que, por cautela, o jornalismo tenha se afastado, nessa época, dos temas políticos mais quentes. Mas essa fuga não era tão comum como viria a ser depois do AI-5, quando a censura impôs um jornalismo despolitizado, anódino e amestrado" (1980, p. 82). Sua justificativa é mais pragmática, destacando uma vez mais o mérito da reportagem vencedora a despeito da tumultuada conjuntura política: "Especulações à parte, uma coisa é certa: a premiação a João Máximo não foi nem protesto nem consolo. Ganhou quem, como se diz no esporte, se apresentou em melhor forma naquele momento" (1980, p. 82).

Um ano após a decretação do AI-5, a comissão passa a atribuir a fatores externos – como a pressão do Estado sobre a produção noticiosa, a repressão e a tortura – a principal razão para a ausência de temáticas políticas no resultado do concurso. O júri procura se defender de eventuais críticas de que sua atuação tinha um viés colaboracionista. O depoimento do julgador Carlos Lemos, do *Jornal do Brasil*, justificando a escolha da matéria "Psicanálise: remédio ou vício?", publicada pelo *Última Hora* (RJ), vencedora do concurso em 1969, ilustra esse aspecto:

> Passados tantos anos, pode parecer estranho que, em 1969, a reportagem vencedora do Prêmio Esso tenha sido sobre a psicanálise. Afinal, aquele foi o ano em que estourou a guerrilha urbana no Brasil e se instalou a tortura, a repressão desenfreada que fez sofrer tantos brasileiros e cobriu (ou pelo menos deve cobrir) de vergonha a todos. Pode parecer, mas não é. *A Ditadura que nos oprimiu de 1964 a 1978 soube usar brilhantemente contra nós, jornalistas em particular, e contra o povo brasileiro em geral, essa arma incrível, nossa pior inimiga, que é a censura* (LEMOS, apud LUZ e BORGES, 1980, p. 88, grifo nosso)

Os depoimentos resgatam um passado memorável sobre a atuação da imprensa durante a ditadura militar. Sobressaem nas narrativas dos julgadores, principalmente a partir de 1969, as dualidades, ou seja, a ideia dos jornalistas como vítimas da censura e a ditadura como agente opressor. Em outro trecho, Carlos Lemos afirma que:

> [...] traumatizados pela violência do AI-5, os jornalistas foram sufocados pela censura, à qual, graças a Deus, alguns souberam reagir, dando – de uma forma ou de outra, como, quando ou onde podiam – algumas informações sobre o pouco que se sabia àquela época [...] (1980, p. 88).

Compartilhamos a ideia de que o uso da memória tem estreita relação com a construção da identidade. Ao enfatizar a resistência dos profissionais de imprensa, omitindo outros aspectos como a autocensura, os julgadores vão estabelecendo alguns valores fundamentais que legitimam a função social do jornalismo. Barbosa (2007) observa que o discurso idealizado sobre "o tempo de antes" não deve ser interpretado como pertencendo propriamente a um passado. Sua importância reside na significação que essa construção assume para a definição de como deve ser visto o jornalista no presente.

O mesmo processo se verifica nos relatos sobre o Prêmio Esso concedido em 1971 para a reportagem "Receita para São Paulo", do *Jornal da Tarde*. O julgador Luiz Orlando Carneiro, do *Jornal do Brasil*, sublinha que a incapacidade investigativa de a imprensa atuar como fiscalizadora do poder público se relacionava com o poder de uma censura "tão eficiente como a 'espada de Dâmocles' do Ato Institucional nº 5". No entanto,

> Carneiro ressalta que os jornais procuravam, na medida do possível, não encarar passivamente a censura, até mesmo forçando a sua oficialização, o que acabaria acontecendo no ano seguinte, a fim de que a opinião pública não vivesse o clima da autocensura ou da liberalidade consentida (CARNEIRO, apud LUZ e BORGES, 1980, p. 101).

À medida que o país avançava no caminho da abertura política, as reportagens com viés mais investigativo, incluindo críticas ao governo central, passaram a obter reconhecimento por parte das comissões julgadoras. De 1976 a 1978, os trabalhos vencedores demonstravam uma certa disposição da imprensa em se autorreferenciar como protagonista na luta em defesa da liberdade contra o arbítrio. Na análise dos depoimentos, o Prêmio Esso aparece como instrumento do campo jornalístico para avaliar o grau de liberdade de imprensa no país.

Vencedora do Prêmio Esso de Jornalismo em 1976, concorrendo com outros 215 trabalhos, a série de matérias "Assim vivem nossos superfuncionários", de *O Estado de S. Paulo*, representou o "tiro de largada para a abertura", conforme título do artigo escrito pelo julgador Mussa José de Assis, de *O Estado do Paraná* (1980, p.121). Apesar da retirada da censura prévia em *O Estado de S. Paulo* em janeiro de 1975, permaneciam em vigor o AI-5 e leis restritivas, como a de Segurança Nacional. Segundo Assis, "não se tinha ideia de até onde os jornalistas poderiam ir no exercício do seu direito de opinar, de criticar, de informar e de ter acesso à informação sem serem atropelados por leis truculentas" (ASSIS, apud LUZ e BORGES, 1980, p. 121). Dessa forma, mesmo sem a pretensão de ser usada como "teste de carga", a série de *O Estado de S. Paulo* contribuiu para levantar "a cortina de medo que pairava sobre a imprensa" (1980, p. 122).

Do mesmo modo, a matéria vencedora do Prêmio Esso de Jornalismo de 1978 – "Exclusivo: fala Figueiredo", da *Folha de S.Paulo* – também "contribuiu para ampliar a cota de liberdade de informação no país" (1980, p. 131), na avaliação do jornalista Luiz Carlos Lisboa, membro da comissão julgadora daquele ano.

As cerimônias de premiação

Ex-correspondente na França do *Jornal do Brasil*, onde também foi editor da seção Internacional, Luís Edgar de Andrade passou o ano de 1968 cobrindo a guerra do Vietnã. Viajou por conta própria com o dinheiro que recebeu de indenização após ser demitido do jornal. Em dezembro de 1969, era o principal homenageado no almoço realizado no Hotel Glória, no Rio de Janeiro, durante a cerimônia de entrega do Prêmio Esso. Luís Edgar venceu o concurso com uma matéria sobre a psicanálise, publicada na *Última Hora*. Longe dos campos de batalha de Khe Sanh, onde esteve no fim da ofensiva de Tet, o repórter recordou, no discurso de agradecimento, os momentos vividos por ele num outro tipo de guerra que também pôde testemunhar no Brasil:

> Certa noite de fevereiro do ano passado, eu estava em Da Nang no Vietnan do Sul. Ia partir na manhã seguinte para a base de Khe Sanh, cercada naquela ocasião pelas forças vietcongs. Um velho correspondente de guerra americano me disse: 'Meu chapa, ainda que viva cem anos, você não esquecerá o inferno de Khe Sanh. Pois eu digo a vocês: es-

> queci Khe Sanh. No entanto, ainda que viva cem anos, jamais esquecerei os gritos que ouvi na noite de 14 para 15 de agosto de 1969 na cela de uma prisão brasileira.

Foi uma leitura breve, pausada, de apenas duas laudas, mas o teor duro da mensagem refletia o clima tenso do ambiente. Ao final da sua apresentação, dirigiu-se aos convidados com as seguintes palavras:

> Meus amigos, eu dedico este prêmio a todos os jornalistas que estiveram encarcerados inocentemente neste ano de "apagada e vil tristeza." São Mateus, evangelista, um dos melhores repórteres que eu conheço, já dizia: 'bem aventurados são aqueles que sofrem perseguição por amor da justiça.

Luís Edgar foi preso por agentes do Dops no restaurante do Hotel Danúbio, em São Paulo, onde estava hospedado. Ele havia sido chamado para trabalhar na revista *Realidade*. O jornalista não tinha relação com organizações clandestinas, mas conhecia colegas de profissão que optaram pela luta armada quando o regime ditatorial aprofundou a política de repressão.

Após a abordagem no Hotel Danúbio, Luís Edgar foi levado para o batalhão da Polícia do Exército (PE) em São Paulo, onde permaneceu por mais de 24 horas, e transferido no dia seguinte para as dependências da PE do bairro da Tijuca, no Rio de Janeiro. Ainda em São Paulo, sofreu agressões, choques elétricos e humilhações no "pau-de-arara" (método de tortura em que o corpo da vítima, com os punhos e pés amarrados, fica pendurado a uma certa distância do chão e que serve para a prática de outros tipos de agressões, como palmatória e afogamento).

As sessões de tortura foram aplicadas entre os dias 14 e 15 de agosto, como mencionou Luís Edgar em seu discurso na entrega do Prêmio Esso. O jornalista ficou preso por mais dez dias. No

Hotel Glória, poucos meses depois, em dezembro de 1969, ele relatou a experiência do cárcere e defendeu a liberdade de imprensa. O discurso não teve repercussão nos jornais brasileiros, mas a imprensa estrangeira, como o inglês *The Guardian* e a agência *France-Press*, divulgou as declarações do repórter. Mais tarde, Luís Edgar teve sua atitude reconhecida pela Anistia Internacional.

Ele preparou o discurso na máquina de escrever Olivetti, na qual também redigira a matéria sobre a psicanálise, poucos dias antes da solene cerimônia. A pesquisa obteve de Luis Edgar o texto original por ele datilografado e lido durante a solenidade de entrega do Prêmio Esso, no Hotel Glória, Zona Sul do Rio de Janeiro, em dezembro de 1969.

Eis a íntegra do discurso:

Texto original do discurso feito pelo jornalista Luis Edgar de Andrade durante cerimônia de entrega do Prêmio Esso, no Hotel Glória (RJ), em dezembro de 1969 (Fonte: acervo pessoal Luís Edgar de Andrade).

Pode parecer um pouco estranho que, neste ano de 1969, em que aconteceram alguns fatos importantes para a vida brasileira, o Prêmio Esso Nacional de Jornalismo seja dado a uma reportagem sôbre o problema da psicanálise.

Mas, como costumam dizer os personagens de minha história, Freud explica.

Afinal de contas, o que é a psicanálise? Eu respondo citando a definição do psicanalista Hélio Pelegrino: psicanálise é a ciência da liberdade humana. Queer dizer, a psicanálise é um processo de libertação do homem.

Meus amigos,

Venho aqui, com humildade ~~xxxxx~~ profissional, receber o Prêmio Esso, mas, se me permitirem uma confidência, eu digo a vocês francamente: o prêmio a que poderia aspirar um repórter brasileiro, neste ano de 1969, seria algo de mais elementar: a liberdade de imprensa.

Quando eu digo liberdade de imprensa, não tenho a veleidade de estar reivindicando o direito de publicar minhas opiniões. Essa é outra história.

Quando me iniciei nesta profissão de repórter, considerada hoje um tanto quanto suspeita, ensinaram-me que repórter não opina. Repórter informa. E olhe lá!

Depois disso, a experiência profissional dentro e fora do Brasil me ensinou que na imprensa o direito de opinar não pertence aos jornalistas. Pertence ao Estado nos países totalitários. Pertence aos donos de jornais nos países democráticos.

Pois bem, como eu não dono de jornal, mas repórter, a liberdade de imprensa a que aspiro é o direito de relatar o que acontece, tôda vez que um jornal brasileiro me manda fazer uma cobertura

Pois bem, como eu não sou o Estado, mas um cidadão, a liberdade de imprensa a que aspiro é o direito de ser informado sôbre o que acontece, tôda vez que compro nas bancas um jornal brasileiro.

Vivi seis anos de minha vida fora do Brasil como correspondento. Durante êsse tempo, é óbvio, eu me informava sôbre os acontecimentos brasileiros através dos jornais franceses e americanos. Nunca poderia passar pela minha cabeça que um dia, morando no Brasil, eu precisasse assinar - eu disse assinar - o Le Monde e o L'Express de Paris, o New York Times, o Time Magazine e Newsweek, para saber alguns fatos que ocorrem neste país, em que nasci, no qual trabalho e para cujo Tesouro pago impostos.

Dois anos atrás, neste mesmo almôço, meu colega Zuenir Ventura dizia: "O melhor jornal brasileiro, hoje, seria feito não com o que se publica, mas com o que se deixa de publicar." E eu acrescento agora: de tôdas as matérias que escrevi, no ano dêste prêmio, a mais importante não pode ser publicada.

Certa noite de fevereiro do ano passado, eu estava em Da Nang no Vietnam do Sul. Ia partir na manhã seguinte para a base de Khe Sanh, cercada naquela ocasião pelas fôrças vietcongs. Um velho correspondente de guerra americano me disse: "Meu chapa, ainda que viva cem anos, você não esquecerá o inferno de Khe Sanh. Pois hoje eu digo a vocês: esqueci Khe Sanh. No entanto, ainda que viva cem anos, jamais esquecerei os gritos que ouvi na noite de 14 para 15 de agosto de 1969 na cela de uma prisão brasileira.

É muito significativo que, entre os dez premiados desta festa, dois tenham passado em 1969 pela experiência do cárcere, de onde saíram com atestados de inocência.

Meus amigos, eu dedico êste prêmio a todos os jornalistas que estiveram encarcerados inocentemente nêste ano de "apagada e vil tristeza". São Mateus, evangelista, um dos melhores repórteres que eu conheço, já dizia: "Bem aventurados são aqueles que sofrem perseguição por amor da justiça."

O outro premiado preso pelo governo militar a que se refere Luís Edgar no discurso é o jornalista Marcos de Castro, de *Realidade*. Castro ganhou em 1969 o Prêmio Esso de Informação Científica pela matéria "Marcinha tem salvação: amor".

Se a baixa representatividade de reportagens políticas no resultado do concurso entre 1964 e 1978 aponta para o apagamento de um discurso denunciador ou fiscalizador das ações do Governo, as cerimônias de entrega da premiação se constituíram como espaço privilegiado para os profissionais tornarem público o que não podia ser divulgado no noticiário. Em algumas edições do concurso, os premiados utilizaram o evento como tribuna para denunciar a violação de direitos humanos e criticar a censura e a falta de liberdade de imprensa no país.

O discurso de Luís Edgar em 1969 ilustra essa lógica quando afirma que a matéria mais importante – a que remontaria os momentos de terror que viveu no cárcere – não poderia ser publicada naquele ano. Os momentos de maior confronto e contestação do campo jornalístico em relação ao político podem ser observados em outras solenidades em reconhecimento aos jornalistas premiados do programa da Esso. O próprio Luís Edgar citou trecho do discurso de Zuenir Ventura, que atuou como relator da comissão julgadora em 1967. Na ocasião, durante almoço de entrega do prêmio no Hotel Glória, Ventura afirmara: "O melhor jornal brasileiro, hoje, seria feito não com o que se publica, mas com o que se deixa de publicar".

Em 21 de dezembro de 1970, durante a solenidade de entrega do Prêmio Esso daquele ano, o jornalista Carlos Chagas, de *O Globo*, condenou a censura à imprensa e o processo de "subversão não apenas do jornalismo, mas dos princípios elementares da ética e da moral que deveriam reger a sociedade" (CHAGAS, 1979, p. 251). O discurso ocorreu no salão nobre do Hotel Glória, diante de cerca de 200 jornalistas. Chagas conquistara a premiação na categoria principal com a série de reportagens "113 dias de angústia – impedimento e morte de um presidente" sobre os últimos dias do presidente Costa e Silva no poder, de 26 de agosto de 1969, quando um acidente vascular agravou seus problemas de saúde, até a sua morte em 17 de dezembro do mesmo ano.

> Nos sistemas totalitários, nos regimes de exceção, da esquerda ou da direita, a notícia nada mais é do que um agente a serviço do Estado, ou melhor, dos interesses e das idiossincrasias dos homens ou dos grupos que em determinado momento dirigem o Estado. Torna-se a antinotícia, pois quando lhe permitem aparecer nas manchetes, nas colunas, nos microfones ou nos vídeos, ela reflete o oposto da realidade dos fatos, ela invariavelmente traz a meia-verdade, ou até a mentira integral.
>
> No entanto, não se situam apenas na extrema direita ou na extrema esquerda os algozes da notícia. Especialmente nos países em desenvolvimento, ainda sem estruturas sociais completas, notamos acentuar-se um fenômeno que igualmente envolve, torce, viola e degrada a notícia: a influência de grupos que estabelecem a ditadura de seus interesses e não raro transformam os veículos e as próprias notícias em trampolim para seus objetivos. Não necessito dar exemplo de nenhum dos casos. A realidade está à vista de todos (CHAGAS, 1979, p. 251).

Associando democracia à imprensa livre, Carlos Chagas afirmou que todos os jornalistas deveriam lutar pela sobrevivência da notícia para que pudessem sobreviver como profissionais. Criticou também o processo de autocensura, reafirmando a importância de a imprensa assumir uma postura de dignidade e resistência pela manutenção da liberdade de expressão: "que não caiba, pelo menos a nós, jornalistas, qualquer ônus pelo vilipêndio da notícia. Que outros assumam a tarefa de torcer, inverter, reduzir ou omitir" (1979, p. 252). Tal mobilização obrigaria o governo a institucionalizar a censura prévia.

> Assistimos, hoje, senão à morte, ao menos à enfermidade da notícia, por inanição. Nós, que somos cultores da notícia, que dela vivemos e para ela vivemos. Quando a notícia é reprimida, é a nós que estão reprimindo. Quando a notícia é sufocada, é a nós que estão sufocando. E não creio que nos caiba, como classe ou indivíduos, apenas o papel de sufocados e oprimidos.
>
> Cabe-nos, companheiros, agora mais do que nunca, lutar pela sobrevivência da notícia – a nossa própria sobrevivência, e da sociedade, à qual servimos. Cabe-nos deixar bem claro, ao menos, que ofende a liberdade o fato de indivíduos, grupos ou classes pretenderem situar-se acima e além da sociedade, acima e além das notícias, imunes a elas mesmo quando as estão produzindo e, com fartura, atos e fatos geradores dessas notícias.
>
> Cabe-nos deixar bem claro, ao menos, que ofende a verdade a pretensão dos que, depois de chamarem a si a direção e os destinos da sociedade, julgam que seus atos, suas querelas, suas crises, seus erros e seus acertos devem permanecer no limbo, sem divulgação, como se não dissessem respeito, também, à sociedade que passaram a dirigir (CHAGAS, 1979, p. 251/ 252).

Algumas ações de intimidação foram promovidas por agentes do governo após a realização das cerimônias de entrega do prêmio. Diretores ou gerentes da Esso teriam sido chamados a prestar esclarecimentos numa divisão do Ministério do Exército, em Brasília, para explicar porque permitiram que os homenageados fizessem discursos políticos em eventos organizados pela companhia. No início dos anos 1970, a empresa continuou realizando almoços de confraternização para homenagear os premiados, mas retirou do cerimonial a parte dedicada aos discursos.

Apesar da restrição, o jornalista Raimundo Rodrigues conseguiu realizar um protesto contra a ditadura em cerimônia realizada pela empresa em 1972 no Museu de Arte Moderna (MAM), no Rio de Janeiro. Raimundo coordenou a equipe de repórteres que preparou a edição especial sobre a Amazônia, da revista *Realidade*, vencedora em 1972 do Esso nacional e o de Melhor Contribuição à Imprensa. O jornalista teria distribuído cópias do discurso aos convidados e, como gesto simbólico, fez a leitura nas pilastras do MAM. O prêmio foi dedicado à memória do jornalista Luiz Eduardo Merlino,[2] do *Jornal da Tarde*, torturado e morto por integrantes da Operação Bandeirantes (Oban), que atuava como polícia política paralela, complementando a máquina de terror do Estado.

Na ocasião, Raimundo Rodrigues comandava o jornal alternativo *Opinião*, um dos principais alvos dos censores. O controle no semanário se tornou mais ostensivo após a publicação, em março de 1973, da morte de um outro militante político, o estudante Ale-

---

2 Luiz Merlino fez parte da primeira equipe do *Jornal da Tarde*, fundado em janeiro de 1966. Iniciou sua militância no movimento secundarista e participou ativamente do movimento estudantil em 1968, quando ingressou no Partido Operário Comunista (POC). Sua militância era clandestina embora mantivesse vida legal, com seus documentos próprios e atividade profissional. Tinha 23 anos quando foi preso em sua casa, na cidade de Santos (SP), em 15/07/1971. Foi torturado nas dependências do DOI-CODI e seu corpo entregue à família em 20/07/1971. A versão oficial informou que ele teria se jogado embaixo de um carro na BR-116, na localidade de Jacupiranga (SP), após escapar da escolta que o estaria conduzindo para Porto Alegre "para entregar companheiros". Cerca de 800 jornalistas compareceram à missa de 30º dia pela morte do jornalista na Catedral da Sé, em São Paulo, apesar do aparato repressivo montado no local. MIRANDA, Nilmário & TIBÚRCIO, Carlos. Dos filhos deste solo. Mortos e desaparecidos políticos durante a ditadura militar: a responsabilidade do Estado. São Paulo: Editora Fundação Perseu Abramo/ Boitempo Editorial, 1999, 650 pp., com informações complementares disponíveis em: <http://www.midiaindependente.org/pt/blue/2008/05/420456.shtml>. Acesso em: 20 set 2015.

xandre Vanucchi Leme, de 23 anos, em circunstâncias semelhantes ao ocorrido com Luiz Merlino. Vanucchi também esteve preso nas dependências do DOI-CODI. O *Opinião* noticiou o caso e fez a cobertura da missa de sétimo dia em homenagem ao estudante.

Depois de algumas estratégias de intimidação do governo, como a convocação de dirigentes da multinacional e a decisão da empresa de proibir discursos dos premiados nos almoços de confraternização, a organização passou a promover cerimônias pequenas e informais nas próprias redações onde atuavam os jornalistas ganhadores. De 1974 a 1977, a entrega do prêmio foi realizada com esse formato na sede dos jornais.

Conclusão

A análise do Prêmio Esso de Jornalismo entre 1964 e 1978, da instauração da ditadura militar até o início do processo de abertura política no país, ilustra as dificuldades encontradas pelo campo jornalístico para manutenção do debate político na sociedade. A divisão por unidades temáticas das reportagens vencedoras do programa demonstra que, dos quinze trabalhos premiados na categoria principal, apenas três tinham conotação mais diretamente política. As demais matérias se ocupavam de assuntos variados: questões científicas e de comportamento, como o debate sobre métodos contraceptivos e o fenômeno da psicanálise; de meio ambiente, com enfoque na descoberta de territórios e personagens desconhecidos para os brasileiros, respectivamente, a região amazônica e os índios kranhacarore; de infra-estrutura urbana, por exemplo, o diagnóstico e as soluções para os problemas da maior metrópole brasileira; e a ascensão do consumo e do tráfico de drogas nas principais capitais do país. Além das temáticas sociais, duas abordagens sobre o futebol brasileiro receberam a láurea máxima das comissões julgadoras em 1967 e 1968, período que antecedeu a decretação do AI-5, marcando o fechamento político do regime militar.

O resultado do concurso refletiu o contexto histórico que vivia o país desde o golpe militar de 1964. A baixa representatividade de reportagens de contornos mais nitidamente políticos esteve associada a uma problemática temporal: o controle governamental exercido através de diferentes instrumentos de coerção e intimidação, dentre eles a censura prévia e principalmente a autocensura. Outros mecanismos nas esferas de poder complementavam a vigilância sobre os conteúdos informativos. O desenvolvimento de assessorias de imprensa, a disseminação de releases e o critério de distribuição de credenciais estabeleceram nos anos 1970 uma nova relação dos repórteres políticos com as fontes oficiais, em que estas interferiam significativamente no resultado da produção jornalística.

A análise dos 15 trabalhos enquadrados em unidades temáticas e a visão das fontes consultadas sobre o contexto adverso de repressão corroboram a ideia de uma perda da autoridade jornalística no plano político. Isso não significa dizer que houve um processo por completo de despolitização dos profissionais de imprensa, visto que a questão ideológica estava presente nos anos 1960 e 1970 e a oposição ao Estado coercitivo ainda animava um espírito contestador dentro das redações. Não podemos desconsiderar, contudo, que os instrumentos de controle da produção noticiosa limitaram a atuação do jornalista durante a ditadura. É nesse sentido que utilizamos a expressão "déficit" do poder interpretativo deste profissional.

Kucinski (1999) aborda o processo de "inflexão do papel social" do jornalista, sobretudo a partir da edição do AI-5, em dezembro de 1968: "No interior de cada grande empresa de comunicação o jornalista deixou de ser sujeito, mesmo minimamente. Tornou-se o objeto do arbítrio, despojado de autonomia intelectual" (1999, p. 24). A despeito da vinculação histórica dos meios de comunicação com grupos políticos, não transigir na defesa do interesse público assegurava as condições de aceitabilidade do discurso jornalístico. Durante a ditadura militar, o efeito retórico de autonomia perdia força na mesma proporção que recrudescia o aparato repressivo de controle estatal sobre o que podia ou não podia ser publicado nos jornais.

Se a realidade do jornalismo brasileiro se desvinculava durante os "anos de chumbo" de uma identidade baseada no seu papel de fiscalizador do poder público, a análise mais aprofundada das matérias premiadas revela que as relações entre imprensa e Estado autoritário são mais complexas. Ao detalharmos os subtemas entre 1964-1978, para além das quantificações percentuais verificadas no capítulo sobre as unidades temáticas, foi possível observar como o diálogo entre o campo político e o campo jornalístico apresenta outras nuances e possibilidades de reflexão.

Alguns trabalhos jornalísticos premiados nos anos 1960 e 1970, mesmo fora da arena política, ilustram momentos de distanciamento em relação aos militares. Estão enquadrados em temáticas sociais, mas apresentam assuntos pouco convenientes aos que detinham o poder naquela conjuntura. As reportagens do *Jornal do Brasil* e da *Realidade* sobre a Amazônia, por exemplo, tratam das precárias condições de vida dos moradores da região e da falta de políticas públicas em serviços básicos de saúde, educação e moradia, dentre outros pontos. Sem utilizar um discurso denunciador, os veículos não deixam de expressar, contudo, questões políticas. Na matéria sobre a expedição dos irmãos Villas Boas formada com o objetivo de estabelecer contato com a tribo kranhacarore – outra temática que não costumava figurar na lista de proibições –, *O Estado de S. Paulo* encontrou espaço para discutir os problemas da política indigenista brasileira. A série também apresentou a visão de antropólogos e etnógrafos sobre projetos de desenvolvimento do governo Federal que desconsideravam o impacto ambiental e os riscos de ocupação desordenada na Amazônia.

A tentativa de entender a leitura que as reportagens vencedoras faziam do Brasil naquele contexto histórico foi fundamental para desconstruir algumas questões pré-concebidas no início da elaboração deste livro. Investigar a perda de autonomia interpretativa do jornalista era um dos aspectos, mas na continuidade da análise qualitativa das matérias premiadas, deparamo-nos com outras perspectivas.

Das três reportagens enquadradas na unidade temática "Política nacional", a série de *O Globo* sobre o afastamento e morte do marechal Costa e Silva, premiada em 1970, tem a peculiaridade de mostrar como os jornais exerceram papel ambíguo em sua relação com o Estado, ora se aproximando dos militares, ora assumindo uma postura de maior resistência. Titular da Secretaria de Imprensa da Presidência da República no governo Costa e Silva, Carlos Chagas produziu um trabalho em que valoriza a biografia do seu assessorado, afastado do governo por problemas de saúde. Concomitantemente ao processo de idealização do presidente, ele adotou um discurso crítico em relação aos personagens antagonistas na trama, no caso os ministros militares que compunham a Junta Militar e conduziram Emílio Garrastazu Médici ao poder. A série abordou diretamente a questão da censura, assunto frequentemente interditado pelos órgãos de informação. Curioso observar que as matérias foram publicadas no jornal *O Globo*, veículo de perfil conservador e alinhado historicamente com o regime militar, justamente no período de forte repressão aos órgãos informativos, entre janeiro e fevereiro de 1970.

Decorre daí a dificuldade de estabelecer certas generalizações, tais como fixar o lugar dos órgãos de imprensa em dois grupos isoladamente: entre aqueles que resistiram e os que invariavelmente colaboraram com a ditadura. O extenso trabalho do jornalista de *O Globo* revela a possibilidade de inversão desses papeis, de acordo com as relações de força estabelecidas num determinado momento histórico. O exame dessas questões demonstra que o jornalismo brasileiro é muito heterogêneo em torno do seu papel funcional e ideológico. Compartilhamos a ideia de pensar a imprensa fora dessas dicotomias. O mesmo raciocínio vale para a análise do concurso promovido pela multinacional de petróleo.

Se o reduzido número de matérias classificadas na unidade "política nacional" evanesce a autonomia interpretativa dos produtores de notícias, algumas solenidades de entrega do tradicional concurso se constituíram em espaços de resistência nos quais os jornalistas publicamente condenavam a censura e exigiam a restituição da liberdade de imprensa. O histórico discurso em 1969 do jornalista e preso político Luís Edgar de Andrade, denunciando a violação dos direitos humanos, foi reconhecido pela Anistia Internacional, embora a repercussão tenha sido ignorada pelos jornais brasileiros.

Considerado o mais tradicional reconhecimento ao trabalho dos jornalistas brasileiros, detentor de um poder de consagração profissional que o diferenciava dos demais prêmios, o programa da Esso foi criado em 1955 como uma das estratégias de aproximação com a imprensa diante de um contexto político adverso para a sua atuação. Nos anos 1950, durante o processo de criação da Petrobras, a multinacional foi acusada de tentar controlar o noticiário através do forte investimento publicitário em jornais. A solução estatal do petróleo atingia diretamente os negócios da petrolífera no Brasil. A estratégia de relações públicas logo se transformaria no mais importante programa institucional da companhia no país. A empresa já mantinha no ar o "Repórter Esso" – um bem-sucedido programa radiofônico, depois transmitido pela TV.

Para as pesquisas em comunicação, o prêmio fornece um variado repertório de questões para o entendimento da dinâmica do funcionamento jornalístico na segunda metade do século XX. A pesquisa apoiada em material institucional da empresa promotora contribuiu também para esclarecer certos pontos pouco discutidos na memória do concurso. Um dos episódios controversos ocorreu durante a edição do Prêmio Esso de 1966, quando a comissão resolveu não conceder o prêmio na categoria principal. A justificativa dos jurados atribuiu à falta de liberdade de imprensa a ausência de reportagens mais "investigativas" merecedoras daquele reconhecimento. Foi a única vez na história do programa que nenhum veículo recebeu a láurea máxima.

A pesquisa identificou alguns pressupostos que orientavam o trabalho das comissões: ineditismo do tema, interesse público, boa técnica de redação, apresentação geral da matéria, iniciativa do repórter e condições em que o trabalho foi realizado, dentre outros. Dois dos principais jornais do país, *O Estado de S. Paulo* e *Jornal do Brasil* foram os diários com maior número de reportagens premiadas na categoria principal, ajustando-se aos critérios de julgamento no período 1964-1978. Dos 15 trabalhos consagrados na categoria principal, quatro foram publicados pelo *Jornal do Brasil* e três pelo *Estadão*. A partir dos anos 1980, numa outra conjuntura histórica, o papel hegemônico dos dois jornais foi assumido pela *Folha de S.Paulo* e *O Globo* por circunstâncias as quais não caberia detalhar aqui.

Durante o processo de distensão política, quando a cobertura de assuntos com desdobramentos políticos se tornou mais ostensiva no noticiário, as comissões julgadoras passaram a conferir um reconhecimento maior a reportagens com viés crítico e fiscalizador das ações do governo. Nesse período, houve a retomada de um processo de autoconstrução dos jornalistas como investigadores, a quem caberia revelar crimes que detentores do poder tentavam manter em segredo. O fortalecimento de uma certa identidade "investigativa" teve um momento de inflexão sobretudo a partir do impacto da morte de Vladimir Herzog e da retirada da censura nos principais jornais e revistas do país.

O programa da Esso seguiu, portanto, acompanhando as transformações do campo jornalístico, este influenciado, por sua vez, pela descontinuidade de alguns instrumentos da estrutura autoritária, incluindo a extinção do próprio AI-5, na conturbada conjuntura de liberalização política no final da década de 1970 e início dos anos 1980. Entre 1979 e 2015, dos 37 trabalhos reconhecidos na categoria principal, 23 tratavam de temáticas políticas, representando 62% do total de reportagens premiadas. Nesse período, jornalistas envolveram-se em coberturas de crimes políticos cometidos durante a fase de maior repressão do regime militar e, já no contexto de redemocratização do país, em pautas que pudessem comprovar práticas de corrupção nas três esferas do poder, com peso maior no Executivo e no Legislativo, principalmente na capital do país.

Do ponto de vista teórico, Kovach e Rosenstiel (2003) distinguem três gêneros para a categoria do jornalismo investigativo: a reportagem investigativa original, a reportagem investigativa interpretativa e a reportagem sobre investigações. Enquanto na reportagem investigativa, seja ela original ou interpretativa, a informação jornalística resulta de um empenho pessoal do repórter, que a partir do seu trabalho desencadeia investigações públicas sobre o assunto por ele denunciado, a reportagem sobre investigações se apoia na descoberta ou vazamento de informação de uma investigação oficial em andamento. Ainda que os autores não desconsiderem a importância deste terceiro modelo, o risco do chamado jornalismo acusatório é elevado, pois a reportagem, neste caso, baseia-se em investigações de terceiros, que exercem controle sobre a divulgação de um fato, movidos muitas vezes por interesses particulares. Do mesmo modo, tendo também como cenário a imprensa estadunidense, Waisbord (2000) observa que a publicação de denúncias sem evidências, a partir de informações repassadas por fontes oficiais, pode levar ao fenômeno do "denuncismo", por ele considerado uma deformação do jornalismo investigativo.

Gostaria então de retomar o debate acerca do reconhecimento do campo jornalístico conferido a reportagens com viés investigativo nas últimas décadas no Brasil. Se é verdade que, desde a redemocratização, a atuação dos jornalistas como fiscalizadores da atuação do Estado ganhou impulso, que reflexão podemos extrair das considerações expostas tanto por Kovach e Rosenstiel (2003) como Waisbord (2000) ao analisarmos as coberturas mais recentes no campo político? O trabalho de repórteres e editores dos principais veículos jornalísticos tem se orientado pelos preceitos da reportagem investigativa, com rigorosa apuração, oferecendo ao público informação inédita (original) e/ou contextualizada (interpretativa) sobre o acontecimento? Ou, ao contrário, esbarrado nos limites da reportagem sobre investigações, gênero no qual os jornalistas "têm acesso somente a uma parte da investigação e nenhum controle sobre ela" (2003, p. 183)?

Na mediação social operada diariamente pelo jornalismo, a fronteira que separa um órgão noticioso como vigilante do poder público, com responsabilidade e apuração criteriosa dos fatos, daquele que apenas levanta suspeitas ou reproduz acusações ao arrepio da lei e das garantias constitucionais, estando a serviço de outros interesses, deve estar absolutamente delimitada sob pena de trazer graves prejuízos ao processo democrático.

O debate ético-profissional quanto ao trabalho da imprensa comercial assume importância ainda maior no contexto de judicialização da política e de forte exposição midiática de promotores, procuradores e juízes. A Operação Lava-Jato, criada para combater a corrupção no país, vem recebendo intensa cobertura de jornais, revistas, internet e telejornais, além de inspirar outras produções em formato de série e filme com atores globais, mas em que medida o vazamento de informações e depoimentos de delatores, ainda no curso das investigações, não estaria contribuindo para a crença de que "todo político é corrupto", enfraquecendo as instituições democráticas? Já estaríamos lidando com as consequências desse processo?

Desde 2015, o país atravessa uma crise política e econômica, com o agravamento do quadro de polarização político-ideológica que tem aprofundado o sentimento antissistêmico por parte da população. Em apenas dois anos, assistimos ao impeachment da presidente Dilma Rousseff, ao arquivamento pelo mesmo Congresso Nacional de denúncias da Procuradoria Geral da República contra o substituto no cargo, Michel Temer, e à eleição do militar de extrema-direita, Jair Bolsonaro, rompendo com um ciclo de governos alinhados com o espectro de centro e centro-esquerda desde a Constituição de 1988. Identificado por uma parte do seu eleitorado como "outsider" na política, muito embora tenha exercido o cargo de deputado federal por quase três décadas, o capitão reformado do Exército tem uma vida pública marcada por discursos em defesa da ditadura e da prática da tortura, tendo demonstrado uma atitude de enfrentamento aos preceitos democráticos.

Como chegamos até aqui? As análises circulam e conseguimos hoje estabelecer algumas chaves de interpretação sobre os papeis exercidos pela sociedade política e instituições da sociedade civil, como o empresariado e a mídia. O exame dessas questões, contudo, está longe do fim. São problemáticas que ultrapassam os objetivos pretendidos na elaboração do livro mas sobre as quais todos devemos estar atentos diante da instabilidade que permanece no atual cenário político do país.

Fontes e bibliografia

1. Fontes primárias

1.1 Jornais analisados

Jornal do Brasil
07/01/1964 a 12/01/1964; 04/11/1964; 16/08/1967; 30/08/1967; 07/03/1974; 10/03/1974 a 14/03/1974; 20/07/1975 a 25/07/1975;

O Estado de S. Paulo
19/09/1967; 27/01/1973; 06/02/1973 a 11/02/1973; 01/08/1976 a 04/08/1976;

Jornal da Tarde
17/08/1971; 24/08/1971; 01/03/1972; 02/03/1972; 06/03/1972;

Última Hora (RJ)
17/07/1969 a 30/07/1969;

O Globo
02/01/1970; 07/01/1970 a 09/01/1970; 04/02/1970 a 06/02/1970;

Folha de S.Paulo
05/04/1978 e 06/04/1978; 01/11/1978; 05/11/1978

1.2. Jornais consultados:

Jornal do Brasil
01/11/1964; 14/12/1968; 11/09/1973; 28/07/1974; 02/05/1981; 02/07/1981; 31/12/1995; 16/12/1999

O Estado de S. Paulo
02/04/1964; 18/06/1981; 18/12/1996

O Globo
15/12/1956; 19/12/1956 a 21/12/1956

Folha de S. Paulo
30/11/1978

Correio da Manhã
13/09/1957; 31/03/1964 a 02/04/1964; 111/09/1969

Correio Braziliense
09/12/1977; 30/11/1978

Tribuna da Imprensa
03/12/1980

O Bondinho
12/11/1971 a 26/11/1971

La Nacion (Argentina)
03/10/1969

1.3 Revistas analisadas:

Fatos e Fotos
15/02/1964 a 07/03/1964; 04/04/1964; 06/06/1964; 13/06/1964

Realidade
Abril/ 1966; Outubro/ 1971;

Veja
31/08/1977 a 28/09/1977

1.4. Revistas consultadas:

Revista Esso
Jan/ Fev 1953

Veja
05/11/1975; Nov/ 1978 a Fev/ 1979; Fev/ 1983

1.5 Textos legislativos e relatórios

Artigo 153 da Constituição de 1946
Comissão Nacional da Verdade, relatório, dez/2014
Decreto nº 33.814, de 11/09/1953
Diário do Congresso Nacional, p. 793 a 799, de 30/01/1959
Lei nº 2004, de 03/10/1953

1.6 Depoimentos e artigos

DINES, Alberto. "Jornal dos jornais". *Folha de S.Paulo*, São Paulo, 03/07/1977.

______. "Prêmios & Galardões: Terceiro Setor tropeça nos vícios dos demais". Observatório da Imprensa, São Paulo, 13/02/2002.

PEREZ, Fabbio. "O dia em que a testemunha calou". *Revista Imprensa*, São Paulo, ano 1, vol. 5, p. 12, jan. 1988.

VALLE, Ney Peixoto. "Entrevista". *Jornal-laboratório das Faculdades Integradas Hélio Alonso*, Rio de Janeiro, nov. 2005.

______. "12.04.12 – A última entrevista do criador do Prêmio Esso". *Portal dos Jornalistas*, São Paulo. Disponível em: <http://www.portaldosjornalistas.com.br/noticias-conteudo.aspx?id=488>. Acesso em: 8 mar 2015.

1.7 Outras fontes

Almanaque Abril 1976. São Paulo: Editora Abril, 1975

Almanaque Abril 1984. São Paulo: Editora Abril, 1983/1984

Anuário Brasileiro de Media 1976-1977. São Paulo: Publinform, 1976/1977

Anuário Brasileiro de Mídia 1979-1980. São Paulo: Publicações Informativas, 1979/1980

Brasil: nunca mais. Arquidiocese de São Paulo. Petrópolis, RJ: Vozes, 1985

Dicionário Histórico-Biográfico Brasileiro do Centro de Pesquisa e Documentação da História Contemporânea do Brasil. Fundação Getúlio Vargas (CPDOC/ FGV)

Novo Manual de Redação. São Paulo: Folha de S. Paulo, 1992

Regulamento do Prêmio Esso de Jornalismo. Edições 1995, 2007 e 2014

2. Fontes secundárias

2.1. Livros e artigos

ABRAMO, Cláudio. *A regra do jogo*. São Paulo: Companhia das Letras, 1988.

ABREU, Alzira Alves de. *A modernização da imprensa (1970-2000)*. Rio de Janeiro: Jorge Zahar Ed., 2002.

______; LATTMAN-WELTMAN, Fernando; ROCHA, Dora. *Eles mudaram a imprensa*. Rio de Janeiro: Editora FGV, 2003.

ALMEIDA, Maria Fernanda Lopes. *Veja sob censura: 1968-1976*. São Paulo: Jaboticaba, 2009.

ANTUNES, Priscila. "Bombas em Riocentro: militares y otras memórias". In: HERSBERG, Eric; AGÜERO, Felipe (org.). *Memórias militares sobre la represión em el Cono Sur: visiones en disputa em dictadura y democracia*. Buenos Aires: Siglo XXI, 2005, p. 71-106.

AQUINO, Maria Aparecida de. *Censura, imprensa, estado autoritário (1968-1978): o exercício cotidiano da dominação e da resistência O Estado de São Paulo e Movimento*. Bauru: Edusc, 1999.

ARGOLO, José Amaral. *Reflexões sobre o jornalismo investigativo*. Rio de Janeiro: Instituto Noos, 2004.

ARONCHI DE SOUZA, José Carlos. *Gêneros e formatos na televisão brasileira*. São Paulo: Summus, 2004.

BAHIA, Juarez. *Três Fases da imprensa brasileira*. Santos: Ed. Presença, 1960.

______ Jornal, história e técnica: história da imprensa brasileira. São Paulo: Ática, 1989.

BAKHTIN, Mikhail. *Marxismo e filosofia da linguagem*. São Paulo: Hucitec, 1987.

BARBOSA, Marialva. *Os donos do Rio. Imprensa, poder e público (1880-1920)*. Rio de Janeiro: Vício de Leitura, 2000.

______ *História cultural da imprensa: Brasil, 1900-2000*. Rio de Janeiro: Mauad X, 2007.

BERGER, Peter L.; LUCKMANN, Thomas. *A construção social da realidade: tratado de sociologia do conhecimento*. Petrópolis: Vozes, 1985.

BIRD, S. Elizabeth; DARDENNE, Robert W. "Mito, registro e 'estórias': explorando as qualidades narrativas das notícias". In

TRAQUINA, Nélson (org.) *Jornalismo: questões, teorias e estorias*. Lisboa: Vega, 1999, p. 263-277.

BOURDIEU, Pierre. *As regras da arte: gênese e estrutura do campo literário*. São Paulo: Companhia das Letras, 1996.

______*O poder simbólico*. Rio de Janeiro: Bertrand Brasil, 2002

______*Os usos sociais da ciência: por uma sociologia clínica do campo científico*. São Paulo: Editora Unesp, 2004.

______*Sobre a televisão*. Rio de Janeiro, Jorge Zahar, 1997.

BRANDÃO, Helena H. Nagamine. *Introdução à análise do discurso*. Campinas: Unicamp, 1994.

CAMPOS, Pedro Henrique Pedreira. *Estranhas catedrais: as empreiteiras brasileiras e a ditadura civil-militar, 1964-1988*. Niterói: Editora da UFF, 2014.

CARNEIRO, Maria Luiza Tucci. *Minorias silenciadas: história da censura no Brasil*. São Paulo: Edusp, 2002.

CARVALHO, Alessandra. "Contando a história da ditadura militar: grande imprensa e a construção da memória no Brasil democrático". *XXIII Congresso da Lasa*: Washington, 2001.

CARVALHO, Luiz Maklouf. *Cobras criadas: David Nasser e O Cruzeiro*. São Paulo: Editora Senac São Paulo, 2001.

CASTILHO, Marcio. "A autoconstrução do repórter como investigador policial: uma análise das matérias vencedoras do Prêmio Esso (1976-1981)". In: LOPES, Fernanda Lima; SACRAMENTO, Igor (orgs). *Retórica e mídia – estudos ibero-brasileiros*. Florianópolis: Insular, 2009.

CHAGAS, Carlos. *113 dias de angústia – impedimento e morte de um presidente*. Porto Alegre: L&PM Editores, 1979.

CONY, Carlos Heitor. *O ato e o fato*. Rio de Janeiro: Editora Objetiva, 2004.

CURADO, Olga. *A notícia na TV: o dia-a-dia de quem faz telejornalismo*. São Paulo: Alegro, 2002.

DARNTON, Robert. *O beijo de Lamourette*. São Paulo: Companhia das Letras, 1990.

DREIFUSS, René Armand. *1964: A conquista do Estado - ação política, poder e golpe de classe*. Petrópolis: Vozes, 1981.

ENNE, Ana Lucia. "Discussões sobre a intrínseca relação entre memória, identidade e imprensa". *2º Encontro Nacional da Rede Alfredo de Carvalho*. Florianópolis, 2004.

FAGUNDES, Coriolano de Loyola Cabral. *Censura e liberdade de expressão*. Rio de Janeiro e São Paulo: Distribuidora Record, 1974.

FICO, Carlos; CASTRO, Celso; MARTINS, Ismenia de Lima (orgs.). *1964-2004: 40 anos do golpe: ditadura militar e resistência no Brasil*. Rio de Janeiro: 7Letras, 2004, p. 119-139.

FONSECA, Gondin da. *Que sabe você sobre o petróleo*. Rio de Janeiro: São José, 1957.

FORTES, Leandro. *Jornalismo investigativo*. São Paulo: Contexto, 2005.

JUNG, Milton. *Jornalismo de rádio*. São Paulo: Contexto, 2005.

KLÖCKNER, Luciano. "O repórter Esso e a globalização: a produção de sentido no primeiro noticiário radiofônico mundial". *XXIV Congresso Brasileiro de Comunicação – Intercom*. Campo Grande/MS, 2001.

KOVACH, Bill; ROSENSTIEL, Tom. *Os elementos do jornalismo*. São Paulo: Geração Editorial, 2003.

KUCINSKI, Bernardo. *Jornalistas e revolucionários nos tempos da imprensa alternativa*. São Paulo: Edusp, 1991.

______*A síndrome da antena parabólica: ética no jornalismo brasileiro*. São Paulo: Fundação Perseu Abramo, 1998.

______*Petróleo: contratos de risco e dependência*. São Paulo: Brasiliense, 1977.

______*O que são multinacionais?* São Paulo: Brasiliense, 1985.

KUSHNIR, Beatriz. *Cães de guarda – Jornalistas e censores, do AI-5 à Constituição de 1988*. São Paulo: Boitempo Editorial, 2004.

LAGE, Nilson. *A reportagem: teoria e técnica de entrevista e pesquisa jornalística*. Rio de Janeiro: Record, 2004.

LEMOS, Renato Luís do Couto Neto. "Contrarrevolução e ditadura no Brasil: elementos para uma periodização do processo político brasileiro pós-64". *VI Congrès du CEISAL (Conséil Européen de Recherche en Sciences Sociales sur L'Amerique Latine) – Indépendences, Dépendences, Interdépendences*: Toulouse, 2010.

MARCONI, Paolo. *A censura política na imprensa brasileira, 1968-1978*. São Paulo: Global Editora, 1980.

MÉDICI, Emílio G. *A verdadeira paz*. Brasília: Departamento de Imprensa Nacional, 1971.

MIRANDA, Nilmário & TIBÚRCIO, Carlos. Dos filhos deste solo. Mortos e desaparecidos políticos durante a ditadura militar: a responsabilidade do Estado. São Paulo: Editora Fundação Perseu Abramo/ Boitempo Editorial, 1999, 650 pp.

MOLICA, Fernando (org.). *Dez reportagens que abalaram a ditadura*. Rio de Janeiro: Record, 2005.

MORAES, Letícia Nunes de. *Cartas ao editor: leituras da revista Realidade (1966-1968)*. São Paulo: Alameda Editorial, 2007.

MORAIS, Fernando. *Chato, o rei do Brasil*. São Paulo: Companhia das Letras, 1994.

MOREIRA, Sonia Virginia. *O rádio no Brasil*. Rio de Janeiro: Rio Fundo, 1991.

ORLANDI, Eni Pulcinelli. "O inteligível, o interpretável e o compreensível". In: ZILBERMAN, Regina; SILVA, Ezequiel Theodoro da (org.). *Leitura, perspectivas interdisciplinares*. São Paulo: Ática, 1988.

ORTIZ, Renato. "A procura de uma sociologia da prática". In: *Pierre Bourdieu*. São Paulo: Ática, 1983, p. 7-29.

PEREIRA, Osny Duarte. *Multinacionais no Brasil: aspectos sociais e políticos*. Rio de Janeiro: Civilização Brasileira, 1974.

PINTO, Milton José. *Comunicação e discurso*. São Paulo: Hacker Editores, 2002.

POLLAK, Michel. "Memória, esquecimento, silêncio". In: *Estudos históricos*. Rio de Janeiro, vol. 2, n° 3, 1989, p. 3-15.

______ "Memória e identidade social". In: *Estudos históricos*. Rio de Janeiro, vol. 5, n° 10, 1992, p. 200-212.

REIS FILHO, Daniel. "Ditadura e sociedade: as reconstruções da memória". In: FICO, Carlos et al (orgs.). *1964-2004: 40 anos do golpe: ditadura militar e resistência no Brasil*. Rio de Janeiro: 7Letras, 2004, p. 119-139.

RIBEIRO, Ana Paula Goulart. "Memória de jornalista: um estudo sobre o conceito de objetividade nos relatos dos homens de imprensa dos anos 50". *XI Encontro Anual da Compós*: Rio de Janeiro, 2002.

______ "Velhos jornalistas: memória, velhice e identidade profissional". In: FREIRE FILHO, João; VAZ, Paulo (orgs.). *Construções do tempo e do outro: representações e discursos midiáticos sobre a alteridade*. Rio de Janeiro: Mauad X, 2006.

ROUSSO, Henry. "La necessidad del olvido". In: BARRET-DUCROQ, Françoise. *Por qué recordar?. Foro Internacional Memória e História*. Unesco/Sorbonne. Buenos Aires: Granica, 2002.

SCHUDSON, Michael. "A política da forma narrativa: a emergência de convenções noticiosas na imprensa e na televisão". In: TRAQUINA, Nelson (org). *Jornalismo: questões, teorias e "estorias"*. Lisboa: Vega, 1999.

SEQUEIRA, Cleofe Monteiro de. *Jornalismo investigativo: o fato por trás da notícia*. São Paulo: Summus Editorial, 2005.

SILVA, Carlos Eduardo Lins da. *O adiantado da hora: a influência americana sobre o jornalismo brasileiro*. São Paulo: Summus, 1991.

SKIDMORE, Thomas E. *Brasil: de Castelo a Tancredo, 1964-1985*. Rio de Janeiro: Paz e Terra, 1988.

SMITH, Anne-Marie. *Um acordo forçado - O consentimento da imprensa à censura no Brasil*. Rio de Janeiro: Fundação Getúlio Vargas, 2000.

SODRÉ, Nelson Werneck. *A História da Imprensa no Brasil*. Rio de Janeiro: Civilização Brasileira, 1999.

TUCHMAN, Gaye. "A objetividade como ritual estratégico: uma análise das noções de objetividade dos jornalistas". In TRAQUINA, Nélson (org.). *Jornalismo: questões, teorias e "estorias"*. Lisboa: Vega, 1999.

VICTOR, Mário. *A batalha do petróleo brasileiro*. Rio de Janeiro: Civilização Brasileira, 1993.

WAINER, Samuel. *Minha razão de viver: memórias de um repórter*. Rio de Janeiro: Record, 1987.

WAISBORD, Silvio. *Watchdog journalism in South America: news, accountability and democracy*. New York: Columbia University Press, 2000.

ZELIZER, Barbie. *Covering the body: the Kennedy assassination, the media and the shaping of a collective memory*. Chicago and London: University of Chicago Press, 1992. 299p. "Cap.1: Introduction: narrative, collective memory and journalistic authority", p. 1-13. Traduzido para o português por MTGF de Albuquerque. Rev. técn. De A. de Albuquerque.

2.2 Edições comemorativas

BELOCH, Israel; FAGUNDES, Laura Reis (org.). *Uma história escrita por vencedores: 50 anos do Prêmio Esso de Jornalismo*. Rio de Janeiro: Memória Brasil, 2006.

LUZ, Olavo; BORGES, Manoel (org.). *25 anos de imprensa no Brasil – Prêmio Esso de Jornalismo*. 1980.

MIRANDA, Guilherme J. Duncan; PORTILHO, Ruy (org.). *Prêmio Esso: 40 anos do melhor em jornalismo*. Rio de Janeiro: Relume Dumará, 1995.

3. Teses e dissertações

CASSOL, Ivone Maria. Prêmio *Esso e as transformações da reportagem: uma reflexão sobre a reportagem e o jornalismo impresso nos últimos 40 anos na Região Sul.* Dissertação de mestrado – PUCRS, Porto Alegre, 1997.

GAZZOTI, Juliana. *Veja e os governos militares.* Dissertação de mestrado – UFSCAR, São Carlos (SP), 1998.

GRECO, Heloísa Amélia. *Dimensões fundamentais da luta pela anistia.* Tese de Doutorado. UFMG, Belo Horizonte, 2003.

HONS, André Séguin des. *Os diários do Rio de Janeiro: 1945-82.* Dissertação de mestrado – IFCS/UFRJ, Rio de Janeiro, 1982.

MAGNO, Ana Beatriz. *A Agonia da reportagem - das grandes aventuras da imprensa brasileira à crise do mais fascinante dos gêneros jornalísticos: uma análise das matérias vencedoras do Prêmio Esso de Jornalismo.* Dissertação de mestrado – UnB, Brasília, 2006.

RIBEIRO, Ana Paula Goulart. *Imprensa e história no Rio de Janeiro dos anos 50.* Tese de doutorado – UFRJ, Rio de Janeiro, 2000.

Alameda nas redes sociais:

Site: www.alamedaeditorial.com.br
Facebook.com/alamedaeditorial/
Twitter.com/editoraalameda
Instagram.com/editora_alameda/

Esta obra foi impressa em São Paulo na primavera de 2019. No texto foi utilizada a fonte Minion Pro em corpo 10,5 e entrelinha de 15 pontos.